中國學術思想 研究輯刊

三四編

林慶彰 主編

第 11 冊

六朝女教問題研究
——以才性、南北、妒教為中心（下）

曾美雲 著

花木蘭文化事業有限公司

國家圖書館出版品預行編目資料

六朝女教問題研究——以才性、南北、妒教為中心（下）／曾
美雲 著 -- 初版 -- 新北市：花木蘭文化事業有限公司，2021
〔民 110〕
目 4+188 面；19×26 公分
（中國學術思想研究輯刊 三四編：第 11 冊）
ISBN 978-986-518-494-0（精裝）
1. 婦女教育 2. 魏晉南北朝
030.8   110010878

ISBN-978-986-518-494-0

中國學術思想研究輯刊
三四編 第十一冊   ISBN：978-986-518-494-0

六朝女教問題研究
——以才性、南北、妒教為中心（下）

作　　者　曾美雲
主　　編　林慶彰
總 編 輯　杜潔祥
副總編輯　楊嘉樂
編　　輯　許郁翎、張雅淋、潘玟靜　美術編輯　陳逸婷
出　　版　花木蘭文化事業有限公司
發 行 人　高小娟
聯絡地址　235 新北市中和區中安街七二號十三樓
　　　　　電話：02-2923-1455／傳真：02-2923-1452
網　　址　http://www.huamulan.tw 信箱 service@huamulans.com
印　　刷　普羅文化出版廣告事業
封面設計　劉開工作室
初　　版　2021 年 9 月
全書字數　389447 字
定　　價　三四編 14 冊（精裝）新台幣 36,000 元

六朝女教問題研究
——以才性、南北、妒教為中心（下）

曾美雲　著

目次

第三章　南北女教之異同

　　自晉室東渡，北方胡人政權成立，迄於隋朝一統，其間數百年之中，南北處於分立分治狀態，政教異出，因空間的阻絕及北方異族文化的滲入，除改變部分傳統風習外，亦使南北地域文化特徵更加顯明。此種變化與特色，似乎也在婦女教育方面有所反映，不過仍有南北猶有一些共同的女教成份被保留。在第一章「女性人才」的統計分析與「女教概況」介紹中，有幾點現象值得注意：女教內容中，道德、知識、藝能三類，其實並非普及南北各地，周遍六朝全期；女性特定才能類型似乎有呈現部分的地域特性。因而南北女教之異同，的確是一個頗具特色的女教問題。六朝女教，不論從理論到實際，或是從道德至藝能，皆呈示南北異調的傾向；再根據〈表5　六朝女教內容表〉、〈表1　六朝女性人才概況〉〔註1〕及〈表2　六朝女子施教概況〉對女教內容及才藝類型的比較，則南北女教異同之特徵，更形清晰。本章旨在尋繹南北女教異同處，並針對各項異同，逐一探因。整體來說，南北女教之同，在於「女教男教有別」、「德育智育尚儒」、「佛道二教涉入」及「藝能教育多樣」；異處則有「南女多文，北女不文」、「南女多玄，北女少玄」、「北女武勇，南女文弱」、「北女外事，南女內職」，末了，則綜合各項女教內容見採緣由，探尋影響女教取捨的規則與因素。

〔註 1〕「才藝」及「施教內容」從某個角度來說，可算是教育成果的展現。由於六朝直接記載女子受教的資料並不多，如〈表5〉所列資料便相當少，少到無法將文獻提及的某種文化特徵呈現出來，這是因為史傳書寫婦女向來已不多，又多基於特定目的撰作（如后妃與政治有關，貞節婦女與民風教化有關），教育非其所重，故資料殘斷零散，不利研究，因而轉由間接採用女子施才及施教活動的資料作為了解婦女受教內容的輔助參考。

第一節 南北女教之同

一、女教男教有別

　　南北兩地女教相同之處，首在男女有別的教育內容。女教男教之別，則分別表現於現實教育內容之設置以及女教理念的歧異上。六朝女教內容於「道德」、「知識」、「藝能」等三方面教育內容上，皆與與男教內容存在差異。在知識教育方面，六朝女子知識教育以儒典為主，修習經典以《詩經》《論語》《孝經》及《禮》為主。至於《春秋》、《易》、《尚書》較少；史學領域，女子教育採行者不少，但止於「知史」，卻無法「治史」；子學方面，風行魏晉南朝的玄學，見於部分女子學習。六朝盛行的「名法」及列為部分家族家學的緯候、算學〔註2〕，鮮見女性修習，佛教典籍在六朝女子間相當流行；集部之書，則有女子修習《楚辭》、「古詩十九首」等前代詩作及當世文集〔註3〕。

　　道德教育方面，有三原則可說，首先是「性別意識」的建立：指的是「男剛女柔，男動女靜」基本觀念的灌輸，班昭《女誡·敬慎》：「陰陽殊性，男女異行。陽以剛為德，陰以柔為用，男以彊為貴，女以弱為美。故鄙諺有云：『生男如狼，猶恐其尪？生女如鼠，猶恐其虎。』然則修身莫若敬，避彊莫若順：故曰敬順之道，婦人之大禮也。」女子自落地即被教以卑順〔註4〕，成長過程實是一連串的性別教育，透過向自己同性的父或母〔註5〕，完成所謂「性

〔註2〕此部分用以參照的男子教育內容，乃據拙撰《魏晉玄佛二家對傳統儒家教育之批評及影響》之第三章「家學」教育內容部份的研究結果而來。

〔註3〕謝道韞擬嵇康詩，鮑令暉擬古詩十九首等，擬作自然事前讀過原詩。

〔註4〕見於《詩經·斯干》。

〔註5〕心理分析理論認為基本機制在於「認同」（identification），小孩以認同與自己同性別父母親為典範，以期變得跟他的父母一樣。……這個認同的過程是潛意識的，小女孩經由這個過程將母親的許多人格特徵，包括性別角色上的，都融進他自己的行為中。……孩子在一出生，便受著因性別不同而有差別的照顧與待遇。且「小孩很快的就學會做出大人希望他們做出的行為。差不多愛一歲半的時候，他們就開始顯現出性別的差異，到三歲的時候，他們已經偏好不同的玩具並且選擇與同們同性的同儕一起玩」，他們再大一點，對男性與女性的典型就更敏感。到十一歲時，不論男孩女孩對於某些特性是屬於男人的還是屬於女人的，觀點已趨於一致。無疑的孩子對性別角色典型的看法是深受父母和同儕的影響。當一個小孩玩一個與其性別不配的玩具時（如男孩玩洋娃娃），父母便會表示不贊許，形成「負增強」效應，往後再次發生的機率便會降低。（H. Gleitmanleitman 著，洪蘭譯《心理學》，p.530）另可參考劉秀娟《兩性關係與教育》第一章之「性別認同與發展」一節的詳細分析。

別認同」〔註6〕的社會化歷程。女孩子在教育體制中向來居於不利的地位，除被阻斷家庭以外的大部分學習管道外，並且在唯一的教育場所中學到「服從」及接受關於「男性特質」與「女性特質」的意識教育〔註7〕，如「女才低弱」、「婦德從順」、「宜於女功」、「無才是德」等觀念。在性別特質上，女孩原本也有調皮活潑一面，如〈嬌女詩〉中寫兩姊妹淋雨嬉耍、採摘樹果、又於屋裡屋外穿梭奔跑〔註8〕，看來女孩性情與男子本無大別。但父母在女兒年紀稍長之際，便將女兒靜藏深室〔註9〕，不令出外。據《內則》云女七歲、男八歲便是開始進行「男女有別」〔註10〕教育的時機，從此女子接受的是女職訓練及三從四德、柔順卑從觀念，漸次地抑制女子的雄心，安於繁瑣家務之中，男女性情之別自是形成。其次是情感教育的分歧——男理性女感性：自小社會及

〔註 6〕「性別認同」（sexual identity）是個人所體認到自己是男是女的以及與性別一起來的所有東西。（H. Gleitmanleitman 著，洪蘭譯《心理學》，p.531）

〔註 7〕男性氣質，女性氣質屬於一種性別的刻版印象，所謂刻版印象是指社會對某一特定群體中的人，有一組簡化的、僵化的、且過度化的看法。性別的刻版印象則是「有關男人或女人性格特質的一組結構化的信念。」根據研究，人們對於女性化特質的描述大多集中在「溫情表達」方面，而對男性化特質的描述則多集中在能力面。換言之，「女性化」一詞容易讓人聯想到溫暖、不自私、多愁善感他人取向等特質；「男性化」一詞則讓人聯想到能力強、勇敢、攻擊性、精力旺盛、果斷、冒險、成就取向等特質。引用黃　莉主編《跳脫性別框框》（臺北・女書文化，1999），p.30～31。

〔註 8〕左思〈嬌女詩〉：「……從容好趙舞，延袖像飛翮。……馳騖翔園林，果下皆生摘。紅葩掇紫蒂，萍實驟抵擲。……貪華風雨中，倏忽數百適。務躡霜雪戲，重綦常累積。……任其孺子意，羞受長者責。瞥聞當與杖，掩淚俱向壁。」案：二女如此「不溫柔」的舉動，最後當父親的左思遵循傳統女教，自然要「修理」（負增強）一下，而兩女一聽，馬上「落淚」。其中包含頗多性別教育的環節於其中。

〔註 9〕傅玄〈苦相〉云男性是「男兒當門戶，墮地自生神。雄心志四海，萬里望風塵」；女性則是「苦相身為女，卑陋難再陳。……女育無欣愛，不為家所珍。長大逃深室，藏頭羞見人。垂淚適他鄉，忽如雨絕雲。低頭和顏色，素齒結朱唇。跪拜無復數，婢妾如嚴賓」。

〔註10〕《禮記・內則》：「子能食食，教以右手；能言，男唯女俞；男鞶革，女鞶絲。六年，教之數與方名。七年，男女不同席、不共食。八年，出入門戶及即席飲食，必後長者，始教之讓。九年，教之數日；十年，出就外傅，居宿於外，學書記，衣不帛襦褲，禮帥初，朝夕學幼儀，請肄簡諒；十有三年，學樂誦詩，舞勺，成童舞象，學射御。二十而冠，始學禮，可以衣裘帛，舞大夏。惇行孝弟，博學不教，內而不出。三十而有室，始理男事，博學無方，孫友視志；四十始仕，方物出謀發慮，道合則服從，不可則去；五十命為大夫，服官政，七十致事。」

父母便容許女孩發洩情感，不以哭泣為恥；但男孩、男人哭泣，有人就相當不以為然，以為是「婦人行為」。周仲智責備其弟臨別哭泣之事可知〔註11〕。而《顏氏家訓》比較南北風俗異同時曾特別討論哭泣在於男性的種種問題，可見情緒表達是一種經後天文化制約而形成的特質。藉由後天的教育，女子最後成為「柔靜」、「卑順」，擁有感性哭泣權利的「性別」。第三是男女道德標準的雙重性：情感道德方面，力教女情貞一，宋後貞節的嚴格化更是男女雙重道德現象的極致化。夫死再嫁，無可厚非，但在婚姻之內的夫妻道德便呈現二元：男夫風流漁色多妾，社會上至多投以嘲諷；女子多情，交遊廣闊，則萬夫所指，罪大惡極。「水性楊花」與「風流多情」的雙重標準，今日猶存。六朝女子道德教育以教導女子符合禮教婦順諸行為主，如貞操節烈、寬慈去妒、柔順謙卑、勤勞儉樸、端習禮儀等。有些道德條目，是男女同遵（如孝友謙和），但「不妒」、「貞烈」〔註12〕「貞一」等項目，便只是對女子單方的責求。甚至對於某些特殊階層男子，還力倡「（男）情不可專」（如帝王）。〔註13〕

藝能教育方面，男女分殊頗大。六朝男女同習藝能首為文學、書法，次則有音樂。另外射御在北朝，清談在東晉，也都有少部分女子擅長於此。但《世說新語‧巧藝》、《術解》所載彈棋、建築、卜筮、相馬、醫術、圍棋等項目及《顏氏家訓‧雜藝篇》所列繪畫、射箭、卜筮、算術、醫學、博弈、投壺、彈棋等雜藝，似乎不見女子習之。相對地，南北女性皆須學習的婦功（中饋、織紝），未見男子從事；若是從事，往往招致常人譏嘲〔註14〕。藝

〔註11〕哭泣為女人行為，見於《世說新語‧方正篇》：「周叔治作晉陵太守，周侯、仲智往別。叔治以將別，涕泗不止。仲智恚之曰：『斯人乃婦女！與人別，唯啼泣。』便捨去。周侯獨留與飲酒言話。臨別流涕，撫其背曰：『奴好自愛。』」

〔註12〕貞烈也曾經為男德，在秦代似乎也鼓勵男子貞潔，如秦始皇〈會稽刻石〉：「有子而嫁，倍死不貞。防隔內外，禁止淫泆，男女絜誠。夫為寄豭，殺之無罪。」（《史記‧秦始皇本紀》）案：秦皇禁止男女間有不正常的性關係，夫妻雙方均應彼此忠誠。漢代以後，則強調婦女單方面保持貞操。程顥曰：「凡人為夫婦時，豈有一人先死，一人再娶，一人再嫁之約？只約終身夫婦也。但自大夫以下，有不得已再娶者，蓋緣奉舅姑、或主內事爾。」（《程氏遺書‧卷22下》）

〔註13〕曹丕《內誡》：「寵不可專，專實生慢。」曹丕此說，有帝王絕女禍的考量；但在尋常女教書中，屢倡不妒，正是為大部份男性納妾先建立有利環境。恐怕平民男子一樣被教以不必貞心，非唯帝王而已。

〔註14〕可見《世說新語‧言語9》龐士元譏司馬德操采桑為「絲婦之事」。案：道家思想往往打破凡常思維，逆流俗而行以示一齊無別。男行婦職，常人非難，但在高道之人，已忘尊卑。唐人李商隱《雜纂》便特別將「男兒學女工」歸為「無見識」一類。（錄自《隋唐五代教育論著選》，p.614）

能教育上，存在最明顯的性別刻痕。女子想進行藝能教育的學習，首要考慮的因素，便是空間「內外」。凡學藝活動在室內者，可獲學習的機率較高，反之，則阻力較大；其次是「性別分工」原則，凡與家務女職有關者，修習機會較易獲得（如紡織刺繡）；與家務無涉者，即使在男教而言極好，對女子便未必能有機會從事（算術、繪畫等），兩項原則左右著女性藝能教育內容的選擇。

何以會產生教育「男女有別」的情形？此關係到整個社會的女性觀念取向。基本上，在中國「陰陽殊性，男女異行」陰陽理論原則，多獲認同。〔註15〕基於「男內女外」的原則，古書中對女教內容的規定，自先秦開始，顯然多在為「女人的工作」做準備〔註16〕，從出生開始，便與另一性別的男性，接受著不同的待遇及陸續推出的「男女有別」教育內容：

> 乃生男子，載寢之床，載衣之裳，載弄之璋。其泣喤喤，朱芾斯皇，
> 室家君王。乃生女子，載寢之地，載衣之裼，載弄之瓦。無非無儀，
> 唯酒食是議，無父母詒罹。（《詩經·小雅·鴻鴈之什·斯干》）

> 子能食食，教以右手；能言，男唯女俞；男鞶革，女鞶絲。六年，
> 教之數與方名。七年，男女不同席、不共食。……女子十年不出，
> 姆教婉娩聽從，執麻枲，治絲繭，織紝組紃，學女事，以供衣服。
> 觀於祭祀，納酒漿籩豆菹醢，禮相助奠。（《禮記·內則》）

「載弄之瓦」、「唯酒食是議」；「執麻枲，治絲繭，織紝組紃，學女事，以供衣服。觀於祭祀，納酒漿籩豆菹醢」等內容，不外衣食二端。終身從事於斯，無時或已。除將身心花費於女職家事之外，並教婉娩聽從，轉移並削弱女孩早年本性中好動進取行為，用「女才低弱」觀念挫敗她們的自信，冷卻封她們可能產生的「雄」心壯志與抱負，從小鼓勵灌輸她生來就是要在家庭中扮演某種角色。為人妻母，持家所需，即是女教課程的主體，與日後要縱橫天下，建功立業的「夫父」所需，全然不同。而女教有助於「性別分工」的複製，代代相傳。六朝時流行於江南地區的「試兒」風俗，其實也是一種典型的性別教育。因為若真想知道孩子未來的性向與才能，應該把弓矢紙筆、刀尺針縷、飲食珍寶服玩，全部放在一起才準確，而事實上女孩只有「刀尺針縷」可選，

〔註15〕雖然在現代女性主義看來，所謂天經地義的「男性特質」與「女性特質」等
　　　　觀念，實際上富含著社會與文化建構的痕跡。
〔註16〕包括「心理建設」——性別意識及女職概念的灌輸。

選來選去，必與女職相牽〔註17〕，故此儀式的象徵意義大過實質意義，效用只在宣示並加重父母教育自己女兒未來成為賢妻良母的信念。

此種「男女有別」的教育觀念，男性深受影響，即使女子，也視為理之宜然。若從男女兩性的「女教」理念的說法來觀察，則「性別教育」、「男女有別」實是兩性女教理念差異主因。在六朝儘管「男女殊性，男女異行」已是共識，然兩性在女教理念上，見解亦有大同大異者：同者在於贊成以三從四德教女；若要受教，禮樂書數尚可；至於女子射御，兩性皆表反對〔註18〕；另外，部分的男性與女性，同時反對玄學。男女「女教理念」大異之處則在於「讀書必要」的歧見：部分男子不認可女子讀書，女子則一致對讀書的必要性相當堅持。〔註19〕

兩性共識方面，男女意見之相同首在對「三從四德，禮樂書數」教材的肯定上：

> 婦人四教，以備為成。婦德闕，則仁義廢矣；婦言虧，則辭令慢矣；婦工簡，則織 荒矣。是以《禮》有功宮宗室之教，《詩》有脯下蘋藻之奠，然後家道諧允，儀表則見於內。若夫麗色妖容，高才美辭，貌足傾城，言以亂國，此乃蘭形棘心，玉曜凡[瓦]質。在邦必危，在家必亡。（程曉〈女典篇〉，《全三國文・卷39》）

程曉提到「婦人四教」，正是傳統女教所謂的「四德」〔註20〕——德容言功四種教育內容。程曉認為婦人必須四教齊備，缺一不可，才算完成。婦德仁義，婦言不慢，婦工不荒，婦容不妖，因為每缺一項，對於自身及家族皆有負面影響。六朝女性墓誌中，論及女子嫁前受教情形，幾乎無不套用「婉娩四德，肅雍六行」成辭〔註21〕來顯現墓主的女教允備，德充行美。四德為先

〔註17〕說穿了，幾乎可說是父母在選東西，而非孩子在選，若女孩有機會選擇，所擇可能是紙筆，而非刀尺。

〔註18〕當然此說乃就現今可見史料所下斷語，未必代表全數六朝男女。

〔註19〕以下兩性見解比較，可能略顯無力。因為有關六朝人女教的論述，已經不多；女性出言涉及女教，則更難覓，因此兩性材料在數量上懸殊，且往往造成彼此無法形成對應的命題。所列男女兩性雙方主張，其實見解有異、有同，其立場與性別差異未必有直接相關。男性說法，有女性認同；女性說法，也有部分男性支持，恐怕在某些議題上，「性別」恐非主要分界點，真正致使女教內容或理念不同的理由正是本章所要探求的。

〔註20〕此說主要出於儒家禮書，已見前文。

〔註21〕此句出自〈魏博陵元公故李夫人（豔華）墓誌銘〉（趙超《漢魏南北朝墓誌彙編》，p.348）。墓誌中被套用越多的成辭（甚至成為公式），表示此項內容最為

秦以來女教最高準則，其他教育內容須不與牴觸，才有存在可能。至於女性也說：

> 率由四教，匪怠匪荒。行周六親，徽音顯揚。……于彼六行，靡不蹈之。……仰觀列圖，俯覽篇籍。顧問女史，諮詢竹帛。……思媚皇姑，虔恭朝夕；允釐中饋，執事有恪。于禮斯勞，于敬斯勤。……女工是察，祭服是治。……（左芬〈元皇后誄〉，《晉書‧左貴嬪傳》）

> 夫人公孫氏，會稽剡人也。……四教成於弱笄，……敦悅憲章，動遵禮規。居室則道齊師氏，有行則德配女儀。禮服有盈，籩豆無闕。……狩彼瓊林，奇翰有集。……動與禮游，靜以義立。……（孫瓊[註22]〈公孫夫人序贊〉，《藝文類聚‧卷18》）

晉元楊皇后，貴為晉武帝皇后，在左芬所作的誄文中，她中意的「佳行」[註23]，仍是四德六行齊備，中饋女職的允稱，由此可見，女性對於「四德」的要求，普遍存在。孫瓊為公孫夫人所作的序贊，亦環繞於稱述其所具備的傳統婦德與女功的稱職。左芬與孫瓊的說法，與程曉所要求婦女的內容可說是相當一致，可見二女家人女教之「成功」，完全與男聲合轍。東漢鄧綏與前趙劉娥，有心向學，皆先排除克服「荒怠女工」的疑慮，最後二人以白天紡績，晚上讀書的折衷之計克服。亦即行「四教」有餘力，方能再學其他藝能，如此學習所受阻力也將較小。然而其他「藝能」，也不是沒有限制的：

> 孔子云：「士志於道，據於德，依於仁，游於藝。」藝謂禮樂書數射御。明前四業，丈夫婦人所同修者，若射御，唯主男子，事不及女。古之賢妃烈媛，母儀家國，垂訓四海，宣教九宗，可稟道懷，率遵仁禮。……因時暇豫，清暑林園，……弦矢所發，必中正鵠。……以為舉非蠶織，事存無功。豈謂應乾順民，裁成輔相者哉？（崔光〈上婦人文章錄表〉，《全後魏文‧卷24》）

> 后至少自長，不好戲弄。年八歲，外有立騎馬戲者，家人諸姊皆上閣觀之，后獨不行，諸姊怪問之，后答曰：此豈女人之所觀耶？」（《三國志‧后妃傳》注引《魏書》）

大眾贊許認同，是理想婦人要件。女性墓誌中「四德」（「四教」）尚有「四行」、「四訓」、「四善」等異稱，幾乎無誌不用。原文第一章中已引，不重出。

[註22] 晉松陽令鈕滔之母。

[註23] 寫銘誄必美墓主，故撰銘之辭，必要作者所認可看重的美行。

崔光上書的對象是臨朝攝政的胡太后〔註24〕，在言論上自不敢過於貶抑女性，以免觸怒致禍。表啟中他並未反對女子受教學習，但認為教育內容當有取捨，不當一同於男。男女可同修者，禮樂書數；至於射御，女子不宜。崔光理由不外：不符禮教，六藝射御不及女子；古之賢女，不須射御，率遵仁「禮」，已能母儀家國；最重要的是射御「無用」，舉非蠶織，事存無功；末了還舉女子應該自持陰柔、順從輔相之道，以勸止靈太后的神射舉動。靈太后儘管權傾朝野，漢族儒家士人出身的崔光，仍義正辭婉的以傳統女教要求太后終止她的英「雄」行徑。值得注意的是：胡后以女流之輩，騎射高明，男子不及，其先世即任官於十六國，本身有胡統〔註25〕，騎射視為平常；崔光漢家舊族，以禮教正之，民族風尚不同，此可略見。至於甄氏，年方八歲，心存禮教，一句「豈女人所觀」，道出其女教觀念。他主張男女在行止上應當有別，例中僅是觀看「立騎馬戲」，甄后心已非之，何況親身從事？甄后時屬曹魏一統，南北尚未分隔，胡風未入，女子騎射尚少，行為準則仍尊古禮——女無「外事」。此與高允「射御」非女子所宜看法相侔。

兩性歧見，則出現在「知識教育的必要性」這個議題上。多數男性認為可有可無；至於贊成女子讀書，認為必要者，多為女性。女子該不該讀書，成為問題，以下墓誌，代表其中一種見解：

> 崔諱幼妃，博陵安平人也。……幼承師訓，早擅家風。容止端華，
> 操尚明遠，俯仰折旋，動合嬪則·披尋典記，顧問圖史，初有尚書
> 之號，卒得博士之名。(〈齊故博陵郡君崔太姬墓誌銘〉，p.476)

作墓誌者未詳身份與性別，然在這段旨在敘述崔幼妃的才性及受教經歷的誌文中，撰者將崔氏的學行之美，歸諸於二端：一是師訓，一是家風。基本上，對讀書之效抱以肯定態度。然而並非人皆如此主張，部分男性隱約傳達出「知識教育可有可無」的訊息，其理由在於「女教主德」，若師心率己，可蹈四德，何學之必？

> (龍)憐〔註26〕蓋草萊之婦人耳，生于幽谷之中，長於荒榛之下，

〔註24〕 《魏書·崔光傳》：「時靈太后臨朝，每於後園親執弓矢，光乃表上《中古婦
　　　　人文章》，因以致諫。」
〔註25〕 詳見《魏書·外戚下·胡國珍傳》。
〔註26〕 皮京妻龍氏，字憐，西道縣人也。年十三適京，未逾年而京卒，京二弟亦相
　　　　次而隕，既無胤嗣，又無期功之親。憐貨其嫁時資裝，躬自紡織，數年間三
　　　　喪俱舉，葬斂既畢，每時享祭無闕。州里聞其賢，屢有娉者，憐誓不改醮，

目不見尺素之文，耳不聞今古之說，師心率己，蹈茲四德，抑可謂稟靈山岳，自然天知者矣。（湛芳生〈上貞女解〉，《全晉文・卷140》）

湛芳生於文中曲折表達他個人對於女子知書必要的質疑，龍憐不見「尺素之文」（書本、文字）、「今古之說」（歷史），卻能「蹈茲四德」，則「書本、歷史」教育與「道德」無必然關係，既無濟於進德〔註27〕，婦女受不受知識教育，就無須堅持。雖然，其中當有激勵「知識份子」與「知書女子」見賢思齊的意味存在，但仍可看出湛芳生以「道德」（四德）作為女子教育唯一目標的傾向。其次是對「女主婦功」的執著，女子當習女工，讀書學成不能出仕，讀書何用？

（甄后）年九歲，喜書，視字輒識，數用諸兄筆硯，兄謂后言：「汝當習女工，用書為學，當作女博士邪？」（《三國志・后妃傳・注》引《魏書》）

甄后之兄，見妹妹看書認字，屢次動用自己的筆硯，不以為然，半幽默語氣的以「當作女博士」的反問調侃甄后。說是「調侃」是因漢代尚無「女博士」之職〔註28〕，在當時現有的「博士」頭銜上冠上「女」字，以示子虛烏有。不過倒是反映出當時人（特別是漢代）讀書出仕的學習理念。「學優則仕」本是孔教明言，漢代尊儒重學，「通經致仕」更是廣大學子孜孜矻矻的動力。直至曹丕仍頒布通經補官的辦法〔註29〕，因此甄后之兄作如此種功利的思考，

守節窮居，五十餘載而卒。龍憐事跡詳見湛芳生〈上貞女解〉（《全晉文・卷140》）的全文及《晉書・列女傳》。

〔註27〕《晉書・列女傳》作者看法近似，即認為女子有德，蓋出天性，匪因教至。因為晉世風教極差，並未教化女子。其云：「史臣曰：夫繁霜降節，彰勁心於後凋；橫流在辰，表貞期於上德，匪伊君子，抑亦婦人焉。自晉政陵夷，罕樹風檢，虧閑爽操，相趨成俗，荐之以劉石，汩之以苻姚。三月歌胡，唯見爭新之飾；一朝辭漢，曾微戀舊之情。馳騖風埃，脫落名教，頹縱忘反，於茲為極。至若惠風之數喬屬，道韞之對孫恩，苟女釋急於重圍，張妻報怨於強寇，僭登之后，蹈死不迴，偽篡之妃，捐生匪吝，宗、辛抗情而致天，王、靳守節而就終，斯皆冥踐義途，匪因教至。舉清漢之喬葉，有裕徽音；振幽谷之貞蕤，無慚雅引。比夫懸梁靡顧，齒劍如歸，異如齊風，可以激揚千載矣。」案：社會風教不好，但尚有門第家教的把關，與對傳統女教的執著。

〔註28〕南朝則有，如南齊韓蘭英為女博士一職。

〔註29〕可參考拙著《魏晉玄佛二家對傳統儒家教育之批評及影響》第一章「漢代教育目標」及第二章「曹魏時代的官學教育」。

並不令人意外。讀書既為了做官，女子主內，又少封爵，書本教育何用？「當習女工」是甄后兄長對於「女教內容」的認知。織布紡紗，供給衣服，還有用處，勝過讀書。勤於女工，為家出力，功勞更大。不過身為女性的甄后，並未被哥哥問倒（當時她僅八歲），她對讀書「用處」，了然於心，認為知書學古，可為己誡：

> 聞古者賢女，未有不學前世成敗，以為己誡。不知書，何由見之？
> （魏文甄后語，語出《魏書》，《三國志‧魏書‧后妃傳‧注》引）

甄后之兄主張女當習女工，甄后的回答解除了女子讀書無用的疑慮。且其答語仍扣緊「女教主德」的前提，「追慕賢女」之說，迎合「道德需要」立說，其兄自不易反駁。知書，可學前世成敗，以為己誡，修業可使進德。由此可知：古代女子即使受書本教育，其動機亦偏重在「道德教育」方面的需要及效能。衛鑠則認為，學瞻見多，成功可就：

> 近代以來，殊不師古，而緣情棄道。才記姓名，或學不該瞻，聞見
> 又寡，致使成功不就，虛費精神。（衛鑠〈筆陣圖〉）

衛鑠在此本是針對習藝（書法）而發，但順帶批評當時學風，人不「師古」、「緣情棄道」，不肯實學；導致學問不能該瞻，聞見寡淺之弊，所以成功不就，學藝無成〔註30〕；以此種情形去學習書法，恐怕永無成就之日。從衛氏的話語中，也令我們了解到：術藝欲成，師法前人，學問該瞻，聞見廣博，皆是必備工夫，取自讀書之處亦多，則讀書重要，於焉可見。衛氏此文乃脫離「道德」領域，專門就術藝領域，論其成敗之跡，頗為難得。

在尊重「道德」教育的前提下，女子們多肯定「學習」的成效。六朝時代，事實上也有不少男性支持此說〔註31〕，可與「天賦才性」派〔註32〕並立。女子們肯定師訓之成，學為取鑑。而「學該瞻，聞見多」，也是從事學、術成功的要因。整體看來，女子對「知識教育」似乎抱持較積極態度，肯定知識對自己「進德」、「修藝」的效用；男性態度方面雖未禁絕，但似乎認為「可有可無」，其理由多因「無用」──不能取祿，何必學習？若要進德，天性已定，

〔註30〕 干寶《晉紀‧總論》：「學者以莊老為宗而棄六經，談比虛薄為辯而賤名檢。」
〔註31〕 特別是儒家。在教育理念上，儒者重積學，老莊則重滌損。詳見拙著《魏晉玄佛二家對傳統儒家教育之批評及影響》之第二、四章。
〔註32〕 主張天賦已定，學無大益；即使有也只在性分本有者方有改變的可能，天賦才性說，主張者如劉邵《人物誌》、郭象《莊子注》等，可參考拙撰《魏晉玄佛二家對傳統儒家教育之批評及影響‧第四章》關於「才性天賦」說的申論。

學無大益。不過男人也有無法反對女性讀書的情形，即家中無男可傳，女兒才智超異，足堪傳承之任時，便不得不讓女兒讀書，如前文舉過多次的宋氏：

> 韋逞母宋氏，……家世儒學稱。宋氏幼喪母，其父躬自養之。及長，授以《周官》音義，謂之曰：「吾家世學《周官》，傳業相繼；此又周公所制，經紀典誥百官品物，備於此矣。吾今無男可傳，汝可受之，勿令絕世。」（《晉書・列女傳》）

古代「家學」多半傳男不傳女，只有不得已情況下（如無男可傳，家學面臨絕世），才考慮傳女。不傳女或許基於女兒日後出適他族，家族學問外流，影響家族學術地位及取祿優越條件〔註33〕。若傳男則無此憂，家學絕技可永存門內，代代相延。由上看來，「女子知書與否」問題，男女認知的確有所差異？男性基於「女教主德」、「道德天成」、「女習女工」、「女子無爵」等考量，認為「知識」並非女子必要之學。除非情況特殊（如無男可傳），基於權變，則女子受學方為必要。此種女性觀念，為部分女子接受〔註34〕，但也有女子亟為「知識教育」的必要性請命。然而，女子「應否讀書」，這個命題，如果落在門第家長身上，他的考量為何？在何種情形下，女子能夠讀書？何種情況下無緣受學？試為分解。作為握有女子讀書受教決定權的家長，影響其決定的因素，可能如下：

1. 女教「主德」或「主才」？女性「學該贍，聞見多，成功可就」說法與男性「目不見尺素之文，耳不聞今古之說，師心率己，蹈茲四德」看法，對於女子「讀書」之事，各持異見。其中女子的「成功」內涵（才能），與社會上流行的「性別期望」是否相符？究竟是以「德」或以「才」期許女子？這是必須先解決的問題。傳統禮書，提到女教目標，明言「學事人」耳〔註35〕，

〔註33〕六朝頗有以專門家學擔任高職，出仕憑恃，或受人尊重請益。如王氏青箱學典故（《南史・王淮之傳》）；韋誕不欲子孫學書（《世說》）、王家歷代傳習書藝（《晉書》）。然而對於技藝，顏之推主張不須專精，以免淪為伶優獻藝，徒增煩擾。（《顏氏家訓・雜藝》）

〔註34〕如鄧綏母及元氏。《後漢書・皇后紀上》：「鄧皇后……六歲能史書，十二通詩、論語。諸兄每讀經傳，輒下意難問。志在典籍，不問居家之事。母常非之，曰：『汝不習女工以供衣服，乃更務學，寧當舉博士耶？』……」如北魏將軍夫人元氏自云：「吾少好諷誦，頗說詩書。而詩刺哲婦，書誡牝雞，始知婦人之德，主於貞敏，不在多能。」於是都捐庶業，專奉內事。（〈北魏直閤將軍輔國將軍長樂馮邕之妻元氏墓誌〉，《漢魏南北朝墓誌匯編》，p.129）

〔註35〕「婦人所以有師何？學事人之道也。……婦人學事舅姑，不學事夫者何？示婦與夫一體也。」（《白虎通義・嫁娶》）

學事人則須「三從」之德，四行之能。德容言功，樣樣齊備。所以《魏書‧列女傳》說：「夫婦人之事，存於織絍組紃、酒漿醯醢而已。」女教目標若只訂在「學事人」、習女功，則靠日積月累的見習、重覆操作，旁人指導，學會女職並不難，專擅亦可。至於讀書，「三從四德」，並無此條。班昭云婦言，不必才明絕異，重在少言、慎言、曲從。既要求女子「三從」，若女子無知無識，無思無慮，對於命使，多無異議，易於從順他人。因此主德（從順）、主女功之說，初始乃基於男性利益角度所立。

女教「主才」之說，雖非傳統女教主流，卻是六朝女教的伏流。雖不見公然倡導「女才教育」的論述，但見女傳中一個個多學識、富才藝的女子，豈非是家長重視女才的具體表現；又六朝命女不少採用「聰慧明智」之類字，正是這類女教觀點的反映。肯定「女才」，願意加以培養，尚才風氣、經濟無虞、家族門風（思想開通）、增顯家譽等因素，都是接納「女教益才」的可能因素。知書有才，對於女子自身也有效用，如《世說新語》中許允婦阮氏及諸葛氏，面對丈夫對自己容儀的不滿，若非知書，引據古義，出辭正義，怕新婚之日已遭疏棄。女子讀書見多識廣，有了比較，更知進退。讀書對女子是福音，但對男子則未必盡然。部分才女有了智識，對於夫婿也會相對要求，傳統裡丈夫高高在上、永遠令妻子仰望待問的崇高形象可能要減損幾分。謝道韞對王凝之的抱怨，鍾琰對王渾得意之言的微諷，除門第相敵的因素外，識見相當是兩位女子直言的主因。或許正為如此，男女兩性在「知識教育」是否必要的議題上，難免有所歧出。因為表面上雖屬兩性「女性觀」的不同，其實乃是兩性相處態勢的考慮。女教「主德」或「主才」？經過前文的簡析，我們得知傳統禮教仍有其深遠的勢力在，因為即使是六朝，「女德」依然是主要教育目標；但主才說也被兼採。才德兼備，不單獨強調「女德」，同時允許女子有限度接受才藝培養，是部分家族能出才女的先決要件。抱持「女教益才」觀點家族，對於女子讀書，則採開放態度，只要本身能力足夠，又能兼顧「女職訓練」，則讀書不會成為難題。

2. 讀書能否進德？決定於才性觀念：抱持女教「主德」家族，認為如果讀書可以進德，則吾女可學；若讀書，無益進德，吾家女兒，何苦讀書？因此對於「讀書」的必要，也有分歧的看法。讀書屬於知識教育的範疇，德育是道德範疇，兩者如何銜接？據女性的說法，讀書可以取鑒，取鑒可以知成敗得失及德行規範，故有益進德。然而男性不一定認同。女子知書能否「取鑒」以

進德，是決定讀書與否的關鍵。即：「讀書取鑒無關進德」則不必讀書（如湛芳生）；「讀書取鑒足以進德」則可讀書。至於讀那些書可以進德？在六朝人認為，自是《列女傳》、《女誡》、儒家經典、《禮記‧內則》及讓人直接取鑑得失的史籍。然而讀書對於「進德」的效果，則決定於家長所認定抱持的才性觀念。六朝玄學才性觀中，「才德兩離」、「天賦才性，難以更革」等觀念，使部分人士認為「貞孝天定」，婦女貞孝天生已然，有之已足，自然不必讀書；無之，學之無益。若使家長仍持儒家舊說，積學成德，則讀書與進德相關。因此才性觀念異同與思想歸屬也有牽涉對應。

　　3. 讀書效用，能否利家？自漢代「通經致仕」之途一開，讀書為「功利取祿」是一般人對讀書目的的理解。的確，若從「經濟效益」思考，尋常平民人家，讀書將與生計女職抵觸，女子無學是必然的，此現象至今猶然。何況，女子讀書無法任官，家族無利可圖，知識教育只落多餘。其實就算男子，生在平民之家，利益可否回收，往往是決定他能否讀書的關鍵。又教育是種投資，自教要耽誤治生之具；外聘要束脩學費，因而經濟許可為知識教育成立的前提。生在貴族，雖無經濟之虞，但「無利」、「無用」之事，誰人欲為？因此「女教目標」也經常隨「家族利益」而起舞不定。因而若遇上「讀書純為取祿」觀念的家族（如甄后之兄），女子很難有讀書的機會。不過若確定有益，家族倒是願意投資。讀史時，我們不難在傑出女性的傳記中看到「相者直斷異相大貴」、「長者識鑒聰令興家」〔註36〕，後來此位女子受到禮遇，得以讀書，終成后妃賢媛」的情節，作者書寫這類內容，無非要顯現傳主的夙慧與特別、不凡；然而卻也反映女子讀書的不確定性及受教的深度〔註37〕。如果她幼年未被識鑒相命，是否她的讀書受教歷程也會生變？門第世家經濟無虞，也多有世傳家學，女子讀書不成問題，純粹只是「意願」問題，是「非不能也，不為也」的問題。然而何種因素，影響著家長讓女兒受知識教育的意願？值得深究。簡言之，利家。讀書取祿可以利家，則當讀書，然而女無

〔註36〕「（薛伯徽）……河東汾陰人，……河東府君之孫，尚書三公郎中之長女。……伯祖親西河長公主，以母儀之美，肅雍閨閫，常告子孫：「願吾老矣，而不見此女。視其功容聰曉，足光汝門族。」年七歲，特所鍾重。先考授以禮經，一聞記賞，四辨居質，覽見必妙。及長，於吉凶禮儀，靡不觀綜焉。」（〈魏故使持節儀同三司車騎大將軍雍秦二州刺史都昌侯元公夫人薛氏墓誌銘〉，p.174）

〔註37〕粗學書計、微解詩書；還是博覽記籍、有才藻學見、多識多才、理趣超遠？其間有程度之別，要投下的成本也差很多。

封爵，因此視讀書目的僅為「取祿」之資者，女兒即可不必學；但若將教育目的定於廣義「利家」，則女子讀書有機會利家：第一種女子利家情況是「才華出眾，增譽家族」，六朝風氣，好論人物；家有才女，門第添光，增顯氣派。謝萬與張玄爭議姊妹短長，事關家譽，爭辯乃烈；若才德出眾，幸擢「后妃」，光宗耀祖，莫此為最：左芬以文才見禮於晉武，而左思每以令妹自豪；李彪女才學允備，寵禮入宮，皆是增譽家族。其次女子利家的情況是「結姻高門，串聯勢力」，六朝婚姻，多憑門第。藉雙方門第維持尊貴，確保權勢穩固不移。教女內容，除須參酌傳統女教與禮法的內容外，還取決於兩個家族之需：一是本家利害考量，二是夫家娶妻條件。本家利害有消極面的「無罣父母之憂，增累中外」；積極面有「愛女之情」。骨肉親情難捨，父母教女也在於確保女兒未來婚姻幸福。至於夫家娶妻，多以「齊家」為最主要考慮。因此本家實施女教，凡能合於此目標的教育內容，自然可取。如「孝友」是六朝門第所欲，「道德」自為首要女教內容。至於讀書，則以家族實益為取決標準：若「聰令」向學而損及女功操作或家族生計，則此項內容可去；教女多才學，可厚植結親本錢，或幸得佳配，則家族富貴可期，故可學；又女子知書，有助「治家」，則書可讀；六朝門第為使家運興隆，自然欲出聰令子弟；又在「重才」的風氣下，重胎教及早教，而早教的啟蒙老師，往往為母親，因此女子「知書多才」，也成為當時結姻的有利條件。此外由於受到不同思潮的影響，傳統女性觀念也因之產生局部變化，受過新觀念洗禮的家長，行事不守窠臼，對婦女較能重視，兒女一同施教，純粹愛女，純粹愛才，則女子讀書不成問題。

二、德育智育尚儒

六朝時代，以儒學作為女子德育、智育內容是南北女教的共相。其理安在？

（一）政教尚儒，家學相承：六朝儘管玄風廣扇，多元思潮並興，然而國家典制、選官任政、風俗教化，仍用儒法，上有倡者，下有效者。九品取士，門第子弟或可坐致高祿，但儒學精深，仍可增添名聲，提高品第及佐益施政，這也是後出門第亦同用儒學教育子弟的原因。當時女子教育，主要在家門之內，父兄習儒，故女子教育亦同家族男性一樣習儒。其次，施教需要師資，多數門第自漢末以下，門第與儒學即有著本質上的依從關係。門第之

形成，起於累世經學；經學為其取祿晉身之階，累世公卿則成門第。〔註38〕
因此六朝門第多以儒家典籍作為傳家之學，在玄風大盛時代，即令名士，其
求學歷程亦多在修習儒家經典後，才兼修玄學或其他思想。故門第既自有學，
教導女兒，教師可不假外求。其次在家習儒，女子無「內外」空間禁制的擔
憂，易於在家中讀書受教。禮教明訂「男外女內」，故女子較少有出外吸收外
面社會流行思潮的機會。雖六朝玄風廣熾，社會談座，此起彼落，但女子少
有參與。王謝門風較為開通，父兄待女較為平等，偶或傳遞外面訊息與女，
但一般家族對於女媳習玄、出面談辯，恐怕未必欣然接受；若是儒學，家內
本有，不假外求，通習不難，專精也可；至若玄學名法或其他特殊藝能，家學
若無，女子亦無緣可學。〔註39〕所以六朝女子受教，儒家禮法，出於易求，
乃成為女子教育的主要內容。

　　（二）孝友禮法，治家所需：六朝人以門第相續為人生最大目標；至於
治亂邦國之事，不想挂懷，也無法使力。「父慈子孝，家之盛也」〔註40〕乃門
第至願，也是家教目的所在。門第無不希望賢子弟輩出〔註41〕，家業興隆勿
墜〔註42〕；完成之法，唯有孝友傳家、禮法持家〔註43〕一途。故《孝經》在
六朝特盛，《晉書》以下正史多置「孝友」「孝義」類傳。孝友禮法，諸子思想
中以儒家倡導最力，基於家風家業考量，選擇以儒治家，教導子女儒家思想，
乃最符合家族需要。女教取儒，自屬必然。儒學之中，《禮》又最盛，六朝經
學較兩漢稍衰，然而禮學卻一枝獨秀。《禮記・曲禮上》云：「夫禮者，所以定

〔註38〕　錢穆〈略論魏晉南北朝學術文化與當時門第之關係〉一文。
〔註39〕　家學若有，還得考慮符不符合「女教目標」：女子該不該學？適不適合？有沒
　　　　有用等問題，所以還未必得以學習。
〔註40〕　《世說新語・規箴5》。
〔註41〕　家有賢子弟為人稱道，如「林下諸賢各有雋才子。」（《世說新語・賞譽29》）
　　　　「會稽孔沈、魏顗、虞球、謝奉，並是四族之雋，于時之傑。」《世說新語・
　　　　賞譽85》）「王長豫（悅）幼便和令，丞相愛恣甚篤。」（《世說新語・排調16》），
　　　　又常誇王羲之為王家之寶。（《世說新語・輕詆8》）「正始中，人士比論，以
　　　　五荀方五陳。又以八裴方八王。」（《品藻9》）；反之，子弟不令則憂，如「王
　　　　右軍在南，丞相與書，每歎子姪不令。」（《輕詆8》）
〔註42〕　「家教目的」可參考拙撰《魏晉玄佛二家對傳統儒家教育之批評及影響》之
　　　　第三章第二節〈家學〉部分及錢穆〈略論魏晉南北朝學術文化與當時門第之
　　　　關係〉。
〔註43〕　「世家豪贍，禮教相承，爰自邦鄉，門居顯稱。」（〈郡君吳輝墓誌〉，《墓誌
　　　　編》，p.384）

親疏，決嫌疑，別同異，明是非也。」禮之用大矣。顏之推也舉出當世所謂士大夫風操，基本上是以《禮經》作為底蘊，再考慮應時及門風，自為節度而成。雖有小異，然歸本於禮。〔註44〕至於禮對於女教的作用，程曉認為若能對女子施以《禮》、《詩》之教，「然後家道諧允，儀表則見於內」（〈女典篇〉），女子學習詩禮，有助持家；以儒教女，實有必要。儒家禮法可教出符合家族需要的特質的女性：即從順、任勞任怨的家庭服務者；通習禮儀的祭祀者，傳承家學的啟蒙教師，儒學豈可無之！即便不持家施教，「祭祀」大事，專責婦人，女不知禮，如何祭祀？日後嫁人為婦，居家行事，亦處處尚禮，無禮則無可行之事。男主外事，女主內政，女子治家，多取禮法：

> 王司徒婦，鍾氏女，太傅曾孫，亦有俊才女德。鍾郝為娣姒，雅相
> 親重。鍾不以貴陵郝，郝亦不以賤下鍾。東海家內，則郝夫人之法；
> 京陵家內，範鍾夫人之禮。（《世說新語‧賢媛16》）

鍾、郝二女，出身不同。鍾出大家，郝出寒門，然二女治家，禮法井然，家人有序，故同受敬重，幾忘郝氏出身之別。因為女性在家有種種「用學（禮）」機會，為使新婦容易進入狀況，家教（儒）相通，也成為婚姻要件。加上門第多以禮法治家，迎娶新婦亦須考慮到承繼家風問題（母須教子）。因此多慎門第，以繫家風，錢穆先生說：

> 因尚孝友，而連帶及於重女教。……當時人矜尚門第，慎重婚
> 姻，……此事極滋人詬病。然平心論之，女子教育不同，則家風門
> 規頗難維持。此正當時門第所重，則慎重婚姻，亦理所宜。而一時
> 才女賢母，亦復史不絕書。……門第禮法之與母教關係，於此更可
> 見。……然苟無女教，試問何以成此家風？（錢穆〈略論魏晉南北
> 朝門第與當時學術之關係〉）

六朝男子長年在外任官經事者不少，治家之責，往往落於女性，而教養子女，啟蒙教育，多由女子執行。既然門第以儒學傳家，若欲維持家學家風、教導子女，傳承舊學，則女子習儒，尤不可少。若參考六朝〈表2　六朝女子施教概況〉，則六朝女子教導子女亦多以儒典為主，如鍾會母教子《孝經》、《論語》、

〔註44〕「吾觀《禮經》，聖人之教，……皆有節文，……但既殘缺，非復全書。其有
所不載，及世事變改者，學達君子，自為節度，相承行之，故世號「世大夫
風操」。而家門頗有不同，所見互稱長短；然其阡陌，亦自可知。」（《顏氏家
訓‧風操》）

《詩》、《尚書》、《易經》、《左傳》、《禮記》；夏侯湛母教子《詩》、《書》；謝貞母教子《論語》、《孝經》；房愛親妻崔氏親授經義於二子；皇甫和母夏侯氏教子經書……，諸女所用以教子皆用儒典，由此可知，六朝女子無論南北，習儒甚盛。

（三）三從四德，有利男權：儒家女教，以「三從四德」為本。先秦至今，「三從四德」誡約即依隨婦女，六朝亦然，似乎時間只磨褪它些許光澤而已。為何此項德目得以縱橫時空，屹立不倒？最主要原因是在於符合男性家族利益。「三從」德目使男子役使女子成為正當合法，女子唯有屈從謹守，否則便是失德，將受棄逐下場。為父母者，為女兒婚姻生涯著想，自然得教「三從」。再細審「四德」，其實亦專從男性利益著眼，何嘗為女性才性發揮在意？首說「婦德」，為人須德，男女皆同，如但專屬「婦」德部分，如婦順、不妒、貞節、內外，多從男性立場成立，似無女性本位考量。其間清濁不是一個「理」字了得，背後操控著的是一套「男尊女卑」的不平等條約及未必明說的「權力壓制」系統。如「不妒」，男子不妒是戴綠帽子，是可忍孰不可忍；但女子一妒則為失德。同是要求對方愛情貞一的要求，男女在要求權力上就極度懸殊。女須貞一，男不必專，甚至不可專。「貞節」亦然，夫者天也，故一。當初在訂定陰陽系統時，何以男即是陽，即是天，即陽剛，為主？其實道理亦不難知：理論創造者是男性，自然將自己歸於較有利的條件下。筆記小說《妒記》曾載謝安妻劉夫人一番話，一語道破「天理自然，禮教所崇」的不妒神話的機關：劉夫人不讓謝安納小，謝安子姪來勸，說以〈關雎〉〈螽斯〉有不忌之德。劉夫人知其諷刺自己，便問：「誰撰此詩？」子姪荅云「周公」。夫人曰：「周公是男子，乃相為爾。若使周姥撰詩，當無此語也。」〔註45〕所以三從四德如不妒之德一樣，是「男子相為」的結果。

次說「婦容」：婦容為取悅男性，滿足性的視覺欲求。《禮記·內則》載妻妾當御之夕，「將御者，齋，漱澣，慎衣服，櫛縱笄總，角拂髦，衿纓綦屨」，既然已要就寢，何需盛飾？「女為悅己者容」，非為己而容明矣。「婦容」在六朝這個重美的時代，尤其重要〔註46〕。我們若觀察六朝及前代女性題材詩歌，

〔註45〕〈妒記〉，收於《古小說鉤沈》
〔註46〕不僅要求女美，且兼有肉體、精神、德行之標準，可參考張淑香〈三面夏娃
　　　　——漢魏六朝詩中女性美的塑像〉一文；又男人也相當重視本身的身體儀形
　　　　之美，《世說》記載甚多，另可參考張仁青〈六朝人的愛美心理〉及張永昊〈世

不論貴賤高下，凡是好女，必定形容綺麗。〔註47〕至於醜女，才德即令出眾，不受歡迎，甚至受嘲：諸葛亮娶醜婦，百姓有謠以笑之〔註48〕；許允婦阮氏奇醜，成婚之夕，丈夫顧不得賓客滿門及自己身份，即見即出〔註49〕。隋末唐初有劉思真〈醜婦賦〉，即將醜婦描寫得甚為不堪：「人皆得令室，我命獨何咎？不遇姜任德，正值醜惡婦。才質陋且儉，姿容劇嫫母。……熟視令人嘔。」〔註50〕醜與惡連稱，其實在賦中，並未見此醜女有失「德」之行，但不修邊幅，或畫蛇添足，「闇鈍拙梳髻，髮如掘掃帚」，作者似乎完全無視於「德」重於容的禮教及《列女傳》的無鹽女的辯通女德。此醜女最大的罪行，就是醜得讓男人不悅，只此一條，已屬大罪。婦容之必要，在於「得夫之心」，失卻夫心，女德亦枉。此外，「婦容」在六朝又有新的內涵及更高要求，即除卻儀形之美，伴隨人物品鑒及玄學風度的流行，部分男子還以風神、神色要求女子〔註51〕，充份顯現「婦容」標準，因時推移，美的標準亦有其時代特色。

說新語的審美觀〉之文。另可參考《中國歷代婦女妝飾》p.27、p.37、p.43、p.58、p.163、p.210、《中國古代服飾史》p.161～162、《中國美術全集-雕塑3》p.24、p.158略睹六朝女子妝飾之繁複多變。

〔註47〕若以現代審美眼光去看，有時還顯得有點兒過份修飾，穿戴太多，如陌上桑的羅敷，及孔雀東南飛中的劉蘭芝，她們皆非貴族，然作者在描繪衣飾時，出現大量精品：明月璫，…。恐非二人經濟能力所及，但可見美女與德之間要有點兒連繫，否則好像會大煞風景似的。即美女不一定要有德，但有德一定不能太醜。孔明取醜婦，時人為作歌謠取笑一番。至於劉向《列女傳》中的三大醜女，有才有德，那是教育婦女用的，是理想面。

〔註48〕《襄陽記》曰：黃承彥者，高爽開列，為沔南名士，謂諸葛孔明曰：「聞君擇婦；身有醜女，黃頭黑色，而才堪相配。」孔明許，即載送之．時人以為笑樂，鄉里為之諺曰：「莫作孔明擇婦，正得阿承醜女。」

〔註49〕《世說新語・賢媛8》。

〔註50〕《先唐文・卷1》。

〔註51〕在現實中，人物品鑒之中，對於風神清俊的重視，已屬形的強調；不過這種風神，卻需要內在德量的具備才能外現；講究的是一種清和雅的美感及自然超逸的氣質。《世說新語・德行篇》所稱許的「德行」，非屬儒式道德行為，雖無具體形象行為可說，而自有感人動物的特質。實為玄學道家「德量體無尚虛」的呈現。這股名士「風神超逸」的形體要求，也吹入閨門，加諸婦女：王右軍往謝家看新婦，猶有恢之遺法，<u>威儀端詳，容服光整</u>。大加歡賞；王廣娶諸葛誕女，以「新婦神色卑下」非短新婦。皆以風儀責由女性；至於女性本身，也以神明自許，如王右軍夫人髮白齒落，但認為齒髮屬乎形骸，不必在意；「<u>至於眼耳，關於神明，那可便與人隔？</u>」此外，我們在墓誌銘中，也看到這股風氣的影響，以下銘文，語涉「風」「神」，多名士玄逸之氣，少婦女肅慎之態，如：「材貌不群，神明秀異」（《彙編》，p.129）、「姿色端華，風神柔婉」（261）、「婉約風流，終然獨絕」（475）、「神儀偉穆，進止閑庠」

　　再說「婦言」：在傳統女教與六朝女教，皆重視之。但名稱相同，內涵卻是相反的走向。禮書及《女誡》要婦女「慎言少言寡言，言聽計從」；而六朝女子則多才辯，言語智捷，有時男子不及。在筆記與墓誌中，不難發現對於口才好的女子，多投以正面評價，引以為榮。這自當歸於尚才風氣及清談的盛行，然究竟婦女的多言是敗德？是牝雞？則如前章所言，根據對於男性利害的結果來事後論定。婦功是具現女德的必備技能：「婦功」，是具現女德的必備技能。俗語說「知行合一」，空有孝養齊眉慈育之心，而乏中饋織紝之能，美意畢竟落空。《禮記‧內則》載錄婦事舅姑的細則〔註52〕，兼載部分「食譜」，女功重要性可知。若無女功之營，空言不能成事。或許貴族女子有僕婢代勞，女功似可免暫，但傳統既賦予女子「婦功為德」的意義，就算有人代勞，現實生活中，侍奉舅姑，恐不得假手他人，令孝心折扣；即令不自動手，也要內行，才能指導下人做出合乎己意之成品，不失懽於舅姑。此外，為成儉約家風或教女成德，母親須以身作則，女功自是落實的手段之一。如崔浩《食經序》就提到：「諸母諸姑，所修婦功，無不蘊習酒食。朝夕養舅姑，四時供祭祀，不任僮使，常手自親焉。」〔註53〕此外，六朝經濟形態，自給自足，衣食出於家族之內，女性成員的經濟活動，必要且必需。而世變多故，落難時女功往往也可發揮自濟功效，如史傳中的寡母，每以紡績維生，教子成人。

　　總之，推想過女教四德的內涵與設立目的後，不難發現：傳統女教在教育初始階段（依古禮是十歲），即將女子才性侷限於家務訓練上頭，且有絕對崇高地位，其他才能之學習發揮，皆不得凌越。行有餘力，方得學習其他

（218）、「神情雅潤，志見閑明」（397）、「神衿爽悟，□問知機」（476）、「爰在弱笄，神姿挺映」（473），「郁穆風儀，鏘翔容止」（218）、「風神清秀」（339）、「風姿爽悟，識具淹雅」（411）、「風貌若神」（439），以上女性墓主是否真的風神超逸，雖不得知，但可以確定的是風神已然成為對婦女容儀評定的新標準。形美已非至極，風神更為上流。

〔註52〕「婦事舅姑，如事父母。雞初鳴，……以適父母舅姑之所，及所，下氣怡聲，問衣燠寒，疾痛苛癢，而敬抑搔之。出入，則或先或後，而敬扶持之。……問所欲而敬進之，柔色以溫之，饘酏酒醴芼羹菽麥蕡稻黍粱秫唯所欲，棗栗飴密以甘之。……脂膏以膏之，父母舅姑必嘗之而後退。」……「子婦孝者敬者，父母舅姑之命，勿逆勿怠。……加之事，人代之，己雖弗欲，姑與之，而姑使之，而後復之。」案：交待給自己辦的事，有時雖有人代勞，未必能合己意，就暫時讓人家代理，伺機使開他們，再由自己來做，每件事親手處理，才能放心。

〔註53〕《全後魏文‧卷22》。

藝能，似乎極少能針對女兒性向，施以特殊培訓，教育內容的實施，基本上並未從個體本身才性特質的發揮去考量，全以「性別」區分教材。「三從四德」非為女性才性發揮而設，大部分的女子，接受相似的教育，後來行為樣貌就不出類同情形，這或許是為何女性傳記往往三言兩語，甚至套套公式即可，似乎很難再找出特殊性的原因之一；反觀男子，士農工商，公侯將相（女則妻母姑），玄佛道儒（女學以儒為主），個性風格顯揚（女須無私無我），可以有自己的主張（女必從順），發展出來的徑路，各不相同，形象也就多元多樣。

六朝女子「智育」（知識教育），亦尚儒學。第一章已詳說其要。在此討論兩項儒學旁支之學——即史學與胎教二者。此二項教材，前代已有，然至六朝，得到長足發展。史學，最早乃是附經之作，隨著史學自身的發展，而後乃得獨立於經學之外。六朝時代，由於重視家族傳承，譜學、家傳於焉大盛；也基於人物品鑒風氣的流行，人物傳記也大量出現（別傳），而這兩者皆有助於撰史，六朝史學因此興盛，六朝史家不少，然多男性，六朝並未出現如班昭之流的女性史學家，但有不少「知」史女性〔註54〕。女性何以學史？一方面是家學近習：父兄治史，近水樓臺，得以接觸；一方面更是基於「取鑒」：魏文甄皇后嘗言：「未有不學前世成敗，以為己誡」〔註55〕；將軍夫人元氏「每覽經史，睹靖女之峻節，覿伯姬之謹重，未始不留漣三覆，慕其為人也」〔註56〕；北魏文獻王妃王令媛「鑒戒圖史」〔註57〕，皆是基於德育目標而學史。此外胎教則是伴隨夙慧、早教、天賦才性說流行而帶起的風氣。第一章介紹已詳，此不複云。

三、佛道宗教涉入

佛道二教，自東晉之後，盛極一時，《續晉陽秋》云：「正始中，王弼、何晏好莊老玄勝之談，而世遂貴焉。至過江，佛理尤盛。」可知佛教在南渡以後民間勢力已盛。帝王妃后以至市井小民，敬信成風〔註58〕。六朝時代南北家

〔註54〕段豐妻慕容氏，有才慧，善書史；李彪女在後宮，常教帝妹書，誦授經史；梁高祖郗后，幼而明慧，讀史傳。六朝墓誌亦載女性學史，如馮會（《匯編》，p.85）。
〔註55〕語出《三國志·魏書·后妃傳·注》引《魏書》。
〔註56〕〈北魏直閤將軍輔國將軍長樂馮邕之妻元氏墓誌〉，《漢魏南北朝墓誌匯編》，p.129。
〔註57〕〈魏故黃鉞廣陽王妃銘〉，《漢魏南北朝墓誌匯編》，p.358。
〔註58〕東晉諸帝或禮待法師，或延僧講經，或與沙門交游，或親臨開題，或親身禮佛，造寺受戒，其熱衷可見。揆其目的，除了是對義理的喜好、來生之寄望

族以佛道教女或女子自修佛道者不少，揆其緣由，或有可說。

　　（一）博綜學風，多元家學：經過玄學思潮的洗禮及士人間對於本末有無的論辯，致使六朝學風相當開放，相互批評之間，增進發掘自身理論的長短，益使各學思想體系趨於精密，各放異彩。士人們基於「得意忘言」的思考，對於諸學，多取其善「意」，忘其所出處，因而對於學風之開放，助益頗大。不分六朝士人奉佛，非為求福，而是醉心於佛家深邃精理。范泰謝靈運常言：「六經典文，本在濟俗為務；必求性靈真奧，豈得不佛經為指南耶？」〔註59〕顏之推深信「三世之事，信而有徵，家世歸心，勿輕慢也」，且以為佛理廣闊淵深，「豈徒七經百氏之博哉？」明非堯舜周孔所及也。「至如畋狩軍旅，燕享刑罰，因民之性，不可卒除，就為之節，使之不淫濫爾。歸周孔而背釋宗，何其迷也！」（《顏氏家訓・歸心》）顏氏對於儒禮的一些弊害，深以不然，公開標榜佛學之精妙淵深。而玄學清談在名教自然問題得到解決，「本末有無」辯論已至尾聲，繼而興起的談題是佛家「般若性空」之理。〔註60〕趙翼《二十二史劄記》云梁時所談，與晉人玄談無異，「不專講五經……，五經之外，仍不廢《老》《莊》，且又增佛義」〔註61〕。佛理精深有助人們探索人生究竟義，亦能提昇思考水平精神層次。

　　不過佛道教義並非全然無阻進入門第教育之中，六朝時為了佛道宗教與儒家名教的矛盾牴觸，還曾引發極大爭辯，爭論議題大致環繞著「佛儒本末之辨」、「出家與孝道」、「沙門不敬王者」、「袒服」、「夷夏之辨」、「神不滅爭論」及有關政治經濟方面。但後來佛理與儒學有漸趨合流之勢，佛教在教義上儘量牽引儒理〔註62〕，「三教合一」或「三教同理」的說法〔註63〕逐漸為人

　　　　外，還有一個重要因素——即教化之考量。至於貴族之好佛，則表現於與沙門的頻繁交往。晉朝名士范寗、王導、庚亮、周顗、謝鯤、桓彝、王羲之、珣、珉、許詢、習鑿齒、王濛、謝安、謝尚、郗超、王坦之、王恭、王謐、郭文、謝敷、戴逵、殷浩、孫綽、桓彥表、王敬仁、何充、袁彥伯……皆曾與佛徒交遊或臨講聽法。

〔註59〕《高僧傳・釋慧嚴》。

〔註60〕可參見拙撰《魏晉玄佛二家對傳統儒家教育之批評及影響》第五章第五節「玄學與佛教之過渡」部分。

〔註61〕《廿二史劄記・卷8》「六朝清談之習」條：「梁時五經之外，仍不廢老莊，且又增佛義。」

〔註62〕慧遠《沙門不敬王者論》：「常以為道法之名教，如來之與堯孔，發致雖殊，潛相影響；出處誠異，終期則同。」

〔註63〕《三國志・王昶傳》、《全三國文・卷36》。

所接受；日久之後，隨著敬信人口增多，六朝人的宗教心態於是建立——可以接受出家解脫與福益家的說法；在家修行者對於宗教戒律與俗禮的齟齬，也自有其因應之方，故對於佛道宗教的阻力稍微減少。至於道教世俗性本強，六朝時代僅有小部分教派要求出家（如陸修靜、寇謙之之道派），否則如葛洪、太平、天師一系，並不鼓勵出俗〔註64〕，前文介紹過魏華存在家修仙成功的範例，即可以理解道教對於傳統「女有歸」信念的持守〔註65〕。特別是佛道二教皆有「在家法」，並未強制出家，端看自己的選擇。出家則奉方外法〔註66〕；在家則修方內法，並不勉強，慧遠云：

〔註64〕南北朝道教對佛教僧人的「不敬王者」、「不拜父母」並不接受。顧歡《夷夏論》分別華夷，批評佛教「下棄妻子，上廢宗祀」、「悖禮犯順」，去「孝敬之典」；齊道士著《三破論》也批佛教「遺棄二親，孝道頓絕」，可顯出道教的本國民族傳統。而佛教後來不得不接受此點。道教文獻中，雖要求「超世」成神仙，卻不要求「出家」離世事。女子奉道，資料較少。但由家族奉道，可以推知，信奉者應有不少。道教為本土宗教，與民情符合。當時篤信天師道家族，往往也是儒學世家，因此儒道之間，較少衝突。《太平經·117卷中》批佛教「不孝，棄其親；捐妻子，不好生，無後世」，又云：「窮其妻子而去者，此皆大毀失道之人。無可法，是大凶一分之人也，不可為人師法。安得中天師法號？」（《抱朴子·釋滯》）；「若委棄妻子，獨處山澤，邈然斷絕人理，塊然與土石為鄰，不足為也」（《抱朴子·對俗》）；寇謙之也說「上士學道在朝市，下士遠處山林。……若即世而伏調則無待山林者也。」基本上，道教世俗性較佛教強，並不因「修道」而要求信徒「出家」「離世事」，此為道教特點。與現世生活較無衝突。不過對於部分出家道士，俗人不免疑慮，如陸修鏡云：「我本委絕妻子，記身玄極，今之過家，事同逆旅，豈復有愛著之心。」（《三珠洞囊》引《道孝傳》）極為主張出家一系。至於葛洪，並不反對出家，但也不特別鼓勵出家，他認為因人而異，端看自己能耐，道行定力高者，無處不可修；無心者，處山林而心不靜。至於婦女修道，若從道教女仙成道歷程考察，女仙為人之時多能兼顧現世女職（妻母角色），在取得家人諒解或完成人生俗務，而後飛昇，更可看出道教與世俗倫理的合和性。

〔註65〕可參考謝聰輝《修真與降真——六朝道教上清經派仙傳研究》第五章第三目〈志向婚姻〉及李宜芬〈道教傳記中的女性〉，《中古道教傳記研究》第五章。

〔註66〕「出家則是方外之賓，跡絕於物。其為教也，達累患緣於有身，不存身以息患；知生生由於稟化，不順化以為宗。求宗不由於順化，則不重運中資；息患不由於存身，則不貴厚生之益。此理之與形乖，道之與俗反者也。若斯人者，自誓始於落簪，立志形乎變服，是故凡在出家，皆遁世以求其志，變俗以達其道。變俗，則服不得與世典同禮；遁世，則宜高尚其跡。……若然者，雖將面冥山而旋步，猶或恥聞其風，豈況與夫順化之民，尸祿之賢，同其孝經哉！」（慧遠《沙門不敬王者論·出家二》）

在家奉法，則是順化之民，情未變俗，跡同方內，故有天屬之愛，奉主之禮。禮敬有本，遂因之而成教。本其所因，則功由在昔。是故因親以教愛，使民知其有自然之恩；因嚴以教敬，使民知有自然之重。……是故悅釋迦之風者，輒先奉親而敬君；變俗投簪者，必待命而順動。若君親有疑，則退求其志，以俟同悟。斯乃佛教所以重資生，助王化於治道者也。（慧遠《沙門不敬王者論·在家一》）

慧遠在此解除一般人出家與否的疑慮，不出家怕無法顯誠敬、得解脫，出家又恐違背孝道及禮教，在此慧遠以其一代宗師之尊宣示奉佛規定，分為方內方外，異法異制，自行決定。信奉釋迦者，仍可奉親敬君，如其想變俗投簪出家，業必須先獲君父之命而順動。其中佛教也有明文規定，婦人出家須獲丈夫或父親同意方許。疑慮既無，佛教又屢傳效驗，自是士人修習情況普遍，及於南北。宗教衝突漸趨平緩，信眾也日增，佛道儼然成為六朝人心最大的依歸，對於玄佛道儒多能並予正面看待。這情況也反映在家學內容的多元上，儒學依然是門第的根本之學，在此基礎之外，兼修或三修，甚至四修玄佛道者，也不乏其人〔註67〕。明立諸學於官學或家教中，則有劉宋官學四館〔註68〕；王昶〈家誡〉要子孫「立身行己，尊儒者之教，履道家之言」；王褒著〈幼訓〉期望自己子孫兼習玄佛儒三學〔註69〕；顏之推儒玄佛皆嘗學習，但因個性，不好玄學，教諭子孫經學佛學不可廢〔註70〕。六朝家學如此，故婦女習佛多

〔註67〕諸學兼修：如伏曼容善《老》《易》，為《周易》、《毛詩》、《老》、《莊》、《論語》義；嚴植之少善《老》《莊》，能清言，精解《喪服》、《孝經》、《論語》，及長遍習《鄭氏禮》、《周易》、《毛詩》、《左氏春秋》。兼通三學者：張融將死，遺命左手執《孝經》、《老子》；右手執《小品法華經》。示三書為其生平所愛（《南齊書·張融傳》）徐孝克談玄理，與諸僧論釋典，每日二時講學：旦講佛經，晚講《禮》傳。周續之通五經五緯，閑居讀《老》《莊》，又入廬山事釋慧遠。

馬樞長於經史，尤明釋典、《周易》、《老子》；庾詵該綜經史百家，晚年尤遵釋典，著《易》、史專書。顧歡好黃老、從雷次宗諮玄儒諸義；戴顒學五經文句，注《禮記·中庸篇》、《逍遙論》，又善畫佛像。四學兼修：徐伯珍窮究經史，好釋氏《老》《莊》，兼明道術（教）。以上諸人多見於《南史·隱逸》及〈儒林〉二傳。至於北朝亦然：北魏世祖雅好莊老，銳志武功，歸宗佛法，及得寇謙之道，又信行其術。（《魏書·釋老志》）；崔浩儒學道教兼修，但北朝似乎極少兼修玄學者。

〔註68〕玄學、史學、儒學、文學四館並立，其中玄學館合玄佛二學立之。

〔註69〕《全後周文·卷7》。

〔註70〕《顏氏家訓·歸心、序致》。

與家庭因素有關。〔註71〕南朝張融作〈門律〉，提到：「吾門世恭佛。……汝可專遵於佛跡，而無侮於道本。……欲使魄後餘意，繩墨弟姪，故為〈門律〉。」（《弘明集》卷6）張家世代奉佛，推想其中女眷自亦同然；而觀《比丘尼傳》中所載，多數女尼出家，多經在家奉佛多年之後。女子在家奉佛，多出於家世〔註72〕，或有親人出家〔註73〕，與佛有緣，才會習佛。六朝女子治學，除卻儒學之外，修佛者不少，而尼寺中往往設有講堂，供清信女聽講諮問佛理〔註74〕。如「瑤光寺，……講殿尼房五百餘間。……椒房嬪御，學道之所；掖庭美人，並在其中。」（《洛陽伽藍記·瑤光寺》）有些貴族婦女，歸心於佛，甚至出家者也有〔註75〕。「修佛」是光明正大（因是家法）可以在女職之外，佔有時間去修習，提供女子「無我」生活中一處自我性靈寓所及儒典以外的知識源泉。

　　（二）消災祈福，護祐家族：至於家族修習道法，志在興福去災與寄託。佛經屢言唸佛供佛之效，實為男女生民至願。佛教在六朝每傳神跡，在佛教經文中，確切地允諾大眾，誠心唸佛，必有善報：

> 若有無量百千萬億眾生受諸苦惱，聞是觀世音菩薩，一心稱名，觀世音菩薩即時觀其音聲，皆得解脫。……若有眾生多于淫欲，常念恭敬觀世音菩薩便得離欲；若多瞋恚，常念恭敬觀世音菩薩便得離瞋；若多愚癡，常念恭敬觀世音菩薩便得離癡。……若有女人設欲生男，禮拜供養觀世音菩薩，便生福德智慧之男；設欲求女，便生端正有相之女。宿植德本，眾人愛敬。……若有眾生恭敬禮拜觀世音菩薩，福不唐捐。（鳩摩羅什譯《妙法蓮華經·觀世音菩薩普門品》〔註76〕）

〔註71〕參考《中國美術全集——繪畫17》麥積山第142號窟正壁右側影塑母語子供養像·北魏〈北朝母子禮佛〉，一貴婦，手牽幼子，虔心敬佛，自小耳濡目染，長成之後，便極有可能信佛。女兒亦然，家世信佛，則有機會接觸宗教，成為教徒。

〔註72〕如《比丘尼傳》中的明感尼「世奉大法」、法淨尼「門修釋教」、超明尼「世奉大法」、法宣尼「世奉正法」，及多位女皆「幼」而志道，早至五、六歲，當出家法無疑。可詳見〈表8　比丘尼傳中的女性資料〉「奉佛原因」一欄。

〔註73〕如北魏靈太后胡氏婚前知佛，乃因其姑母為尼，故有機會接觸。（《魏書·皇后傳》）

〔註74〕可見〈北魏婦女諮問佛法〉北魏畫像二幅（略）。

〔註75〕「亦有名族處女，性愛道場，落髮辭親，來儀此寺。屏珍麗之飾，服修道之衣；投心八正，歸誠一乘。」（《洛陽伽藍記·瑤光寺》）案：「八正（道）」為正見、正思維、正語、正業、正命、正精進、正念、正定。

〔註76〕摘自駱繼光主編《佛教十三經》（石家莊·河北人民出版社，1994），p.413。

解脫苦惱，所求遂意〔註77〕，是多數修習佛教之人的動機，我們在敦煌「願文集」中〔註78〕，藉由各式各樣的祈求與發願之文，更具體了解到當時人對於神佛依託的理由與情境。尤其在筆記小說中，更記下許多信佛善報的見證事蹟〔註79〕，有名有姓，時地人事物皆不缺，頗具吸引力。趙翼認為：：「佛教在六朝，最為人所信嚮。各史所載雖近於怪妄，然其教一入中國，即能使天下靡然從風，是必實有聳人觀聽者，非徒恀談空說寂也。」〔註80〕

　　道徒「消災祈福」意圖，更為明顯。《經鈔‧癸部‧通神度世厄法》曾說：「上士學道，輔佐帝王，當好生積功乃久長；中士學道，欲度其家；下士學道，才脫其趨。」又《魏書‧釋老志》：「但男女立壇宇，朝夕禮拜，若家有嚴

〔註77〕且看北朝佛道信眾造像之文，亦可知其心願所在：佛教如：「邑子五十人等，……爰託鄉親，義存香火；……僉竭家資，共成良福。遂于長安城北‧；；，造釋迦時像一區，永光聖宅。願周皇帝延祚，常登安樂；晉國公忠孝，慶算無窮；又邑子者，值佛聞法，見在眷屬，恆與善居。將來道俗，世世同修。使如來福業，不墜於今奕；藉因之敢，終美于去在。」（王妙暉〈造釋迦像記〉，《全後周文‧卷21》）道教有：「清信弟子孟阿妃敬為亡夫朱元洪及息子教、息子雅、息白石、息康奴、息女雙姬等敬造老君像一區，今得成就。願亡者去離三塗，永超八難，上升天堂；侍為道君。芒芒三界，蠢蠢四生，同出苦門，俱升上道。」（孟阿妃〈造老君像記〉，《全北齊文‧卷8》）

〔註78〕可參見黃徵、吳偉校注《敦煌願文集》（湖南‧岳麓書社，1995）「願文」乃用以表達祈福禳災及兼表頌讚之文。願文內容有歎佛德、慶皇猷、序臨官、隅受職、酬慶願、報行道、悼亡靈、述功德、賽祈讚、祐諸畜等。而祈雨、脫難、患差、祝願小子新人、征還、釋禁、鎮宅、遠行……，無非意在興福禳災。

〔註79〕「陳玄範妻張氏，精心奉佛，恆願自作一金像，終身供養，有願皆從，專心日久，忽有觀音金像，連光五尺，見高座上。」（《宣驗記》，《古小說鉤沈》，p.440）「歷陽縣張應，先是魔家，取佛家女為婦。……妻病，因為魔事，家財略盡不差。妻曰：『我本佛家女，乞為我作佛事。』應便往精舍中見竺法鏡，鏡曰：『佛普濟眾生，問君當一心受持身戒耳。』曇鏡期明當向其家，應夢見一人，長丈五六，正向於南面趨步入門，曰：『此家寂寂，乃爾不淨。』夢中見鏡隨此人後，白曰：『此家始欲發意，未可一一責之。』應先手巧眠覺，便把火作高座，及鬼子母座。鏡明食時往，應座之屬具足己成。聞應說夢，遂夫妻受五戒，病亦尋差。」（《靈鬼志》，《古小說鉤沈》，p.200）「宋羅璵妻費氏者，寧蜀人，父悅宋寧州刺史。費少而敬信，誦《法華經》，數年勤至不倦，後忽得病，苦心痛守命，闔門遑懼，屬纊待時。費氏心念：我誦經勤苦，宜有善佑，庶不於此，遂致死也。既而睡臥，食頃，如寐如夢見佛於窗中，授手以摩其心，應時都愈。一堂男女婢僕，悉睹金光，亦聞香氣。璵從妹即琰外族曾祖尚書中兵郎費悕之夫人也，于時省疾床前，亦具聞見。於是大興信悟，虔戒至終，每以此瑞進化子姪焉。」（《冥祥記》，《古小說鉤沈》，p.525）

〔註80〕《廿二史箚記‧卷15》「誦經獲報」條。

君，功及上世。其中能修身練藥，學長生之術，即為真君種民。」又云：「至於化金銷玉，行符敕水，奇方妙術，萬等千條，上云羽化飛天〔註81〕，次稱消災滅禍。故好異者往往而尊事之。」劉宋陸修靜制定道教齋儀百餘卷，內容有九齋十二法。九齋之六「自然齋」云：「普濟之法，內以修身，外以救物，消災祈福，適意所宜。」〔註82〕唐代道經《齋戒錄》述及此書「經品齋科，行于江表，疫毒銷彌，生靈義康。自晉及茲，蒙其福者，不可勝記焉。」《世說新語》載王獻之上章首過，崔浩父親疾篤，浩乃剪爪截髮，夜在庭中仰禱斗極，為父請命」，皆為為道教去病科儀，信行道教對於家族近益可明。至於出家的佛教或道教徒，其抱持理由，也必須與家族利益相牽：

> 安令首……雅性虛淡，不樂人間，從容閑靜，以佛法自娛，不願求聘。父曰：「汝應外屬，何得如此？」首曰：「端心業道，絕想人外，毀譽不動，廉正自足。何必三從，然後為禮？」父曰：「汝欲獨善一身，何能兼濟父母？」首曰：「立身行道，方欲度脫一切，何況二親耶！」仲以問佛圖澄，……澄曰：「是君女先身，出家益物，往事如此。若從其志，方當榮拔六親，令君富貴。」（《比丘尼傳·安令首》）

> 或曰：「審其神仙可致，翻然凌霄，背俗棄世，烝嘗之禮，莫之修奉。先鬼有知，其不餓乎？」

> 抱朴子曰：「蓋聞身體不傷，謂之終孝。況得仙道，長生久視，天地相畢，對於受全歸完，不亦遠乎？果能登虛躡景，雲舉霓蓋，餐朝霞之沆瀣，吸玄黃之純精。……居則瑤堂瑰室，行則逍遙太清。先鬼有知，將蒙我榮。或可以翼亮五帝，或可監御百靈，位可以不求而自致，膳可以咀茹華瓊；勢可以總攝羅酆，威可以叱 梁柱。誠如其道，罔識其妙，亦無餓之者。……然則今之學仙者，自可皆有子弟以承祭祀，祭祀之事，何緣便絕？」（《抱朴子·對俗》）

父母對女兒修佛，所提出的質疑及俗人提出關於祭祀血食之事，葛洪以為子孫得道，「將蒙我榮。或可以翼亮五帝，或可監御百靈，位可以不求而自致，膳可以咀茹華瓊；勢可以總攝羅酆，威可以叱 梁柱。誠如其道，罔識其妙，亦無餓之者。」皆有宗教利益作前提。

〔註81〕羽化登仙，成為羽人，可參考《古塚丹青》酒泉墓中的羽人〈六朝的道教信仰──羽人飛昇圖〉。

〔註82〕轉引自張澤洪《道教齋醮科儀研究》（成都·巴蜀書社，1999），p.17。

　　（三）持戒為善，有助德育：就統治者的立場而言，他們樂見百姓學佛〔註83〕，佛教講三世因果，寂靜涅槃〔註84〕；諸惡不做，諸善奉行〔註85〕，實有功於名教〔註86〕。輪迴報應之說，使人對於今生苦難，現世不平，皆能夷然，潛心修福，寄望彼岸。如此男女百姓心安易治。佛教五戒，沙彌尼十誡〔註87〕，無不教人為善；宗教力量制約，其效尤深——「三世輪迴」、「因果報應」〔註88〕以警之，極樂涅槃之境以獎之，勝於凡人百口。梁釋僧順云「釋氏之教，父慈子孝，兄愛弟敬，夫和妻柔，備有六睦之美，有何不善？」〔註89〕佛教入於中國之後，因應俗情，修行每與儒教比附〔註90〕，六朝人也

〔註83〕除北朝曾因政爭或經濟因素曾有滅佛殺汰之舉，但為時不久，佛風仍大行南北。

〔註84〕《魏書・釋老志》：「凡其經旨，大抵言生生之類，皆因行業而起。有過去、當今、未來，歷三世，識神常不滅。凡為善惡，必有報應。漸積勝業，陶冶粗鄙，經無數形，澡練神明，乃至無生而得佛道。」

〔註85〕《魏書・釋老志》：「其間階次心行，等級非一。……率在積仁順，蠲嗜慾，習虛靜而成通照也。故其始修心則佛法僧，謂之三歸；……五戒，去殺、盜、淫、妄言、飲酒，……云奉持之，則生天人勝處；虧犯則墮鬼畜諸苦。」

〔註86〕劉宋・何尚之曾說：「慧遠法師嘗云：『釋氏之化，無所不可。適道固自教源，濟俗亦為要務。』竊尋此說，有契理奧。若使家家持戒，則一國息刑。故佛澄適趙，二石減暴；靈塔放光，符健損虐。故神道助教，有自來矣」（《高僧傳・釋慧嚴》）

〔註87〕沙彌尼十誡：不得殺生，不得竊盜、婬逸、兩舌惡言、飲酒，不得持香華自熏飾衣履縷，不得坐金銀高床繡錦被寶綩綖；不得聽歌舞音樂聲拍手鼓節；不得積珍寶；食不失時，原道思純。……能備十戒之本，其百戒皆悉周滿。摘自《大正新脩大藏經》第24冊《沙彌尼戒經》。

〔註88〕佛教提出所謂的「因果報應」及「三世輪迴」之說。因果報應是佛教關於人生本質、價值和命運的基本理論；也是佛教對民眾吸引力和影響力最大的理論，更是得以在民間廣泛而持久流傳的思想支柱。東晉時，慧遠曾作〈三報論〉和〈明報應論〉，其云：慧遠〈三報論〉：「經說業有三報：一曰現報，二曰生報，三曰後報。現報者，善惡始於此身即此身受；生報者，來生受報；後報者，或經二生三生百生千生，然後乃受。受之無主，必由於心；心無定司，感事而應；應有遲速，故報有先後。先後雖異，咸隨所遇而為對；對有強弱，故輕重不同，斯乃自然之賞罰，三報之大略也。」宣揚人有身（行動）、口（說話）、意（思想）三業；業有現報、生報（下世受報）和後報（在長遠的轉世中受報）三報；生有「前生」、「今生」和「後生」三生。人的不同善惡行為分別在三世中得到不同的報應。這就是所謂的「三報」。人的善惡行為早晚要得到報應，「善有善報，惡有惡報；不是不報，時候未到」。今生的果，是前世種下的因；今生種下的因，必定結下來世的果。因果相互聯繫，相互報應，構成輪迴。

〔註89〕〈釋三破論〉，《全梁文・卷74》。

〔註90〕佛儒曾有論爭，這種論爭乃起於兩家對於人生社會看法的根本不同。儒家重人事、重現實；佛教重解脫、重出世。佛教對人生社會的主張及其倫理道德

每將儒佛相提。早在牟子《理惑論》即說:「道之言,導也,導人至於無為……立事不失道德……人道法五常(仁、義、禮、智、信)。」康僧會《六度集經》說:「儒典之格言,即佛教之明訓也……以佛明法,正心治國。」魏書云:「五戒,去殺、盜、淫、妄言、飲酒,大意與仁義禮智信同,名為異耳」(《魏書‧釋老志》);顏之推云:「內外兩教,本為一體,漸積為異,深淺不同。內典初門,設五種禁,外典仁義禮智信,皆與之符。仁者,不殺之禁也;義者,不盜之禁也;禮者,不邪之禁也;智者,不酒之禁也;信者,不妄之禁也」(《顏氏家訓‧歸心》)佛助教化與德育,如慧遠云:

> 在家奉法,則是順化之民,情未變俗,跡同方內……故以罪對為刑罰,使懼而後慎;以天堂為爵賞,使悅而後動。此皆其影響之報,而明於教,以因順為通,而不革其自然也。……是故悅釋迦之風者,輒先奉親而敬君。……(慧遠《沙門不敬王者論‧在家一》)

皆視佛門戒律與禮教規約同致。由上可知:佛教教義中也滲入孝親、忠君的思想,只是表現形式不同而已,皆有助社會與名教的鞏固,且與儒家思想不悖。若非出家,依違不大,既然有助於女德,家人不禁。

至於道教也有「承負」[註91]之說以惕人向善。關於「承負」,陶宏景引老君語云:「人修善積德,而遇其凶禍者,受先人之餘殃也;犯禁為惡,而遇其福,蒙先人之餘慶也。」(陶宏景《養性延命錄》)陸修靜《道門科略》:「禁戒科律,檢示萬民逆順禍福功過,令知好惡。……使民內修慈孝,外行敬讓。佐時輔化,助國扶命。」旨亦勸人為善。而道教天師立治置職,奉道者皆編戶著籍,各有所屬。一年三會[註92],「民各投集本治,……三宣五令,令民知法。……師民皆當清靜肅然,不得飲酒食肉,誼譁言語。會竟民還家,當以科

觀念的流布,勢必對儒家的倫理觀念造成一種瓦解的作用,從而危及儒家的社會理想結構。所以儒家不斷從倫理道德角度發起對佛家的批評與攻擊。最初的衝突較局限於政治、倫理和風俗習尚的爭論。如:「沙門不敬王者論」、「孝道論」、「袒服論」、「夷夏論」……;後來逐漸深入到思想上面,如「佛道本末」、「神不滅」等問題。佛儒之爭乃是儒家第一次和外來文化接觸所發生的矛盾和衝突,爭論的結果,似乎是佛教取得了勝利。但實質上,二者的每一次交鋒,都不同程度的導致佛儒在思想上的一步步融合。

[註91] 「承負」指行善或作惡事的人,其本人此生或其子孫承受和負擔所行善事或作惡事的報應。乃《太平經》繼承《易‧坤‧文言》「積善之家必有餘慶,積不善之家,必有餘殃」之說而立。此處定義參考湯一介《魏晉南北朝時期的道教》(臺北、東大,1991),p.364。

[註92] 正月初七、七月初七、十月五日,一年三會。

律威儀，教敕大小，務共奉行。如此道化宣流，家國太平。」道教又有獎善條例：

> 民有三勤為一功，三功為一德。民有三德則與凡異，聽得署錄。受錄之後，須有功更遷，從十將軍錄階至百五十。……能明煉道氣，救濟一切，消滅鬼氣，使萬民歸伏，便拜陽平、鹿堂、鶴鳴三氣治職。（陸修靜《道門科略》）

由於「三會」之日，「師當改治錄籍，落死上生，隱實口數，正定名簿」，得知：道教信仰，以家為單位，「道科宅錄，民之副籍，男女口數，悉應注上」，以利道氣覆蓋，守宅營衛。因此女性家庭成員，自然一併是教徒。道家修德，多取儒家德目，如葛洪有「內神仙外儒術」的儒道合一思想〔註93〕；寇謙之等人用「以禮為首」的儒學思想對道教加以改造〔註94〕，皆顯示其與儒德之間的相依關係。

（四）命途舛錯，身心寄託：漢末以降，由於儒家禮教對於亂世束手無策，使得人們對其效能產生質疑。相對的，對儒家長久以來所宣揚的「格致正誠、修齊治平」、「死生有命，富貴在天」，不可「犯上作亂」的說法，已普遍動搖。其時雖有玄學清談興起，但無法使人們心靈得到徹底的寄託。因此，以般若學為中心的大乘空宗佛教學說大行。至於女性信教，人數一直居高不下，原因可能在於家庭社會地位的極度不平等與無盡女職。

社會上給予性別不同的兩性差別待遇，受著不同教育，活在不同的空間之中；封閉、委瑣無盡的家事女職；陪笑迎人嫁入他姓，遠父母家人，沒有自我的意志，只能隨男意旨言行。加上天生女身之苦：月事、生產皆是，佛教中每以來世不必為女勸人事佛。當女子自問：為何是女，橫受多苦，宗教說之以三世輪迴、因果報應〔註95〕，於是女子不再傷怨，精信誠持，寄望來世不再為女。在現實生活中，也以前世深業自悔，勞瘁依然，但多了分認命，安於現況。佛教教人因果，女子深信，對於家庭要求的職事能勤力安分，勝於長

〔註93〕不過瘤有《老子想爾注》對儒術五經的批判，見於「和慧出有大偽」注：真道藏，邪文出，世間常偽技稱道，皆為大偽，不可用。何謂邪文？其五經半入邪；其五經以外，六書傳記，尸人所作，悉邪耳否。」又「孔德之容，唯道是從」注云：「道甚大，教孔丘為知，後世不信道文，但上孔書，以為無上，道故明之，告後賢。」認為儒家經典不是真道，孔丘亦非全知全能。

〔註94〕趙吉惠《中國儒學史》（中州古籍，1991），p.427～432。

〔註95〕《太平經·解承負訣》：「力行善反得惡者，是承負先人之過，流災前後積來害此人也；其行惡及得善者，是先人深有積畜大功，來流及此人也。」

者督促千萬言，宜為女教所取。道教思想，男女較為平等。天師傳承有女子〔註96〕；天下二十四治，兼置男女官祭酒，統領三天正法，化民受戶。〔註97〕並無男女高下之別，神仙譜系中，女真女仙，地位尊貴。夫妻同修，一樣昇天，並不似佛家女子必多守戒約，多歷劫磨，轉身為男，方能得道。因此在道教組織與家庭中，就教義所定，男女地位應較平等。不過地位儘管平等，女職之事，一樣無法推卻，但在精神上卻可活得有自我自尊些。因此信教者可將世間不平，男尊女卑，歸諸因果，此後就算身心勞碌，亦能安份認命。且能在瑣碎女職中，另覓性靈寓所。

亂世浮生，女子身世未必平順，或失寵於丈夫〔註98〕，或后妃遭廢〔註99〕，或離棄〔註100〕，或，孀居，或病苦，今生不順遂，修佛寄餘生。北魏郡主元純陀，再嫁之後，夫又早世。食衣雖豐，精神常苦，於是出家〔註101〕。值得注意的是：自劉向《列女傳》梁寡婦毀容自誓，後代蹈之者未絕。或以毀身截髮自誓，甚至方式以死以表貞心。但東晉佛教興起以後，守節婦女有新的方式來表現她的決心。不必自殘，不必殉死〔註102〕；今生坎坷，但修命終，得

〔註96〕《茅山志・卷十五》：「天師九世孫張玄真，道兼三洞，德流四遠。天師十世孫張景遜，容行識業，秀挺超群。……天師十世孫張子臺，天師十世孫女張季妃。」轉引陳國符《道藏源流考》（北京・中華，1963），p.320。

〔註97〕見於《三天內解經・卷上》。轉引出處同前註 p.312。案「三天正法」：不得固禁天民，民不得妄祀他鬼神，使鬼不飲食，師不受錢，不得淫盜，治病療疾，不得飲酒食肉，民人唯聽五臘吉日，祠家親宗祖父母。二月八月祠祀社櫂灶。……疾病者但令從年七歲有識以來，首謝犯罪過，立諸詭儀章符，救療久病。因疾醫不能治者，歸首則差。

〔註98〕「後主沈皇后諱婺華，……性端靜，寡嗜欲，涉獵經史，工書翰。……後主遇后既薄，……唯尋閱圖史、誦佛經為事。」（《陳書・7・後主沈皇后傳》）

〔註99〕孝文廢皇后馮氏，……性雖不妒忌，時有愧恨之色，昭儀規為內主，譖構百端，尋廢后為庶人。后貞謹有德操，遂為練行尼，後終於瑤光佛寺。（《魏書・皇后傳》）

〔註100〕王肅……太和十八年，背逆歸順。……在江南之日，聘謝氏為妻。及至京師，復尚公主。其後謝氏入道為尼，亦來奔肅，見肅尚主，謝作五言詩以贈之。……公者代肅答謝云：「針是貫線物，目翁恒任絲，得帛縫新去，何能納故時？」肅甚有愧謝之色，遂造正覺寺以憩之。」（《洛陽伽藍記・卷三・報德寺》）

〔註101〕「夫人諱純陀，法字智首，恭宗景穆皇帝之孫，任城康王之第五女也。……及車騎謝世，思成夫德，夜不洵涕，朝哭銜悲。乃歎曰：「吾一生契闊，再離苦辛，既慚靡他之操，又愧不轉之心，爽德事人，不與他族，樂從苦生，果由因起。」便捨俗累，託體法門。」（〈魏故車騎大將軍平舒文定邢公繼夫人大覺寺比丘尼墓誌銘并序〉，（《漢魏南北朝墓誌彙編》p.262）

〔註102〕佛教禁人自殺。

歸極樂，永世離苦；來世長樂，不墮輪迴女身之苦。北朝皇后出家為尼者便相當多〔註103〕，多因際遇舛錯，再就是守貞、避禍、性情。另有部份女子，則未必出於志願。部分男性為確保女眷守貞，或自造尼寺安置，或悉令入道〔註104〕，父權主導女子生涯，又是一例。佛教與六朝寡婦，關係之密，由此可見。她不須經由激烈的殉死行動，也可完成貞節之行；且出家修佛，隸屬方外，多半可以躲過家人強行再嫁的憂慮；或許也是考慮到報應問題，旁人對於出家女性也較不干預婚嫁問題，禮佛為家興福，亦為美事。

（五）宗教活動，空間自由：初期信教，不出閫外，此為家庭可以接受的另一原因。女子學習佛道，多出家庭因素接觸。由家人引導進入宗教之門，或家中設有尼師〔註105〕，可從問道。初期既可不出閫外，又是家族所習，自然易有機會接觸。其後習之彌深，有精進之心，才觸及出外旁聽法師講道一事。女子參與法會，先擇「尼」寺，像瑤光、景樂寺，「以是尼寺，丈夫不得入」〔註106〕，男女之防自可無慮；若一般僧寺，男女出入先後多有節次〔註107〕，

〔註103〕 北魏宣武高后，帝死，肅宗即位，尋為尼，後為靈后所害；宣武靈皇后胡氏，武泰元年，尒朱榮稱兵渡河，太后盡召肅宗六宮皆令入道，太后亦自落髮。孝明皇后（靈后外甥女）亂後，恆居道中。北齊文宣后李祖兒，帝死，武成踐祚，以子要挾，逼后淫亂。后與武成有孕，生女不舉，怒殺后子、裸后狂撻，載往尼寺出家（愛佛法）；後主皇后斛律氏，父誅，被廢，帝令為尼。周孝閔元后胡摩（帝被廢）、周武帝李皇后娥姿（楚人，帝崩，改隋）、周宣帝朱皇后滿月（吳人，改隋）、周宣帝陳皇后月儀（潁川，帝崩）、宣帝元皇后樂尚（帝崩）。

〔註104〕 前見《北齊書・羊烈傳》，後者見於《洛陽伽藍記・卷三・高陽王寺》：「僮僕六千，妓女五百。……及雍薨後，諸妓悉令入道。」

〔註105〕 六朝有門第逕將高僧名尼迎回家中供養，作為「門師」，啟導家人；《洛陽伽藍記》載貴族多有捨宅為寺者，疑諸寺性近家寺。東晉孝武於禁中建精舍；梁武帝令慧光為學士，居禁中講論法要，注解經文。唐代盛行的「內道場」，又稱內寺，是設置在宮廷內用以舉行宗教法會的場所，屬於皇室私用的佛寺或道觀。此制起於六朝：「南北朝許多帝后篤信佛教，漸漸風行於宮中設『內道場』，甚至於貴族也常建『家寺』」，《大宋僧史略》則說內道場起於後魏，到了隋朝才有內道場之名。」（釋恆清《菩提道上的善女人》（臺北・東大，1995），p.127）

〔註106〕 《洛陽伽藍記・卷一・景樂寺》。又「永安三年中，尒朱兆入洛陽，縱兵大掠，時有秀容胡騎數十人，入瑤光寺婬穢，自此後頗獲譏訕。京師語曰：「洛陽男兒急作髻，瑤光寺尼奪作婿。」（《洛陽伽藍記・卷一・瑤光寺》）足見尼庵別嫌，仍甚重要。

〔註107〕 《續高僧傳・隋・釋靈裕》：「寺法不停女人尼眾，……誓不授戒。……故使弘法之時，方聽女眾勿寺，並後入先出，直往無留。」

只有少數法師堅持不女眾入寺以避嫌〔註 108〕。不過由釋法充「每勸僧眾，無以女人入寺。上損佛化，下墮俗謠。然世以基業事重，自不從者」〔註 109〕得知：宗教熱誠之下，男女之別似非首要之務。在《比丘尼傳》、《高僧傳》〔註 110〕及《洛陽伽藍記》〔註 111〕載，每開高座，或有法會「士女」「道俗」咸集，可知女子是有參與法會的情況〔註 112〕。再從葛洪批評當時婦女「遊戲佛寺，冒夜而返」〔註 113〕可知參拜及旁聽法會，當是普遍情形。〔註 114〕而伴隨宗教活動的興辦（如浴佛節、行像、法會）及邑義組織的形成〔註 115〕，女子參與宗教儀式及活動也多起來。其中的「義邑」，相當特別，據六朝北地碑記資料顯現，信教女子還有宗教社團產生的情況，此皆使女教的途徑與場所，

〔註 108〕《續高僧傳‧隋‧釋道舜》：說法化諸村民，皆盛集受法，獨不為一女人授戒。

〔註 109〕《續高僧傳‧隋‧釋法充》。

〔註 110〕《高僧傳‧義解二‧竺法汰》：「開講之日，黑白觀聽，士女成群。及秉門徒，以次駢席。」
《高僧傳‧義解二‧釋曇徽》：「於是江陵士女，咸西問致敬印手菩薩。」
《高僧傳‧神異下‧釋保誌》：「知名顯奇四十餘載，士女恭事者，數不可稱。」

〔註 111〕「士女多來觀看」（《洛陽伽藍記‧卷二‧宗聖寺》）；「京師士女空市里往而觀之」（〈平等寺〉）；「四月初八日，士女多至河間寺，觀其廊廡綺麗，無不欷歔。」（〈卷四‧法雲寺〉）「士女觀者，目亂睛迷。」（〈卷一‧景樂寺〉）「城東士女，多來此寺觀看也。」（〈卷二‧宗聖寺〉）

〔註 112〕《高僧傳‧譯經上‧曇摩耶舍》：「時有清信女張普明，諮受佛法，耶舍為說佛生緣起，並為譯出《差摩經》一卷。」「唯宋故丹陽尹顏瑗女法弘尼，交州刺史張牧女普明尼，初受其法。今都下宣業、弘光諸尼習其遺風，東土尼眾亦時傳其法。」

〔註 113〕今俗婦女……休其蠶織之業，廢其玄紞之務……舍中饋之事，修周旋之好，更相從詣，之適親戚；……或宿於他門，或冒夜而返，遊戲佛寺，觀視漁畋，登高臨水，出境慶弔；開車褰帷，周章城邑；盃觴路酌，絃歌行奏。轉相高尚，習非成俗。（《抱朴子‧疾謬》）

〔註 114〕在六朝壁畫中，每見婦女奉佛出行的盛大場面，前有比丘尼帶領，前後又有侍女僕婢護衛，因為佛會，婦女可以出門。請參考美國納爾遜藝術陳列館北魏‧石雕皇后供養圖、鞏縣第四窟禮佛圖局部〈北朝貴婦禮佛出行圖〉。

〔註 115〕義邑組織，佛道二教皆有（從「造像記」可知）通常為當地貴婦為首（如行政首長夫人），與中下階層婦女合組義邑，再延請有道的大寺僧尼、道長女冠充當導師，帶領邑民定期舉習聚會、拜佛。常以造像、拜佛、唸經為主要活動。到北朝後期及唐代，義邑也進行類似互助會形式的社會救濟，一人有事有難，大家無條件互相出錢出力幫忙。詳見寧可、郝春文〈北朝至隋唐五代間的女人結社〉（《北京師範學院學報──社會科學版，1990：5 期，p.16～10》）及張英莉、戴禾〈義邑制度述略──兼論南北朝佛道混合之原因〉（《世界宗教研究，1982：4 期，p.48～55》）二文。

由家庭拓展至戶外與人群之中。佛寺、社團提供六朝女子治學，除卻在家習儒禮、學女工之外的另一處教育場所。在宗教組織或活動中，女子獲得了一種新的身份認同，也提供了一些在家庭以外的社會角色，是女子社會教育的另一種形式。也在一定程度上更塑造婦女的自我認識、價值取向、道德意識，進而影響到整個社會的文化、精神價值、道德準繩及人際關係。南北列為女教，自有深用。

四、藝能教育多元

六朝因為尚才風氣的興起，據以逞才的藝能教育也受到重視。加上政治黑暗，士人明哲保身，才能多半難由事功展現，故而轉向藝術方面發揮。書法、音樂、繪畫、建築、算術、卜筮、醫學、博弈、投壺、射箭……皆有名家。如：戴逵，少博學，好談論，善屬文，能鼓琴，工書畫，其餘巧藝靡不畢綜〔註116〕；羊忱博學工書，能騎射，善圍棋，諸羊後多知書，成為家學〔註117〕。這股風氣帶動下，藝術高度發達，多才多藝的男性不在少數。然在前文已比較過男女藝能教育的差異，並非六朝諸項雜藝，女子皆可自由學習，女子藝能，多半基於女職需要或門第實益考量而施。諸項雜藝，如織紝、妝飾、書法、書計、音樂等，除因襲女教四德要求外，似與家族需求密切相關，而部分藝能之興則呈現六朝特有的社會習尚風氣。

女教藝能領域中，列為「四德」之中的婦功，雖有巧拙之分，但女子必學。「女功」高下，往往成為評斷「女德」良窳、影響新婦寵辱的原因。父母在家教女何能不重？「女職」能否卸卻，並非經濟能力的問題，而是觀念問題──甚至道德問題。干寶對於晉世婦人「廢織紝之事，假手僕婢」，認為是女德淪喪〔註118〕。女功要事大抵為蠶織，次中饋，次奉養，末為祭祀。完滿無瑕，方是為「女德」表現。或問：女功本為藝能層次，何故稱「德」？此因女功巧拙雖須天份技巧，但能否盡心持續，在乎心志，故屬「德」。女作家左芬，文學獨步六朝文壇，與男相較亦不遜色，但兄長左思在提到這位「才女」妹妹時，仍不忘誇讚她的女紅：「匪唯辭章，多才多巧：黼黻文繡，幾微要妙」（左思〈悼離贈妹詩二首〉）；前舉〈嬌女詩〉中，左思教二女，

〔註116〕《晉書・戴逵傳》。
〔註117〕《世說新語・巧藝5》。
〔註118〕干寶《晉紀・總論》。

雖多學才藝，但對女功教育也相當徹底；梁高祖皇后郗徽「幼而明慧，善隸書，讀史傳。女工之事，無不閑習」（《梁書·皇后傳》）；北朝劉娥，貴為太保之女，幼而聰慧，好讀書，但也必須晝營女工，夜晚方能讀誦書籍（《晉書·列女傳》）顏之推論及南北朝兩地差異時，不忘提到江北女子織紝較長（《顏氏家訓·治家》）。感覺上，女子若在女功方面不行，縱有百才亦徒然。南齊裴皇后少與豫章王妃庾氏為娣姒，庾氏勤女工，奉事太祖、昭后恭謹不倦，后不能及，故不為舅姑所重，世祖家好亦薄焉（《南齊書·皇后傳·武穆裴皇后》）；又北魏夫人李氏，妙善女工，兼閑碎務。太夫人衣食服玩，躬自嘗製，蒸礿祠奠，親潔俎豆。信不以貴敖為心，每以卑慎在志。是以太夫人慈遇備隆，流愛特厚。〔註 119〕六朝墓誌銘，更常以女子富貴不忘紡績作為此人勤儉自守、女德昭著的證據。〔註 120〕筆記小說載有曹丕美人薛靈芸及孫權夫人趙氏，妙善女紅、神乎其技的故事，令人津津樂道，當時宮人稱為「針神」〔註 121〕。就書寫角度來看，此種故事的產生，正代表六朝對於女紅教育仍相當重視，期興示範作用。至於烹飪中饋之事，一樣馬虎不得。北魏後宮大監王遺女，因善調鼎和，榮獲拔昇。〔註 122〕崔浩以母親善於烹飪，譽為婦德。〔註 123〕皆見六朝女功教育之受重視。至於妝飾，本為四德（婦容）之一，在六朝尚美風氣之下，尤其重要。妝飾技巧可使容貌增色，則其學習，不可輕忽。若稍究出土之六朝婦女圖像文物（可參考《中國歷代婦女妝飾》p.27、p.37、p.43、p.163 及《中國美術全集——雕塑 3》），則當時婦女妝飾之繁複多變，美不勝收，令人目不暇給。髮型即有靈蛇、倭墮、丫髻、鴉鬢、蟬鬢……等式樣及特定部位的妝法。從頭面裝飾到腳上穿著，

〔註 119〕 《彙編》，p.103。

〔註 120〕 「命婦元氏……至於麻枲蠶繭之庸，織紝組紃之藝，雖復生自膏腴，故亦宿閑顏訓。」（《漢魏南北朝墓誌彙編》，p.219）「元阿耶……故蘋蘩有度，絺綌為功，莫不率由自極，因心必盡。」（《彙編》，p.339）「妻黑女……婦順宜於蘋藻，女業擅於針縷。弦無衛操，棻屏鮮禽。」（《彙編》，p.398）「元洛神……居閑女訓，歸習婦容。絺綌是務，織組唯工。」（《彙編》，p.219）「夫人高氏…… 非直妙盡機杼，乃亦曲精綺繡。（《彙編》，p.153）「太妃盧蘭令淑凤聞，珪璋早茂。……鍼管線縷，早習其儀。」（《彙編》，p.492）另見同書頁 120、180、184 等處。

〔註 121〕 王嘉《拾遺記·卷 7》、〈卷 8〉，收於《漢魏六朝筆記小說大觀》中。

〔註 122〕 《彙編》，p.124。

〔註 123〕 崔浩《食經·序》，《全後魏文·卷 22》。

皆也講究〔註124〕，與漢代婦女之樸素妝扮頗不相同。六朝婦女對此藝能，自然也得講究。左思描寫二女，日常生活中即有涉及學為妝扮的片段，故六朝女教中，妝飾內容，當列其間。

　　女教藝能，婦功之外，書法為首。六朝女性學過書法〔註125〕、表現出色者不少〔註126〕，如楊豔、李如意、郗徽、沈婺華、王普賢〔註127〕等，尤其衛鑠、李夫人、傅夫人在庾肩吾《書品論》中〔註128〕，更見採錄，與男子並雄。此外，六朝婦女教授書法也不少，如韓蘭英、李彪女等，必要時候，身為六朝啟蒙重要角色的母親，往往擔負起教子習書的任務，南朝王融，東晉王獻之，都有被母親教導過書法的記載。〔註129〕其次為六朝書法，成就璀璨。一方面是尚才風氣推波助瀾，書藝足以展現個人才氣；一方面也許是精信宗教，誠心抄經所需而促成〔註130〕；切近些說，日常生活尤需書法，如顏之推提過書法的重要性：「真草書跡，微須留意。江南諺云：『尺牘書疏，千里面目也。』承晉宋餘俗，相與事之，故無頓狼狽者。(《顏氏家訓・雜藝》)而他自述學書有得，始於家學，進於多見法書及個人酖習之勤。女子學書，有其必要，起初可能始自家學；但要專精，用力須多，身為女子，卓出更為難得〔註131〕。至若日常生活，應用尤多：男性在外任職，家書往返〔註132〕；或女子不便交遊，書信則用以表情致意於親舊。今存六朝女子書信資料，觀其內容有議論或表意，語多涉及私務，自不好假手他人，想皆女子手自書成。當然，一位女子善於書法，也是才性卓出的表現，在六朝這個尚才時代，女子有才，同受稱譽，對於增顯家族令名亦有助益。六朝女子長於書法者甚多，亦有教授，如韓蘭

〔註124〕對婦女服飾妝扮之繁複美麗，六朝宮體詩中頗多反映。

〔註125〕請參看〈表5　六朝女教內容表〉及〈表1　六朝女性人才概況〉。六朝時代學過書法的女性相當多，如楊豔、李如意、郗徽、沈婺華等。六朝墓誌提及學書女性，如北魏貴華王普賢「妙閑草隸」(《彙編》，p.70)。

〔註126〕請參看〈表2　六朝女子施教概況〉。書法表現出色，還能教授者：夏侯湛母羊姬、種令儀、韓蘭英、王融母謝氏、李彪女等。

〔註127〕「妙閑草隸」(《彙編》，p.70)

〔註128〕庾肩吾〈書品論〉，見於《全梁文・卷66》。

〔註129〕可參考前文所附〈表2　六朝女子施教表〉及〈表1　六朝女子人才概況〉。

〔註130〕陳寅恪〈天師道〉，論及天師道家族多長於書法；另外《南史・隱逸下》載劉慧斐尤明釋典，工篆隸，在山手寫佛經二千餘卷，常所誦者百餘卷。若書法不正，無以顯其宗教熱誠，寫經傳誦，在宗教亦為功德之事。

〔註131〕衛鑠在〈筆陣圖〉自述其學書經歷時有所提及。

〔註132〕高柔妻、蘇蕙皆有，王羲之家書

英、李彪女等。必要時候，身為六朝啟蒙重要角色的母親，往往得擔負起教子習書的任務，南朝王融，東晉王獻之，都有被母親導過書法的記載。既對家族多有實用，宜其學書。

主婦當家，當明書計。「書計」語出《禮記・內則》，「十年，出就外傅，居宿於外，學書計。」鄭注云：「六書、九數也」。儒家六藝「禮樂射御書數」，即有「書」「數」，當與「書」「計」相同。簡言之，書指識字寫字，數指數學計算。先秦時代，書計乃為男子教育內容〔註133〕，六朝時代則已成女教內容，如北魏文成文明馮皇后及趙郡文妃馮會、陳武帝皇后章要兒皆曾學過書計〔註134〕。女子書計實有必要：識字方能多觀禮書，學事人之道，又如甄后之言「學前代成敗」，讀懂「女教文書」，益曉治事合和家人之道；另外夫子外仕頗多，書寫家書，報知近況，經常之事。現存六朝婦女短箋，言簡意賅，情辭相合，可見修習之精。至於會計，《白虎通義・嫁娶》云：「婦事夫，有四禮焉……會計有無，兄弟之道焉」，可知「會計」在漢代已視為女教必需。女子雖學「書計」，不過程度自然不似數學家、天文家之精深〔註135〕。女子成為主婦當家，管理家當，計算出入乃不可免，則算術亦需粗涉。《魏書・酷吏傳・李洪之傳》載洪之微時，妻張氏助洪之經營資產，自貧至貴，多所補益。」妻子能書計，有助經營，對於家庭有大益可見。女子雖學「書計」，不過深度自然不及數學家、天文家之精深〔註136〕。

「音樂」曾為儒家「六藝」之一，在教育範疇中受到相當的重視，六朝男子精於音樂者亦不少〔註137〕。女性習樂者，如張蕃妻劉氏通樂，曾為曹爽教伎（《晉書・宣五王傳》），段豐妻慕容氏能鼓琴（《晉書・列女傳》），種令儀因貧曾至貴族府中教授琴書（《比丘尼傳》）；左思〈嬌女詩〉所述二女「上下

〔註133〕 《後漢書・楊終傳》：「禮制人君之子年八歲，為置少傅，教之書計，以開其明；十五置太傅，教之經典，以導其志。」案：書計與經典相較，難度教稍淺，屬啟蒙階段教材。

〔註134〕 分別見於《魏書・皇后傳》、《漢魏南北朝墓誌彙編》，p.85及《陳書・卷7》。

〔註135〕 「算術亦是六藝要事，……然可以兼明，不可以專業。江南此學殊少，唯范陽祖　精之，……。河北多曉此術。」（《顏氏家訓・雜藝》）案：算術程度高低相差極多，祖氏上等，兼明為次，婦女所學則粗淺，日常生活足用即可。

〔註136〕 「算術亦是六藝要事，……然可以兼明，不可以專業。江南此學殊少，唯范陽祖　之精之，……。河北多曉此術。」（《顏氏家訓・雜藝》）案：算術程度高低相差極多，祖氏上等，兼明為次，婦女所學則粗淺，日常生活足用即可。

〔註137〕 如《世說新語・巧藝篇》所載，作「樂論」、詠樂器的詩賦也不少。

絃柱際」的奏樂其情態；劉令嫻「式傳琴瑟」的側面描寫（〈祭夫文〉），女子詠樂器詩的多產〔註138〕，「美人」詩賦多及操琴樣態彈琴〔註139〕，六朝彈琴奏樂女俑之出土〔註140〕及史傳所載女樂之盛〔註141〕，可以推知習樂女子應當不少。樂教之施，不在「娛樂」，而在養性，六朝時代，則更以逞才。儒家自來將「禮樂」並稱，相當重視音樂的社會作用和教化作用。《禮記‧曲禮下》：「士無故不徹琴瑟。」音樂受到重視，乃因其可「通神明之德，合天地之和」，「致樂以治心者也」（《禮記‧樂記》），又可以「御邪僻，防心淫，以修身理性，反其天真也」（蔡邕《琴操‧序首》）對於修身教化皆有其效，故儒者對於「樂教」向不反對，除非是「鄭衛之音」，前舉北魏崔光諫胡后，也以為「禮樂書數」為女子可學。六朝女子習樂之盛，當與當時樂風之興有關。六朝琴家不少，有杜夔、阮籍、阮咸、嵇康、左思、劉琨、戴顒、柳惲等人，〔註142〕既精於琴藝，且對音樂理論亦往往有所建樹。顏之推曾論及當時習琴狀況：「洎乎梁初，衣冠子孫，不知琴者，號有所闕；大同以來，斯風頓盡。」（《顏氏家訓‧雜藝》）〔註143〕他又提到：「今世曲解（琴曲歌辭、歌辭段數），唯變於古，猶足以暢神情也。」（《顏氏家訓‧雜藝》）說明北方音樂雖未必遵古，但猶足以暢神情，可見女教之蒙風尚習染及「習樂取德」的教育目的。

　　最後，六朝婦女表現出色的識鑒藝能，其大興於其六朝，當時流行的人物品鑒風氣與尚才之風，有密切關係。識鑒能力，如何獲致或訓練？與讀書多聞取鑑前人往事以類比，及對玄學名理派所建立的「觀人」之法的吸收：

〔註138〕陳窈有〈箏賦〉、孫瓊有〈箜篌賦〉、沈滿願〈挾琴歌〉、鮑令暉〈擬客從遠方來，贈我漆鳴琴〉。從女子作品每多吟詠身近事的傾向來看，作器樂詩意味著女子生活中，當與樂近，否則如何對樂器如此了解：沿革、音色、音樂中的感情並比德於人，對樂器當有相當熟悉度。

〔註139〕如陶潛〈閑情賦〉中大段寫美女彈琴風華。

〔註140〕詳見《中國美術全集——繪畫1》p.154～155、《中國歷代婦女妝飾》p.215、《中國古代服飾史》南方與北方各出彈琴女俑。

〔註141〕六朝史籍中，常見帝王貴族蓄養舞女樂伎（或逕稱女樂），少者數人，多者至於千百，雖然身份並非貴族女子，但可反映六朝習樂之盛；所奏雖未必雅樂，但樂況空前可推。

〔註142〕可參考《魏晉南北朝藝術史》及《中國文明史——魏晉南北朝》，p.945。

〔註143〕從琴藝的發展狀況整體觀察，三國西晉時期，重心還在北方；東晉十六國和南北朝時期，琴藝重心南移。但北方仍有少數琴家，如北魏柳遠、柳諧，北周王彥及北齊的鄭述祖等。（《中國文明史——魏晉南北朝》（臺北‧地球，1992），p.949）。

劉劭《人物志》認為：「眾人之察不能盡備，故各立度，以相觀採。或相其形容，或候其動作，或揆其終始，或揆其儳象，或推其細微，或恐其過誤，或循其所言，或稽其行事。八者游離，故其得者少，所失者多。」(《人物志‧效難》)這八種標準，只是人們根據自己的偏好所制定的，所以只能觀察到人物的某一方面，未得其才性之實。因而劉劭提出「九徵」「八觀」之法以察人：

> 性之所盡，九質之徵也。然則平陂之質在於神；明暗之質在於精；勇怯之勢在於筋；強弱之植在於骨；躁靜之決在於氣；慘懌之情在於色；衰正之形在於儀；態度之動在於容；緩急之狀在於言。(劉劭《人物志‧九徵》)

> 八觀者：一曰觀其奪救，以明間雜；二曰觀其感變，以審常度；三曰觀其志質，以知其名；四曰觀其所由，以辨依似；五曰觀其愛敬，以知通塞；六曰觀其情機，以辨恕惑；七曰觀其所短，以知其長；二曰觀其聰明，以知所達。(劉劭《人物志‧八觀》)

〈九徵〉主張由神、精、筋、骨、氣、色、儀、容、言九種外部表現去觀察鑑別人物「性格」。如此則可免以偏蓋全之失，並以「八觀」去達成對人特質的掌握：一是觀察一個人奪（奪取、滅損的行為）和救（給與、爭取、增益）兩方面的表現，以了解其性情本質間雜的情形；二是通過個人在變動狀態下的反應，以了解他在穩定狀態下的性格〔註144〕；第三觀是尋其質氣，覽其清濁，雖有多少之異，異狀之名，斷可知之。〔註145〕劉劭因繼承兩漢的自然元氣論，認為人的才性，乃由氣之多少、清濁所決定，所以觀其質氣，就可以了解他在各種異狀殊名下的才性；四是觀察個人行為的來龍去脈，以辨別出表面上似是而非的才性特點；第五是通過個人對什麼人事之愛敬，得知他與上下之間的關係；六是觀察個人種種情機（如：喜、怨、惡、悅、姻、姻），則可知其情緒的穩定性及「賢鄙之志」；七是觀察一個人的短處，以了解他在某些地

〔註144〕在此要項中，劉劭提出「觀辭察應」的方法。他進一步說道：「夫人厚貌深情，將欲求之，必觀其辭旨，察其應贊。夫觀其辭旨，猶聽音之善醜；察其應贊，猶視智之能否也。故觀辭察應，是以互相別識。」這種視發言之旨趣，觀應和之當否的方法，表明觀者，乃是使用「問答」法為手段來觀察人的才能和性格。這樣比起單獨由外在形質觀察，全憑觀者觀感論斷的方法，自然客觀性增多。

〔註145〕直引劉昞《人物志注‧八觀》。

方的長處；〔註146〕末項是觀察一個人的聰明才智，可以了解他的材能如何。以上方法，大約由靜觀動，由外察內，視聽言貌無不攝列其中，對個性之了解，自可纖悉無遺。以上識鑒之方，或為當時女子所習所用。

而女子識鑒能力之能發展，與主觀客觀因素皆有交涉；客觀條件方面，是當時才性觀念所構築的尚才氛圍、婦女地位之高，及社會上對「女言」的肯定容；主觀條件方面，則是這些婦女的博聞多識，才辯高華，觀察入微，以及持之成理的論據。而更重要的是這些識鑒故事的動機，多出「家國」之思。漫展《晉書・列女傳》及《世說新語・賢媛篇》，頗有女子識鑒之事。亂世之中，政權迭出，進退失據，往往危及身家。於是她們或預言國家隆替得失〔註147〕，政權轉移之所在〔註148〕，舉薦或罷黜從屬人員，提示軍事行動之交關點；或為夫、子預示轉危為安的出處之道；或為子女觀取婚配對象〔註149〕，知其性行良窳；或觀稚幼掌握才性特質，適性施教……。所觀所見鑒縱有「國」「家」之分，然而涉足公領域的政事，有大半是為「父」〔註150〕、「夫」〔註151〕與「子女」——婦女一生所從至愛之人。故識鑒能力之培養受重視，實與「家族利益」相牽難分。

第二節　南北女教之異

東晉南朝以後，由於二百年的分治，南北兩地在女教教育內容方面，也有部分差異產生。就文獻所載看來，南北女教差異點：（一）南女多文，北女少文；（二）南女修玄，北女少玄；（三）北女武勇，南女少武（四）北女長於外事、政事。以下揀擇諸項異同要點敘述，並嘗試探求其所以然原因。

一、南女多文，北女不文

六朝傑出的女文學家不少，有別集傳於當世者，不在少數，《隋書・經籍

〔註146〕劉劭認為，一個人在某些才能和性格方面的某些長處，往往是以其相對應的某種短處為表徵的。如直爽的性格是通過「訐」（攻擊或揭發別人的短處）的短處表現出來的。沒有「訐」這個缺點，就看不出「直」這個優點。（劉劭《人物志・八觀》）
〔註147〕如慕容垂妻段氏觀己子將亂家國，上言君主以前妻子繼位。
〔註148〕如羊耽妻辛氏觀魏祚之不長。
〔註149〕如鍾琰之觀兵家子，杜有道妻嚴氏觀傅玄，皆為其女。
〔註150〕如《世說・賢媛》的李重女。
〔註151〕王元姬知鍾會之必亂。

志》載錄隋前女性總集數量亦相當可觀，可反映當時女性文學創作之盛，只可惜作品至今多已亡佚，只能窺其鳳毛麟角。在此筆者整理目前可見的女性作品或見諸記載的篇目書名，製成〈表3　六朝女性著述概況〉，可供我們了解當時女性在文學及著述方面的成績。從表上約略可以看出：在文學著述上，南方女子在質量上均勝過北方女子〔註152〕。東晉南朝有鍾琰、鮑令暉、沈滿願、劉令嫻等傑出女作家，數量也相當可觀，不少女子別集：如《鍾夫人集》5卷、《謝道韞集》2卷、《臨安公主集》3卷、《沈滿願集》3卷、《劉令嫻集》3卷、《沈皇后集》10卷、《牽氏集》1卷；北朝除崔浩母盧氏有《食經》九卷〔註153〕，似未見女性別集〔註154〕。此外，南北女性除在創作數量上有別之外，創作文體、內容與動機上，也有差別：北方多屬「應用」內容（勸誡、造像、挽回愛情、烹飪……），文體多用歌行體、詔疏文、雜記體，詩往往有「本事」，緣事有為而作；南方女性作品內容多元：抒情、詠物、頌讚居多，即使是生活應用的書信，也雋永有味；也有部分涉及憂民生計、人物品評、論學、讀後，甚至宗教專著也其間。文體詩體則形式多樣：詩有五言、七言、四言、雜言、歌行；有賦體；文有議論、銘誄、傳讚、短箋、詔疏……），創作動機方面，有純然為文學而文學，也有緣事而發，感覺上，南方女子較有自覺於將創作當成自我的表現與寄託，整體成就也較高。至於何以南北如此不同，值得深究。

（一）南女多文，出自門第家學：南方女子長於文學，創作數量遠超過北方女子，此現象實與六朝文風有相應關係。南方文風鼎盛，門第子弟多能詩文〔註155〕，女子身歷其間，躬逢其盛，耳濡目染，提供創作環境；錢穆先

〔註152〕北朝女性墓誌中雖多女子長於文學的敘述，然多虛辭，未必足以採信。公式有：「九日登高，乍銘秋菊；三元告始，或頌春書」（《漢魏南北朝墓誌彙編》，484）、「班氏閑通，蔡女多識」（175）、「班門掩響於今華，蔡氏何聞於古茂」（153）、「亦猶昭出班門，琰生蔡室」（432）「言成綺靡，韻合鏗鏘」（416）「藝尚形文，才兼清綺，道辭超寶叙之作，美韻掩團扇之篇」（439）等成句，一再重出，知為虛辭。但如崔氏與夫贈答，則真文學也：「初，巨倫有姊，明惠有才行，因患眇一目，內外親類莫有求者，其家議欲下嫁之。巨倫姑趙國李叔胤之妻，高明慈篤，聞而悲感，……乃為子翼納之，時人歎其義。崔氏與翼書詩數十首，辭理可觀。」（《魏書・崔巨倫傳》）
〔註153〕崔浩為此書作序，但未知此書乃盧氏抑或崔浩動筆，但內容必為盧氏提供。
〔註154〕崔光曾上《婦人集》於胡太后，但內容未必是採錄當時當地女子作品所輯成。
〔註155〕《梁書・27・劉孝綽傳》：「孝綽兄弟及群從諸子姪，當時有七十人，並能屬文，近古未之有也。其三妹適琅邪王叔英、吳郡張嵊、東海徐悱，並有才學，

生即說過：「此則全是婦女作品，蓋當時門第既重禮法，又重文藝，即婦人亦然也。」〔註156〕因此女子多文學，正反映門第重文學之風；其次，南方禮樂文教隆盛，對於純文學能予重視，視為才性正面表現，於是女教內容，亦反映此種風尚，開始有文學的訓練。像謝安「白雪紛紛」之問，對於謝道韞，已然是一種文學教育。摹寫物象是創作技巧初階，相信在平時的日子裡，類似的活動應該不少。道韞詩文特無女兒氣，除與其玄學根基有關外，男性家人的切磋琢磨，大概也是原因所在。

此外，南方門第家學之所以有文學，本源於魏晉河南（洛陽），北方僑姓大族南遷，這批家族，本多文學。江左社會繁榮，人才集中，南朝文風，跟隨僑姓家族遷入而建立，玄學文學隨之南移；南朝諸主，又多文學〔註157〕，在位力倡，下位影從。自此南北學術分途：南方玄風仍熾，儒學衰微，文學得以自由發展（如宮體）；加以浸潤南風之柔婉〔註158〕，值聲律之學興起，文論研究轉精，純文學得以獨立〔註159〕，故文學盛；而北人政教隔絕，較難吸收，文學成就只有守成，無法轉精，故南北文學創作差距相離益遠〔註160〕。

（二）北女不文，乃因文風不競：魏晉時代，北方恆為文學中心。三曹父子：「魏武以相王之尊，雅愛詞章；文帝以君之重，妙善辭賦；陳思以公子之豪，

悱妻文尤清拔。悱……卒，喪還京師，妻為祭文，辭甚悽愴。（徐父）勉本欲為哀文，既睹此文，於是閣筆。」王筠〈與諸兒書〉：「史稱安平崔氏及汝南應氏，並累世有文才。所以范蔚宗云：『世擅雕龍』，然不過父子兩三世耳。非有七葉之中，名德重光，爵位相繼，人人有集如吾門世者也。沈少傅常語人云：『吾少好百家之言，身為四代之史，自開闢以來，未有爵位蟬聯，文才相繼如王氏之盛主也。』汝等仰觀堂構，思各努力。」（《梁書·王筠傳》）

〔註156〕錢穆〈略論魏晉南北朝學術文化與當時門第之關係〉，收入《中國學術思想史論叢三》，p.134～199。

〔註157〕見《廿二史箚記·卷12》：「齊梁之君多才學」條。

〔註158〕蓋文之所起，情發於中。……江左宮商發越，貴於清綺；河朔詞義貞剛，重乎氣質。氣質則理勝其詞，清綺則文過其意。理深者便於時用，文華者宜於歌詠。此其南北詞人得失之大較也。（《北史·文苑傳》）

〔註159〕南朝時期，文學理論與藝術技巧方面有長足的進步。創作的價值，文筆的分辨，聲韻的講求，使純文學得與雜文學分立，劉宋文史經玄四學分立，是其明證；又注重於語言技巧和聲律的運用，使南朝文學得以新變，詳見劉大杰《中國文學發達史》（臺北·華正），p.290～297。

〔註160〕鄺士元：「文苑之才，則北不如南，南朝以徐州、揚州人才較多，文學重心仍在徐州集團手中；北朝推司州幽州人才較多，惟以比例言，仍推涼州為最，是西涼一隅，文物之盛推北土之冠。」（〈南北朝人才分布與郡望考〉，《魏晉南北朝研究論集》（臺北·文史哲，1984），p.179～180。

下筆琳琅。並體貌英逸，故俊才雲蒸。」（《文心雕龍‧時序篇》）在位力倡，文學大盛，建安七子除孔融外，均為曹氏幕客。東吳、西蜀尚無大家；西晉詩人大出，「三張、二陸、兩潘、一左，勃爾復興」（《詩品‧序》），皆在北地〔註161〕。然自晉室偏安南方，北方文學卻遠不如南方之盛。原因何在？蓋西晉勢族，多半南遷，且挾禮樂藏書南下，人才集中江左〔註162〕。故南方文風鼎盛；北朝魏周，均為鮮卑族，北齊雖漢人卻同化於胡，文化殊異，加上上位者不好文，無人提倡，社會上又瀰漫一股尚武輕文習尚，其文學自難與南朝爭勝。〔註163〕

　　然而，南渡者雖十之六七〔註164〕，留北的十之三四的郡姓〔註165〕，豈無文才？當然多少存在。然而，留北門第與南渡門第之家風家學，在永嘉之前已然不同，學術淵源及學術亦有分殊，因此當北方陷落，郡姓與僑姓家風學術差別益加明顯。根據近來學者研究：南渡家族，多為當世精英，對於學風態度較為開通，勇於嘗試接受新學，因而玄學、文學皆其所長，其門第家學，淵源近代者多；留北舊姓，作風保守，居於河北山東之地；永嘉以前，家學謹守兩漢經說，少染玄風。〔註166〕文學獨立，創作逞才，亦非所好，

〔註161〕唐長孺〈讀抱朴子推論南北學風的異同〉，《魏晉南北朝史論叢》，p.351～382。

〔註162〕顏之推告子弟曰「昔在江南，目能視而見之，耳能聽而聞之；蓬生麻中，不勞翰墨。汝曹生於戎馬之間，視聽之所不曉，故聊記錄，以傳示子孫。」（《顏氏家訓‧風操》）案：江南時期，視聽禮樂易矣，故不勞翰墨；遷北之後，戎馬倥傯，文化不及，視聽不曉，故須記錄，傳示子孫。

〔註163〕北地少數詩人裡，「不是南人入北，便是北人傚南，真能創作代表北地風光的作家，實在少見。「北地三才」邢邵、魏收、溫子昇咸著名，但作品現存不多，且受南風薰陶；北周雖有「復古」之倡，影響不大。不過由於南北民族性與生活背景之不同，北地文學自仍有其特色，在民歌及記事文學上的表現，自有地位。

〔註164〕《晉書‧王導傳》：「洛京傾覆，中州士女避難江左者十六七。」《隋書‧食貨志》：「晉自中原喪亂，元帝寓居江左，百姓之自拔南奔者，並謂之僑人。皆取舊壤之名，僑立郡縣。」

〔註165〕六朝門第據《唐書‧儒學‧柳沖傳》柳充論氏族曰：「魏立九品，置中正，尊世胄，權歸右姓而已。……晉宋因之，始尚姓已。然其別貴賤、分士庶，不可易也。……過江則為「僑姓」，王謝袁蕭為大；東南則為「吳姓」，朱張顧陸為大；山東則為「郡姓」，王崔盧李鄭為大；關中亦號「郡姓」，韋裴柳薛楊杜首之；代北則為虜姓，元、長孫、宇文、于、陸、源、竇首之。」這些名稱雖屬後起，但頗能表現故各自的精神特質來。

〔註166〕參考錢穆《國史大綱》，p.266～267、桑原騭藏〈歷史上所見的南北中國〉，收入《日本學者研究中國史論著選譯‧第1卷——通論》，p.21及楊洪權，〈兩晉之際士族移徙與門戶之計淺論〉，《武漢大學學報——哲社版》1998：1，p.106。

因而《世說新語》載錄的各種文學家及文學活動，似乏郡姓。郡姓與僑姓學術好尚歧異，早在胡人入北之前已然存在；南北政權分立之後，北方留守之郡姓家族，較少文學創作風習。加以北 北朝學風尚儒，君主自在漢化，獎掖經學〔註167〕，也使得北方學界，深研經學；而北士入侍胡主〔註168〕，處境危殆，無心閒情創作〔註169〕；復有胡風尚武不文，每鄙文人〔註170〕，故北方文風不逮。北方文風不逮，男子創作已少，成就稍遜〔註171〕，女子習文創作須靠父兄教習，北人詩文者已遠不及南，北女無文，理之宜然。至於少數家族女子仍有文才，雖少猶存〔註172〕，則屬殊例；總體而論，南女文學，仍盛於北。可見女教內容受時代學風、現實處境、南北地域、家族門風影響極大。

〔註167〕《廿二史箚記‧卷15》「北朝經學」條：「在上者既以此取士，士亦爭務於此以應上之求，故北朝經學較南朝稍盛，實上之人有以作興之也。」

〔註168〕北人助胡人治事多矣，如崔浩、王肅、邢邵，又招懷南人，待之多厚。《洛陽伽藍記》多所反應：「王肅……時高祖新營洛邑，多所造制。肅博識舊事，大有裨益。」《洛陽伽藍記‧卷三‧報德寺》）「邢子才，……時戎馬在郊，朝廷多事，國禮朝儀，咸自子才出。」（《洛陽伽藍記‧卷三‧景明寺》）「城南歸正里，民間號為吳人坊，南來投化者多居其內。近伊洛二水，任其習御。里三千餘家，自立巷市，所賣口味，多是水族，時人謂之魚鱉市也。……時朝廷方欲招懷荒服，待吳兒甚厚，褰裳渡於江者，皆居不次之位。」（《洛陽伽藍記‧卷二‧景寧寺》）

〔註169〕《北史‧文苑傳》：「中州板蕩，戎狄交侵，僭偽相屬，生靈塗炭，故文章黜焉。其能潛思於戰爭之間，揮翰於鋒鏑之下，亦有時而間出矣。……然皆迫於倉卒，率於戰陣，章奏符檄，則粲然可觀；體物緣情，則寂寥於世。非其才有優劣，時運然也。」

〔註170〕《顏氏家訓‧文章》：「齊世有席毗者，清幹之士，……嗤鄙文學。」

〔註171〕戰禍頻仍，遷徙轉避之際，文人無暇創作，文稿散逸，流傳取法不易；故今日所見遺文，數量不多，只要看《隋書‧經籍志》集部著錄情況即可清楚，此使後人無法盡窺北朝文學面貌，也影響對北朝文學的評價高下。說見曹道衡《南朝文學與北朝文學研究‧緒論》（南京‧江蘇古籍，1998）「對北朝文學評價不高的原因」，p.20～27。

〔註172〕《魏書‧崔巨倫傳》：「初，巨倫有姊，明惠有才行，因患眇一目，內外親類莫有求者，其家議欲下嫁之。巨倫姑趙國李叔胤之妻，高明慈篤，聞而悲感曰：『吾兄盛德，不幸早世，豈令此女屈事卑族！』乃為子翼納之，時人歎其義。崔氏與翼書詩數十首，辭理可觀。又《晉書‧列女傳》：「其姊（劉）英，字麗芳，亦聰敏涉學，而文詞機辯，曉達政事，過於娥。」詳見〈表1〉、〈表3〉

二、南女習玄，北女少玄

原本起於北方的玄學清談，隨著晉室南渡，也一併帶到江南。此後，南北兩地玄學清談情況，卻起變化，北方玄學極少〔註173〕，南朝玄風依然廣熾〔註174〕。至於女子部分：南方門第，部分女子習玄；北方女子則少玄學。原因自與當時南北學術風尚相關。玄學清談，東晉以後，獨盛於南〔註175〕，南朝以降玄風仍盛，滲入經學，影響詩歌。但在北方，習玄者較少，未能蔚為全面風氣〔註176〕，只有定點較盛，未及南朝。玄學在北方的發展大勢如下：「十

〔註173〕 一般以為北方無玄學，其實玄學在北朝後期漸受重視，帝王公卿頗有好之者，且長於談論。也有好《老》《莊》黃老、清談論辯之人，但相較於南方，數量比例懸殊。南朝時代儒道（甚至亦習佛）兼綜頗多，六朝學風，以兼通為能，重意尚理，不在乎出於何家。

〔註174〕 甚至滲入南朝經學之中。可參考拙著碩論《魏晉玄佛二家對傳統儒家教育之批評及影響》（台大中文所碩士論文，1995）之第五章第三節〈經說玄化，改變經學內涵〉部分，及濮傳真《南朝經說玄理考》及江淑君《魏晉論語學之玄學化研究》二人論文。

〔註175〕 至於南朝習玄士族，如劉宋王僧虔（《宋書‧本傳》）、王敬弘（《南史‧本傳》）、王球（《南史‧何尚之傳》）、王景文（《南史‧本傳》）、王份（《梁書‧本傳》）……等；又謝家的謝靈運及其孫謝超宗、齊謝幾卿、謝弘微（《宋書‧本傳》）、謝莊、謝舉。陳郡袁氏以玄學著稱者有袁豹、袁淑、袁粲、袁象、袁憲等。（《南史‧袁湛傳》、《南史‧儒林傳》）、尚有汝南周氏（朗、顒、舍、弘正、確……），平昌伏氏（曼容、暅、挺），東海徐氏父子（摛、陵）等。江南士族也有玄學修養者，如盧江何氏（尚之、偃、點、胤……），吳郡張氏（鏡、緒、充、嵊、卷、種、融、敷……）。其他南朝士人、宗室諸王具有玄學修養者也相當普遍。

〔註176〕 北朝修習玄學人數較少，但仍有零星北人「好老莊」、「善清言」的記載。如玄學為北朝的影響如下：北魏士人修玄：「（楊）元慎，弘農人。……博識文淵，清言入神，造次應對，莫有稱者。讀《老》《莊》，善言玄理。……常慷慨歎不得與阮籍同時生。」（《洛陽伽藍記‧卷二‧景寧寺》）「（臨淮王元彧）僚案成群，僑民滿席，……詩賦並陳，清言乍起。莫不飲其玄奧，忘其褊吝焉。」（《洛陽伽藍記‧卷四‧法雲寺》）及《魏書‧釋老志》云魏顯祖「敦信尤深，覽諸經論，好老莊。每引諸沙門及能談玄之士，與論理要。」《魏書‧高祖紀》：「善談莊老，尤精釋義。」另有盧玄、程駿、崔光（父祖仕宋）、寇讚等並能清談，；隨著魏孝文帝漢化對於北朝文化的影響逐漸加深及南人北仕帶來的學風，南朝經學不守章句、重義理學風也影響北朝；至北魏末年，經學亦如南朝，採清談論難方式進行。宗室及士大夫染有名士風習，更有也以宏放為高，崇尚魏晉風度，效仿南朝名士者（邢巒、薛辯、裴伯茂、李諡等）。至於東魏北齊鄴城：青齊地區儒生多講王弼易注，師訓蓋寡；鄴下談玄者，似較北魏洛陽更盛（杜弼、盧元明、楊愔、裴讓之、崔瞻、王昕、崔伯謙、李元忠、羊烈、魏收、徐之才、邢邵等）風氣已近南朝。西魏北周長

六國時期玄學、佛教義為著北學發展水平並不低於東晉，南北朝時期，南北學風才有明顯的差異」，「北朝之初，玄學及佛教義學一度沉寂，隨著北朝漢化程度逐漸加深，南方玄學餘波也漸而波及北朝。」〔註177〕因此若言北方無玄學教育〔註178〕或北方學術無玄學，則值得商榷。人數比例的懸殊，並不代表全無。至於何以南女玄北女少玄〔註179〕？又南方女子，為何僅有部分修習《莊》《老》，未能形成普遍風氣？值得深思。

（一）現實處境與門第家風

北朝少玄與郡姓家風：前文提及郡姓與僑姓家族的學術興好原就不同，永嘉之時，習玄僑姓大舉南遷，也將玄學攜至南方。魏晉時代，習玄家族多為新興家族，隨著「僑姓」的南渡，玄學也轉移至南方；北方家族（郡姓）承襲漢學，不樂玄學，故北方女子不玄。〔註180〕而北方門第之不樂玄學，與其家風有關。即玄學與其家族門風不合，東漢以下門第素傳儒學，門風保守、忠心於儒或不樂玄學的家族〔註181〕，即使有機會習玄，也不願意引進以使門風家教出現變數。玄風與名士風氣，往往伴隨出現，名士風度，未必門第皆取，因家風不符，不學《老》《莊》。其次是北朝政權未加提倡：胡族文化修養較低，而玄學是兩漢經學發展到一定階段的產物，所以對漢化程度較低的北魏王朝，難有影響。北朝君主兼採儒學與道教，以道教為年號，登基得先受符籙。並未有玄學之倡。而北朝漢化，崇尚儒學，玄學未見提倡，因而不盛。

安地區：當時南北交通頻繁，北周平巴蜀，大批南朝士族入關，影響長安文風。含梁宗室、南方文士及涉玄學者皆在其中，如沈重、明克讓、諸葛潁等。北魏末年，洛陽士大夫已頗有江南風格，永熙末多人從孝武入關，將風習亦帶入長安。寇儁、崔彥穆、盧光、柳弘習玄清談；韋夐行事頗類為名士等。總之，玄學在北朝後期，也逐漸對北方造成局部的影響。

〔註177〕 任繼愈主編《中國哲學發展史——魏晉南北朝》（北京・人民，1988），p.676。

〔註178〕 胡三省《資治通鑑注》「晉安帝隆安三年」。

〔註179〕 雖少仍有，如《北史・盧玄傳》：「盧道虔妻元氏，甚聰悟，常升高座講《老子》，道虔從弟元明隔紗帷以聽焉。」

〔註180〕 錢穆《國史大綱》：「漢族留北者，在當時皆以門第較次，不足當清流雅望之目，然正惟如此，猶能保守幾許漢族較有價值的真文化。自注：即名教反動以前之兩漢思想，在魏晉清流視之，則為落伍趕不上時代潮流也。」（p.267）

〔註181〕 《魏書・崔浩傳》：「浩能為雜說，不長屬文，而留心於制度、科律及經術之言。……性不好《老》《莊》之書，每讀不過數十行，輒棄之，曰：『此矯誣之說，不近人情，必非老子所作。老聃習禮，仲尼所師，豈設敗法文書，以亂先王之教。』」

〔註182〕而北朝經學與魏晉玄化經學源頭不同，部分研究指出「代北以右武為俗」、「而魏之儒風及平涼州始振」〔註183〕，北朝學者出於涼州不少。魏晉戰亂，學者多避河西，儼然成為另一重要學術中心，河西地偏，玄風較少薰習，直承漢學〔註184〕，故學少染玄。加上亡國之痛與務實性格，留北門第，與胡雜居，居安思危，又鑑於西晉覆亡後「清談誤國說」的前車，多無心玄學，專務經世濟民經學。北方不玄，專主經學的學術風氣，實由其本有的經學傳統與胡族入主中原所形成的社會格局和政治需要這兩大因素所造成。大環境的學術風氣如此，平日幽居深閨的女子，自然也受這股思潮籠罩。〔註185〕

　　至於南方玄學之盛，亦與「帝王愛好」與「門第家學」而起。《顏氏家訓·勉學》云：「洎於梁世，茲風復闡。《莊》《老》《周易》，總謂「三玄」。武皇、簡文，躬自講論。周弘正奉贊大猷，化行都邑，學徒千餘，實為盛美。元帝在江荊間，復所愛習。召置學生，親為教授；廢寢忘食，以夜繼朝。至乃倦劇愁憤，輒以講自釋。」又《廿二史劄記·卷8》「六朝清談之習」提到「梁時五經之外，仍不廢老莊，且又增佛義。晉人虛偽之習依然未改，且又甚焉。風氣所趨，積重難返，直至隋平陳之後，始掃除之。」至於女子清談，清代章學誠《文史通義·婦學篇》提到「王、謝大家，雖愆禮法，然其清言名理，會心甚遙……」言下之意，非王謝之大家，則未必違禮。事實上亦如此，六朝門第中人，雖擅清談，讀《易》《老》《莊》，但多半視為一種清雅的社交活動或社會學術性座談會罷了。走入家門，仍是禮法持家較多。這是門第不得不然之舉，期以孝友相繼，門祚綿長。王伊同《五朝門第》歷舉晉、宋、齊、梁、陳諸朝高門家教，多以禮法著稱，部分家族則兼修玄學或佛道，但儒學始終在門第家學及家風塑造上，佔有一席之地。可能只有一部分家族，玄學風氣特別明顯，如王謝，子弟玄風特重，風流亦名。謝中郎（萬）曾云：「王脩載（耆之）樂託之性，出自門風。」（《世說新語·賞譽122》）樂託與落拓通，意指漫無

〔註182〕上有所好，下必有焉。北朝便有士人之家，教子鮮卑語及琵琶，欲以取祿。見《顏氏家訓·雜藝篇》
〔註183〕可參考《中國文明史──魏晉南北朝》及任繼愈主編《中國哲學發展史──魏晉南北朝》。
〔註184〕《中國文明史──魏晉南北朝》下冊（臺北·地球，1992）論教育大勢部分。
〔註185〕參考陳明《中古士族現象研究·南學與北學》（臺北·文津，1994），p.239～253及唐長孺〈讀抱朴子推論南北學風的異同〉，《魏晉南北朝史論叢》，p.351～381。

檢制也。可知王家門風，自有樂託之特色，復觀王羲之袒腹東床，王獻之任誕作風，似與門風有關〔註186〕，謝家則有「奕萬以放肆為高」〔註187〕。則王謝門風自有特色，不同一般門第。鍾琰雖出鍾氏，嫁為王家之婦，重要行事多見於王家；道韞出於謝氏，出適王家，其行亦王家所容，方能有二次清談之盛事。王謝門風，或自有殊；而其原因，玄風或為其一〔註188〕。陳顯達子休尚，為潁府主簿，過九江拜別，顯達曰：「凡奢恥者，鮮有不敗。塵尾〔註189〕蠅拂，是王謝家物，汝不須捉此自隨。」(《南史‧本傳》)則清談之事，專屬王謝，恐怕亦是六朝人的想法。因此，玄學欲對婦女有作用，須影響其父兄門風，而後才有修玄越禮可能。六朝有學儒女子，兼學老莊，態度上便不是那麼堅決強硬。像鍾琰、謝道韞習玄，有名士林下之風；西涼武昭王李玄盛后尹氏引《老子》「知足不辱，道家明訓」，諫子(士業)攻沮渠蒙遜〔註190〕，知六朝女子不乏修習《老》《莊》者。

(二)道家義理之解讀容受

前云玄學之教頗受現實處境與門第家學左右，然而門第不採玄學的理由何在？簡言之，即對道家義理之解讀容受。儒家重名教，道家尚自然；儒家貴人事，道家講無為。修玄之家，特鍾老莊物外逍遙之思，提升自我俗情，淡化欲想，其益不少。〔註191〕然而這是喜好者的解讀，對於部分傳統保守家族

〔註186〕見《晉書‧王羲之傳》。

〔註187〕詳《晉書‧謝安傳》：「奕每因酒，無復朝廷禮，嘗逼溫飲，溫走入南康主門避之。」「萬嘗與蔡系送客於征虜亭，與系爭言。系推萬落床，冠帽傾脫。萬徐拂衣就席，神色自若。……既受任北征，矜豪傲物，嘗以嘯詠自高，未嘗撫眾。」

〔註188〕王家可能還有信奉道教的因素在其間，因而在家女性地位較一般家庭為高。

〔註189〕六朝談玄說理之家，無間釋道，咸以塵尾為雅器也。詳見王伊同《五朝門第》(香港‧中文大學，1978)第八章「高門之習俗」附論：〈名家清談用塵尾〉(p.235～236)。

〔註190〕《晉書‧列女傳》：「尹氏，天水冀人也。幼好學，清辨有志節。」

〔註191〕「《老子》之文……故其大歸也，論太始之原，以明自然之性；演幽冥之極，以定惑罔之迷。因而不為，損而不施；崇本以息末，守母以存子。賤夫巧術，為在未有；無責於人，必求諸己。此其大要也。」(王弼〈老子指略〉)「聖人明於天人之理，達於自然之分。通於治化之體，審大慎之訓。故君臣垂拱，完太素之樸，百性熙怡，保性命之和。」(阮籍〈通老論〉，《全三國文‧卷45》)「《莊子》者，可謂知本矣。……然莊生雖未體之，言則至矣。通天地之統，序萬物之性，達死生之變，而明內聖外王之道。……其言宏綽，其旨玄妙。至至之道，融微旨雅，泰然遺放，放而不教。……故其長波之所蕩，

而言，玄學則代表「名教——之隳落，禮制民情之壞敗虛浮。其實在六朝也有不少儒者對玄學提出批判，如陳頵〔註192〕、樂廣〔註193〕、王坦之〔註194〕、江惇〔註195〕、卞壼〔註196〕、陶侃〔註197〕、應詹〔註198〕、虞豫預〔註199〕、葛洪〔註200〕、范甯〔註201〕、桓溫〔註202〕、干寶、裴頠……都曾分別提出對時俗及玄風的批判，認為玄學已動搖傳統儒家禮教的約制力量。因此儘管南方玄學大盛，然部分門第女子亦不習玄，此當基於《老》《莊》玄學本身的義理傾向及家族門風實益的關係。

晉陳璠妹作〈先君誄〉，引《老》《莊》之文嘉讚。陳璠建議她：死者生前雖潔身隱逸，但以儒立身，誄文不宜引用「老莊」之文，既不符先君志意，且非名教所取。可見陳璠學儒，對於《老》《莊》持反對立場。其理由是：「老莊者，絕聖棄智，渾齊萬物，等貴賤，忘哀樂。非經典所貴，非名教所取。」（陳璠〈與妹劉氏書〉，《藝文類聚・卷22》）顏之推也云「夫老莊之書，蓋全真養性，不肯以物累己也。……直取其清談雅論，剖玄析微，賓主往復，娛心悅耳，非濟世成俗之要也。」（《顏氏家訓・勉學》）所以二人的考量點：一是以其「實用觀點」評價老莊無法濟世成俗；一是訴諸傳統與經典，認為非經典所貴、名教所取，故不愛之。

（三）家族門風與實益考量

此外從家族實益考量，玄學也有令其憂慮之處。玄學思想本要人脫卻身心內外束縛，獨任自然，適性逍遙。不過追求自然逍遙，未必盡棄名教：何王之初，自然為本，名教為末，未嘗廢儒；竹林嵇阮越名教任自然，本有為之

　　高風之所扇，暢乎物宜，適乎民願。弘其鄙，解其懸，瀟落之功未加，而矜夸所以散，故觀其書，超然自以為已。（郭象《莊子注・序》）「莊周之云，致意之辭也。……循自然，佳天地者，寥廓之談也。」（阮籍〈達莊論〉）

〔註192〕《晉書》本傳。
〔註193〕《世說新語・德行》。
〔註194〕《晉書》本傳。
〔註195〕《晉書》本傳。
〔註196〕《世說新語・賞譽14》劉注引鄧粲《晉紀》。
〔註197〕《世說新語・政事6》劉注引《晉陽秋》。
〔註198〕《晉書・儒林傳》。
〔註199〕《晉書》本傳。
〔註200〕《抱朴子・刺驕》。
〔註201〕《晉書》本傳。
〔註202〕《世說新語・輕詆19》。

作；「若元康之人，可謂好逐跡，而不求其本。故有捐本徇末之弊、舍實逐聲之行。」〔註203〕伴隨名士放浪形骸，蔑視禮法；公卿大夫，雅好清玄，不樂治事；亂象紛出益多之際，眾人將矛頭指向玄學，認為玄學乃違禮背教的根源。早在西晉，批評議論玄學的人也不少，裴頠著〈崇有〉欲扭玄風；樂廣以為名教中自有樂地，不必裸形。東晉南渡，士人思痛，也出現「清談誤國」、「何王罪深桀紂」諸說，因此反玄勢力一直是存在的。只是這股強大玄風，並未因此而消歇，還一直深深影響至南朝。因此即使在南朝，反玄學者，反玄家族也一直存在；而反玄最力者，往往為儒者。道不同不相為謀，是這群未受「博學兼綜」學風所染的「儒者」所堅守，即使受人非笑，亦不改轍。生在這些「純儒」家中的女子，自然不玄。在婦女方面，也有一些違越禮教的行徑出現〔註204〕，主要發生在五方面：一廢蠶織中饋「女功」，取成於婢僕；二是違越「女內」空間原則：任意出入，周旋社交，訪親戚、遊佛寺、觀漁畋、臨山水、行慶弔，甚至冒夜而返，宿於他門；三又不避男女之嫌：女子開車騫帷，周章城邑；無賴之男，入室視妻。四且違越女則言行：盃觴路酌，絃歌行奏；逆于舅姑，反易剛柔（夫權），殺戮妾媵，黷亂上下；五是任情作我：任情而動，不恥淫逸，不拘妒忌。這些情事，已全不見禮法的束縛，男女之間的交接已不拘形跡，干寶則直指玄學所致。蓋玄學思想，要人解開身心束縛，直就「自然」裡去求。禮制法理皆為束縛人性，違反自然，因而：「賤有則必外形，外形則必遺制，遺制則必忽防，忽防則必忘禮。」（裴頠〈崇有論〉）超越禮教，不拘形跡於是成為玄學化的外在表徵了。玄風所帶起的通脫門風與不嚴禮教，已部分家族所不樂，又有當時社會上的確存在著的女子踰越名教

〔註203〕戴逵〈放達非道論〉，《全晉文‧卷137》。

〔註204〕「今俗婦女……休其蠶織之業，廢其玄紞之務……舍中饋之事，修周旋之好，更相從詣，之適親戚；……或宿於他門，或冒夜而返，遊戲佛寺，觀視漁畋，登高臨水，出境慶弔；開車騫帷，周章城邑；盃觴路酌，絃歌行奏。轉相高尚，習非成俗。」（《抱朴子‧疾謬》）「其婦女莊櫛之織紝，皆取成于婢僕，未嘗知女工絲枲之業、中饋酒食之事也。先時而婚，任情而動，故皆不恥淫逸之過，不拘妒忌之惡。有逆于舅姑，有反易剛柔，有殺戮妾媵，有黷亂上下。」（《干寶‧晉紀總論》，《全晉文‧卷127》）「無賴之子，白醉耳熱之後，結黨合群，游不擇類……，攜手連袂，以遨以集，入他堂室，觀人婦女，指玷修短，評論美醜……。然落拓之子，無骨鯁而好隨俗者，以通此者為親密，距此者為不恭，誠為當世不可不爾。於是要呼憒雜，入室視妻，促膝之狹坐，交杯觴於咫尺；絃歌淫冶之音曲，以誂文君之動心。」（《抱朴子‧疾謬》）

的情況，干寶之詈，正代表當時部分人士對於「禮法廢弛、行為放蕩」的擔
憂，因此部分南方家族不以玄學作女教內容。

即使父兄習玄，家中女子也未必習玄。前面說及「女子接受知識教育的必
要性」問題，已有不同聲音出現，何況去學一個無助「女職」的玄學？雖然玄
學的發展有其階段性，且派別非一。越名教、反禮法未必足以概括玄學全體，
但《老》《莊》教人超脫物外的思想，是否會讓女子多從虛想，不務女職〔註205〕
「玄學效應」的憂心與排斥，「尚情」〔註206〕、「越名教任自然」本為傳統女教
所忌，，道家經典可讓女子「取鑑」之處，其實不多，非但無助塑造賢妻良母，
恐怕還有負面效應。概觀《莊》、《列》寓言與《列女傳》中的女子形象，相別
甚遠。《莊》、《列》寓言中的女子：既欠缺合乎傳統四德的模範女子，且多超越
禮教規限的女子，如此對於培養婦德似乎無用；而部分悲憐無辜的女性故事及
《莊子》逍遙齊一思想，是否引發女性幾多自覺意識，亦不可知，此對於婦德
從順，父權穩固可能有潛在威脅。因而不教？此際即使有家學可習，但基於傳
統性別觀念（對於婦女角色的期望）及門第士族多傳詩書，若要受教，也會「選
擇」儒家教育。因為《詩》、《書》、《禮·內則》及〈女誡〉、〈列女傳〉等書，
有助於塑造合乎傳統女教內涵（三從、四德）、安於婦職中饋績紡的女子，以鞏
固父權體制的穩固。另外《禮》有「外言不入」之說，父兄即有所聞，未必轉
教女子，所以較難直接呼吸到外面社會思潮的新空氣。故部分南女不玄學。

三、北女武勇，南女少武

北方婦女在教育活動上，似乎擁有一些較南方婦女額外的空間，對於傳
統女教內容也有較大的超越。北朝女性在史傳記載中「尚武」與長於「政事」
的形象，往往令人印象深刻。雖然大部份文獻未明言學習獲致的歷程，但既
能信用於倉促現實間，平日的蓄積訓練自不會無。婦女騎射較南方多，勇武
也未必要動刀舞拳，而那份勇往直前的大不畏氣概，男子亦難及。北方女子，

〔註205〕 章學誠《文史通義·婦學》：晉人崇尚玄風，任情作達，丈夫則糟粕六藝，
婦女亦雅尚清言。步障解圍之談，新婦參軍之戲，雖大節未失，而名教蕩然。
案：章氏以為習玄雖未失大節，但名教已蕩然。正是認為玄學與名教不兩立
的觀點。

〔註206〕 嵇康早就指出儒家六經以抑引人之情性為主（〈論自然好學論〉）而禮書中也
明言禮非為情存，《禮記·禮器》：「君子曰：禮近人情者，非其至者也。……
君子之於禮也，非作而致其情也。」玄學中婦女情欲觀，詳見本文「魏晉玄
學中的女性觀——婦女與情欲」部分的論述。

所具有的豪爽剛健之性，與南朝「嬌羞柔媚」及西漢「溫貞嫻雅」者絕不相同。若南人歌頌女子，則多桃葉、芳姿、碧玉、莫愁之類，北方詩歌則詠李波小妹與花木蘭〔註207〕，略可看出南北兩地對於理想女子的素描，自有其不同品味。魏晉以前，婦女習武並不多見。而北朝漢族女性也開始習武，如廣平李波之妹即是：

> 李波小妹字雍容，褰裙逐馬如卷蓬，左射右射必疊雙，婦女尚如此，
> 男子安可逢？（〈李波小妹歌〉，《魏書·李安世傳》）

這段歌辭中，李波小妹的颯爽英姿活現，如在目前。其武藝如此精湛，雖男子未必可及。另外在北朝中，孫男玉與苟金龍妻劉氏更是憑著自己尚武之長，完成義勇事蹟〔註208〕：一位是重節輕身，為夫復仇；一位是臨危不亂，率民禦城：果決勇斬叛將，仁義共民甘苦，誠心動天降雨，智貯雨水渡難。二人最終能成就功烈，所憑藉正是「勇武」而劉氏更多上一份智略。不過「尚武」風氣是與南方相較而得，並非北朝女子一概習武；南方也未必全無武勇過人之女〔註209〕。南北未分之前，女子習武情形也已存在，且與家庭因素有極大關係，將門虎父往往不乏虎女：

〔註207〕民歌中的巾幗英雄花木蘭，儘管她的真實性、出身、姓字、籍里皆不詳，然而此詩的出現卻為北朝女子的尚武義爽作下最好的反映。今傳〈木蘭詩〉有二首，第一首可信度及藝術性較高，由於家喻戶曉，此處不贅引；至於第二首，明顯說教，然而所說的道理中，卻明示了作者的女性觀及欲宣示的義喻：「……易卻紈綺裳，洗卻鉛粉妝。馳馬赴軍幕，慷慨攜干將。……父母見木蘭，喜極成悲傷。木蘭能承父母顏，卻卸巾韝理絲簧。昔為烈士雄，今復嬌子容。親戚持酒賀，父母始知生女與男同。……世有臣子心，能如木蘭節。忠孝兩不渝，千古之名焉可滅！」（〈木蘭詩之二〉，《樂府詩集·卷25》）

〔註208〕「平原鄗縣女子孫氏男玉者，夫為靈縣民所殺。追執讎人，男玉欲自殺之，其弟止而不聽。男玉曰：『女人出適，以夫為天，當親自復雪，云何假人之手！』遂以杖毆殺之。有司處死以聞。顯祖詔曰：『男玉重節輕身，以義犯法，緣情定罪，理在可原，其特恕之。』」（《魏書·列女傳·平原女子孫氏》）「苟金龍妻劉氏，平原人也。廷尉少卿劉叔宗之姊。世宗時，金龍為梓潼太守，郡帶關城戍主。蕭衍遣眾攻圍，值金龍疾病，不堪部分，眾甚危懼。劉遂率屬城民，修理戰具，一夜悉成。拒戰百有餘日，兵士死傷過半。戍副高景陰圖叛逆，劉斬之，及其黨與數十人。自餘將士，分衣減食，勞逸必同，莫不畏而懷之。井在外城，尋為賊陷，城中絕水，渴死者多。劉乃集諸長幼，喻以忠節，遂相率告訴於天，俱時號叫，俄而澍雨。劉命出公私布絹及至衣服，懸之城中，絞而取水，所有雜器悉儲之。於是人心益固。會益州刺史傅豎眼將至，賊乃退散。豎眼歎異，具狀奏聞，世宗嘉之。」（《魏書·列女·苟金龍妻劉氏》）

〔註209〕詳見〈表1　六朝女性人才概況〉中「勇武軍事」一類中所列婦女。

> 荀崧小女灌，幼有奇節。崧為襄城太守，為杜曾所圍，力弱食盡，欲求救於故吏平南將軍石覽，計無從出。灌時年十三，乃率勇士數十人，踰城突圍夜出。賊追甚急，灌督屬將士，且戰且前，得入魯陽山獲免。自詣覽乞師，又為崧書與南中郎將周訪請援仍，結為兄弟，訪即遣子撫率三千人會石覽俱救崧。賊聞兵至，散走，灌之力也。(《晉書・荀崧傳》)

> 遐妻驍果有父風〔註210〕。遐嘗為石季龍所圍，妻單將數騎，拔遐出於萬眾之中。及田防等欲為亂，遐妻止之，不從，乃密起火燒甲杖都盡。(《晉・劉遐傳》)

俗語說「時勢造英雄」，除出將門之外，時勢也是這些女子得展武才的原因，若非情況危急或有他故，實無男子可用，否則通常不會考慮讓一個女人去擔當存亡大任，否則可能終身備而不用，才非所用，高藝沉埋終身。〔註211〕然而在「正常」情況下，「北女習武」似乎較為普遍。

在傳統性別教育中，女子自當端莊文靜、從順溫柔，然在北朝出現女子習武騎射的情形，已然超出傳統女教的範疇。然在南方，女子則少習武的記載。何以有如此差別？以下將針對先針對「北女習武」原因加以探索。

（一）「北朝尚武」的反映

在北朝漢族門第之中，習武並不少見，男子習武情況比女子更為普遍。顏之推曾告誡子弟，多讀書，至少可以維生〔註212〕，不要只學武勇，隨人趨逐：

> 河北文士，率曉兵射，非直葛洪一箭，已解追兵，三九讌集，常廁榮賜；雖然，要輕禽，截狡獸，不願汝輩為之。(《顏氏家訓・雜藝》)

〔註210〕冀州刺史邵續女。

〔註211〕至於出於「情勢」所激的「勇、敢」表現；未必有「武」，但卻「勇」氣可嘉的例子：吳郡張茂妻率部曲為夫復仇（《晉書・列女傳》）；宣城宛陵女子摯虎救母（《梁書・孝行傳・宛陵女子》），張謖女以身蔽刃救父等（《梁書・張稷傳》），她們出於至愛之心，為了所愛之人，奮不顧身。不過這是出於情急，非平素習武尚勇，故不在討論（教育）之列。

〔註212〕「夫明六經之指，涉百家之書，縱不能增益德行，敦厲風俗，猶為一藝，得以自資。父兄不可常依，鄉國不可常保。一旦流離，無人庇廕，當自求諸身耳。諺曰：『積財千萬，不如薄伎在身。』伎之易習而可貴者，無過讀書也。」（《顏氏家訓・勉學》）

> 習五兵，便乘騎，正可稱武夫耳。今世士大夫，但不讀書，即稱武
> 夫兒。（《顏氏家訓‧誡兵》）

顏之推指名「河北文士」、「今世世大夫」，自然非指胡人，而是漢族士人。另有盧士邃「少為崔昂所知，昂云：『此昆季足為後生之俊，但恨其俱不讀書耳。』」〔註213〕可見北方世族子弟不讀書，已成為一種令人憂心的現象。而文士不讀書，反學弓馬，樂為「武夫」？「北朝尚武」原因何在，值得探討。首先是基於現實「處境需要」。因為胡漢雜居，想以武裝以自保。北朝政出鮮卑胡人，隨著胡人政權建立，西北游牧民族進入中原，有些還停留在部落階段，文化水平較低，劫掠之事難免；或地方土豪惡霸侵奪，或內亂不斷：

> 時京畿盜魁自稱豹子、虎子，並善弓馬，遂領逃連及諸畜牧者，各
> 為部帥，於靈丘、雁門間聚為劫害。至乃斬人首，射其口，刺人臍，
> 引腸遶樹而共射之，以為戲笑，其為暴酷如此。（《魏書‧酷吏‧張
> 赦提傳》）

> （高昂）與兄乾數為劫掠，州縣莫能窮治。招聚劍客，家資傾盡，
> 鄉閭畏之，無敢違迕。」（《北齊書‧高乾傳\弟昂》）

胡漢的雜處，處境的危殆，身處其間北方家族，為了自保，多築「塢堡」〔註214〕，聚居練武以防衛，或自練一身武藝以保身，如魏收：「年十五，頗已屬文。及隨父赴邊，值四方多難，好習騎射，欲以武藝自達。滎陽鄭伯調之曰：『魏郎弄戟多少？』收慚，遂折節讀書。」（《魏書‧列傳‧自序》）魏收少時本已習文，但隨父來到邊防之地，四方多難，性命有虞，因而家人讓他習武，但魏收卻學出興趣來，甚至想以武藝「自達」，可見在北朝，武藝高強是有其出路的，甚至「可達」。而文藝，卻未被考慮，可想而知應是習文者出路

〔註213〕《北齊書‧盧潛傳\弟士邃》。
〔註214〕在沒有一個長期存在的中央統一政權及較長安定社會秩序下，北方宗族會找一個自然條件良好，適合自給自足的經濟發展的區域，而後在此組合成一種半封閉的社會。不僅如此，為了抵禦北方各遊牧民族勢力的掠奪和其他漢族軍事集團勢立的侵擾，宗族還建塢築壁，組織武裝自保。為了保衛塢壁這樣武裝自保性的社會組織，也是需要有比較高強的騎射本領。所以晉代起，北方善於騎射是不乏其人的，如祖逖。因此北方實有尚武的必要，此有助於在戰亂頻生，異族雜處的情況下，促進宗族凝聚、組織生產和武裝自保，也利於小範圍內的相對安定，也一定程度上有利於北方地區社會經濟的恢復與發展。參考《中國文明史——魏晉南北朝》（臺北‧地球，1992），p.1052。案：又稱「塢壁」，可參考《中國美術全集——繪畫17》p.20 十六國‧北涼莊園生活。

不暢所衍生的選擇。若非崔伯的諷刺，歷史上就沒有「北地三才」，而僅存其二。《北齊書‧高昂傳》載高昂專事騎射，每言「男兒當橫行天下，自取富貴，誰寧端坐讀書，作老博士也」，後來果然成為北齊神武帝高歡下一員戰將，樂享榮華。上面資料讓我們了解到：北地習武，有利可圖的訊息。

「尚武輕文，朝多武臣；富貴可期，趨者若鶩」是當時北方風氣。鮮卑朝廷，率多武臣。鮮卑起自塞外，游牧為生，又好騎射，執掌中原，舊習未替，又繁於開邊靖亂，因此武將功臣亦多。這些武將，多不讀書〔註215〕，憑著一身好本領，出生入死，搴旗斬將，憑汗馬功勞躋身朝廷，對於想望功名之人，無非起著一種示範作用：武藝可自達！如長孫翰「少有父風‧太祖時，以善騎射，為獵郎。」（《魏書‧長孫翰傳》）尉長興敬「便弓馬，有武藝，高祖引為帳內都督。」《北齊書‧尉長興敬傳》）陸真「真少善騎射‧世祖初，以真膂力過人，拜內三郎。數從征伐，所在摧鋒陷陳，前後以功屢受賞賜。」（《魏書‧陸真傳》）這些人，不讀書，無學術，只憑武力旗射，便獲大功，居於權位，不似讀書寂苦而緩見功效。故北方家長（胡人）對於子弟武藝的訓練也特別重視，如斛律金教子騎射，每日令二子出畋，還即較所獲禽獸‧光所獲或少，必麗龜達腋‧羨雖獲多，非要害之所‧光常蒙賞，羨或被捶撻‧人問其故，金答云：「明月必背上著箭，豐樂隨處即下手，其數雖多，去兄遠矣‧」聞者咸服其言。」〔註216〕何以要如此講究技術，正因有利有祿。利之所趨，必有其人。此外，北方朝野所瀰漫著的「尚武輕文」氣息，有時帝王也無法轉變：

> 高祖引陸叡、元贊等於前曰：「北人每言北人何用知書，朕聞此，深用憮然。今知書者甚眾，豈皆聖人。朕自行禮九年，置官三載，正欲開導兆人，致之禮教。朕為天子，何假中原，欲令卿等子孫，博見多知。若永居恒北，值不好文主，卿等子孫，不免面牆也。」（《魏書‧獻文六王上》）

〔註215〕《魏書‧楊大眼傳》：「大眼雖不學，恒遣人讀書，坐而聽之，悉皆記識。令作露布。皆口授之，而竟不多識字也。」《北齊書‧慕容儼傳》：「儼容貌出群，衣冠甚偉，不好讀書，頗學兵法，工騎射。正光中，魏河間王元琛率救壽春，辟儼左廂軍主，以戰功賞帛五十疋。……五年四月，進爵為義安王，……出為光州刺史。……卒贈司徒，尚書令。」

〔註216〕《北齊書‧斛律金\子羨傳》：「羨及光並少工騎射。」

魏孝文帝本身好學博聞多藝，但他施行漢化，鼓勵讀書，自有其政治目的，然而面對北方這股濃重的「尚武輕文」習氣，亦歎無力。北朝群臣聚會，功高位尊的武將們，每以嘲諷口氣取笑漢族文臣〔註217〕；而漢族文臣屈事胡族，「在人屋簷下，不得不低頭」，面對此種「尚武輕文」風氣，只得迎合帝王，也作「讀書無用論」：

> 世祖之將討涼州也，議者咸諫，唯司徒崔浩勸世祖決行。群臣出後，言於世祖曰：「若涼州無水草，何得為國？議者不可用也，宜從浩言。」世祖善之。既克涼州，世祖大會於姑臧，謂群臣曰：「崔公智計有餘，吾亦不復奇之；吾正奇馭弓馬之士，而所見能與崔同，此深自可奇。」顧謂浩曰：「馭智力如此，終至公相。」浩曰：「何必讀書，然後為學。衛青、霍去病亦不讀書，而能大建勳名，致位公輔。」世祖笑曰：「誠如公言。」（《魏書·伊馭傳》）

讀書無「用」，此「用」專指富貴榮顯身居要職。若將人生定位在逍遙自適，則文武未必皆有用。然富與貴正人之所好，崔浩這一句「衛青、霍去病亦不讀書，而能大建勳名，致位公輔」，使北朝多少士子投筆習武，尚武之風因之而盛。

（二）「胡風習染」，在北地無分男女，皆能騎射。地域文化的習染，其效果往往出人意表，齊神武高歡，本為漢人，但因「累世北邊，故習其俗，遂同鮮卑。」〔註218〕他本人向鮮卑文化認同，即位之後，還有意無意倡行「胡化」。北朝政權多出胡人，如烏桓「俗善騎射，弋獵禽獸為事。隨水草放牧，居無常處。以穹廬為舍，東開向日·食肉飲酪，以毛毳為衣。…… 其性悍塞。……有勇健能理決群訟者，推為大人。」〔註219〕可知鮮卑本為遊牧民族，無分男女，騎射乃其基本生活本領，習性驃悍，尚武力。永嘉亂後，大量少數民族進入中原，也帶來豪放堅強的尚武精神。

至於胡女帶頭，武勇立功，也為漢家女子樹立典模：在進入北方的一些遊牧民族中，部份種族的母系社會遺風很濃，婦女有相當地位，亦頗有習武之俗。

〔註217〕《北史·孫搴傳》：「搴學淺行薄，邢卲嘗謂曰：『須更讀書。』搴曰：『我精騎三千，足敵君贏卒數萬。』搴少時與溫子昇齊名，嘗謂子昇：『卿文何如我？』子昇謙曰：『不如卿。』搴要其為誓·子昇笑曰：「但知劣於卿便是，何勞旦旦？」搴悵然曰：「卿不為誓，事可知矣！」

〔註218〕《北齊書·帝紀·神武帝上》。

〔註219〕《後漢書·烏桓鮮卑傳》。

婦女褲衫束帶，乘馬馳射，與丈夫無異。〔註220〕如後趙每年三月上巳祓禊時，後宮皇后妃主和名家婦女「無不畢至，臨水施設帳幔，……走馬步射，飲宴終日。」（《十六國春秋‧石虎》）苻登妻毛氏：「壯勇善騎射，登為姚萇所襲，營壘既陷，毛氏猶彎弓跨馬，率壯士數百人，與萇交戰，殺傷甚眾。」（《晉書‧列女傳》）沮渠蒙遜妻孟氏「蒙遜寢于新臺，閽人王懷祖擊蒙遜，傷足，其妻擒斬之，夷其三族。」（《晉書‧載記‧沮渠蒙遜》）蜀王李特妻羅氏，（子）蕩等屯北營，羅尚遣牙門，左氾黃閻來攻，營中氐苻成隗伯叛應之。羅氏擐甲拒戰，伯手刃傷其面，羅氏奮擊不輟，氣烈益壯，蕩還得免。（《十六春秋‧蜀錄》，出自《古今圖書集成‧閨媛典‧卷341》至於北魏「太后出，則婦女著鎧騎馬近輦左右。虜主及后妃常行，乘銀鏤羊車，不施帷幔」。（《南齊書‧魏虜傳》）又北魏宣武皇帝皇后胡氏〔註221〕，嘗至西林園法流堂命侍臣們比較射藝，不中者罰，中的者有賞，同時她自己也親自執射，而且能射中針孔。（《魏書‧皇后列傳》）而魏將楊大眼妻潘氏，「善騎射，自詣軍省大眼。至於攻陳遊獵之際，大眼令妻潘戎裝，或齊鑣戰場，或並驅林壑。及至還營，同坐幕下，對諸僚佐，言笑自得，時指之謂人曰：「此潘將軍也。」（《魏書‧楊大眼傳》）可見胡族婦女普遍能武。這股女性習武之風，襲染漢女，漢族門第較能接受習武之事。

（三）家風轉變：漢族女子要突破女教傳統習武，有其客觀外在條件，即保守門第家風，須先轉變。首先要禮教鬆動，方能衝破內外剛柔以習武藝，又傳統禮教，嚴別男女內外，騎射弓馬，多須出外，一難也；男剛女柔，騎射勇武屬男剛外事，二難也；行騎射與「務女職」時間上勢必有消長，妨經濟勞作，三難也。然而伴隨魏晉以下儒家禮教的繼續衰弛，胡族初入未受儒教約束，肆行胡俗，男女無別內外，女子行動自由，騎馬射箭，公開亮相，不以為過。漢族門第久而久之，見怪不怪，家風因之稍弛，不似傳統嚴制婦女。《南齊書‧高逸‧顧歡》：「戎俗實賤，故言貌可棄。今諸華士女，民族弗革，而露首偏踞，濫用夷禮，云於翦落之徒，全是胡人〔註222〕。國有舊

〔註220〕《洛陽伽藍記‧卷五‧聞義里》：「于闐國，……其俗婦女褲衫束帶，乘馬馳走，與丈夫無異。」

〔註221〕司徒胡國珍之女。國珍，「安定臨涇人。祖略，姚興渤海公姚遠平北府諮議參軍；父淵，赫連屈丐給事黃門侍郎。世祖克統萬，淵以降款之功賜爵武始侯，後拜河州刺史。胡風甚久。（《魏書‧外戚傳下》）

〔註222〕「父子男女相對踞蹲。以髡頭為輕便。婦人至嫁時乃養髮，分為髻。」（《後漢書‧烏桓鮮卑列傳‧烏桓》）因此顧歡所言，確實為胡俗。

風，法不可變。」正是對於婦女習染胡風的批判。當然，除因胡風習染之外，部分漢人本就習武。朝廷官員，有文有武，只是武臣地位往往不如文臣，多出寒門。時至北朝，此種情況方有改觀。將門之女，因為父兄習武，觀念受到北朝尚武風氣影響，准許女子習武，如李波小妹身處豪強之家，禮教蕩然，騎射不禁。其實大部分門第舊族的婦女，若家風尚峻，未必能學騎射。若非習武兵系家族，女子無緣也不得習武，也不會有機會表現，留名於文獻之中。因而女子習武與否，決定權仍在家族對於當時流行觀念的取捨，任你外面風風雨雨，英雌遍地，我家女兒一樣溫柔有禮。

　　相形之下，南女少武則與「南風文弱」習氣一致。蘇紹興曾分析東晉南朝士族不學武的原因六項：分別是「時主猜忌」、「保族固寵」、「謝絕庶務」、「世俗輕武」、「德衰體羸」及「起兵地域」有定〔註223〕。頗能道出南方士人文弱的緣由。文弱江南，後來連古禮中的「博射」也不再舉行〔註224〕，士人體質羸弱不堪〔註225〕，大概要練武也沒本錢。而南北文武風氣之異，由下面兩則記載極易比較出來：

> 昂，字敖曹，……幼稚時，便有壯氣。長而俶儻，膽力過人，龍眉豹頸，姿體雄異。其父為求嚴師，令加捶撻。昂不遵師訓，專事馳騁，每言「男兒當橫行天下，自取富貴，誰能端坐讀書，作老博士也。」與兄乾數為劫掠，州縣莫能窮治。招聚劍客，家資傾盡，鄉閭畏之，無敢違迕。父翼常謂人曰：「此兒不滅我族，當大吾門，不直為州豪也。」（《北齊書・高昂傳》）

> 宗愨字元幹，南陽人也。叔父炳，高尚不仕。愨年少時，炳問其志，曰：「願乘長風破萬里浪。」炳曰：「汝不富貴，即破我家矣。」兄泌娶妻，始入門，夜被劫，愨年十四，挺身拒賊，賊十餘人皆披散，不得入室。時天下無事，士人並以文義為業，炳素高節，諸子群從皆好學，而愨獨任氣好武，故不為鄉曲所稱。」（《宋書・宗愨傳》）

〔註223〕蘇紹興《兩晉南朝的士族》（臺北・聯經，1993），p.19～32〈論江左世族無功臣〉一文

〔註224〕「江南謂世之常射，以為「兵射」，冠冕儒生，多不習此。別有「博射」，弱弓長箭，施於準的，揖讓昇降，以行禮焉。防禦寇難，了無所益。亂離之後，此術遂亡。」（《顏氏家訓・雜藝》）

〔註225〕關於德衰體羸，《顏氏家訓・涉務》云：「梁世士大夫，……出則車輿，入則扶侍，郊郭之內，無乘馬者。……至侯景之亂，膚脆骨柔，不堪行步，體羸氣弱，不耐寒暑。坐死倉猝者，往往而然。」

兩位少年，同好習武。一在北方，一在南方，而且用武之處有別：一個為非作歹，一個奮勇拒賊，然而在家人眼中，高下天壤。雖然家人都有微詞，但高父樂觀，宗叔悲歎。正是南北文武風習使然。男子如此，女子向有禮教規制，習武更為世俗所輕。加上「禮教尚峻」，嚴別內外，女教規約多半奉行：在西晉末年，玄學自然名教問題已告解決，「自然即名教」解決調合了儒道衝突。自此政治制度與儒教禮教，重新得到它們的位置。女子面貌，在南朝以下，少見名士風氣。武勇形象，更難尋覓。南朝與北朝詩歌中所反映的女子形象與情感表現，恰恰形成強烈對比：南方女子柔媚，婉曲多情；北方女子豪情萬丈，率直奔放。而顏之推言及「江南婦女，略無交遊」〔註226〕的情形，益見南方禮教嚴於北方，內外之別，嚴守如斯。

四、北女長於外事

對於「北女長於外事」這個命題的可能，在《顏氏家訓·治家》的兩段話中，透露出不少訊息：

> 鄴下風俗，專以婦持門戶，爭訟曲直，車乘填街衢，綺羅盈府寺。代子求官，為夫訴屈。此乃恆代之遺風乎？（《顏氏家訓·治家》）

> 魏郡，鄴都所在，浮巧成俗，彫刻之工，特云精妙，士女被服，咸以奢麗相高，其性所尚習，得京、洛之風矣。（《隋書·地理志中》）

> 河北人事，多由內政，綺羅金翠，不可廢闕，羸馬悴奴，僅充而已。（《顏氏家訓·治家》）

以上資料所提供的內容，可以歸納二：一是「北女」本身的特質條件：北女身份為主婦，形象華貴（綺羅金翠），掌理家政、握有經濟大權（調度收支人力：決定車馬、奴僕與綺羅金翠的重要性），行動自由（車乘填街衢，綺羅盈府寺），具有相當能力與勇氣，敢於為夫子求訴爭訟；還要有令公門受理訴願的憑藉、本錢；二是「外事」的屬性及成事可能背景條件：首先女子長於外事的場景在於北方（鄴下、河北）；當時政治環境下，官可求致，訴屈有門；府寺公門願意受理婦女訴求；最後顏之推猜測北女外事的可能原因是胡族風俗（恆代遺風）。根據這些資料，再參照北朝史籍所載，試行找出北女長於外事的原因。

〔註226〕《顏氏家訓·治家》。

（一）北女自身特質背景

擔當外事的北朝女子，其地位身份與能力應有特定要求。首先她須是一位「精明健婦」，有能力，見世面。北女外事必須精明有能力者，因為方足以周旋談判關說。尤其口才必不可缺。傳統女教的「寡言」特質，是難以成為健婦的。六朝女子口才，有解禁的傾向，《世說新語》所載伶牙俐齒女性，固然出於南方；北方「重女言」也有呈現，如北朝墓誌中，便有幾則對於女性口才好的稱譽〔註227〕。而「外交」能力之蓄積，必得平日多見世面，熟知利害得失，權衡輕重進退，而這些本領恐怕須得自「外界」觀聽之多及友朋的交換經驗。其次，他必須是「貴婦背景」，才能以高貴身份出入公眾場合，建立取「女謁社交圈」，外事婦人，身份多半高貴，娘家或門第尊貴，或為國戚，有人可託，有人情人脈。貴門女子出馬（公主、名家女、婦），府寺官員「不看僧面看佛面」，執事者不敢得罪，自會受理。若是夫家貴於娘家，自理便可，何須婦人出面？《顏氏家訓・省事》云：「齊之季世，多以財貨託附外家，諠動女謁。拜守宰者，印組光華，車騎輝赫，榮兼九族，取貴一時。」也可略知其情。此外，身份尊貴，才有機會打入上層權力中心夫人的社交圈。妻子的貴婦社交圈對於夫子的前途往往有助。婦女在閒話家常、應酬來往中，藉由「女謁」、「婦言」，加以後賄，以達到求官進爵的效用。為方面出門撐場面，增顯氣派與尊貴，打扮的頭面（衣衫、化妝品、首、裝飾品），自是不可或缺的配備，故影響家用亦在所不惜。接著他還必須是一位「有實權的主婦」，如此才具有決策力與對外代表權。既能出門代表夫子申明訴願，女子本身要有相當家族代表性，具有相當決策力。有權力，可以作主，包括財政〔註228〕。請謁干祿並非「空手可成」，厚利重金必備，主政的家婦，擁有經濟大權，方能有足夠權力調度金錢出入。由此不難得知：這女子身份絕不會是妾媵，妾媵在北方地位低弱，夫死之後，命運往往凋零，被賣受欺，處處可見。也許也

〔註227〕　「柔順好和，謹言屢進」（《彙編》，p.）「巧於辭令」（《彙編》，p.258）「言成綺靡，韻合鏗鏘」（416）、竭忠言以奉上（440）、言似吐璋（55）「口不擇言，目無邪視」（473）皆對傳主口才加以稱讚；至於「居不言容，敬等如賓」（348）、「稀言慎語，白珪無玷」（261）則仍承繼傳統女教主稀言寡言無言之則。

〔註228〕　《顏氏家訓・治家》：「南間貧素，皆事外飾，車乘衣服，必貴整齊；家人妻子，不免飢寒。」案：南方男權重，妻子無權且不掌財務，形悖如此。且無交遊。

正是主婦必須外事，權勢出身重要，又得掌理一家內政，因此北方不似南方，妻死妾繼，得以扶正；而須再娶〔註229〕；其實真正娶的是「門第的勢力」，以鞏固家族權益。

（二）北朝特殊政教環境

女朝女子所能從事之外事屬性，有其特定範圍，此與當時特殊的政治背景與教化走向，也有密切相關：首先是「政風貪濁與女謁公行」：北女外事，出行必果，多所斬穫，故能蔚成風氣。而其舞臺在於政風貪濁，女謁有用。北朝官員，率多貪濁〔註230〕，帝王縱知，多不嚴辦。官員除正面侵奪民財，也有私下受賄，但往往不自出面，默許或支使妻子收賄。如此可避貪濁污名，推卸婦女身上，萬一事發，還有藉口可說，何樂不為，因此每見北朝史書多載縱容（主導）妻子收賄之事，也形成特殊的女謁〔註231〕之風。「代子求官，為夫訴屈」是「女謁」及出外詣官的常見訴求。女謁情形嚴重，使北齊文宣還

〔註229〕 「江左不諱庶孽，喪室之後，多以媵妾終家事。疥癬蚊虻，或未能免，限以大分，故稀門閣之恥；河北鄙於側出，不預人流，是以必須重娶，至於三四，母年有少於子者。後母之弟與前母之兄，衣服飲食，爰及婚宦，至於士庶貴賤之隔，俗以為常。」（《顏氏家訓‧後娶》）

〔註230〕 《北齊書‧杜弼傳》：「弼以文武在位，罕有廉潔，言之於高祖。」《北齊書‧外戚‧李祖昇傳》：「弟祖勳。顯祖受禪，除祕書丞。及女為濟南王妃，除侍中，封丹陽王。濟南廢，為光州刺史。祖勳性貪慢，兼妻崔氏驕豪干政，時論鄙之。以數坐贓，免官。無才幹，自少及長，居官皆因內寵，無可稱述。」《魏書‧酷吏傳‧高遵》：「遵性不廉清，在中書時，每假歸山東，必借備驛馬，將從百餘。屯逼民家求絲縑，不滿意則詬罵不去，強相徵求。旬月之間，縑布千數。邦邑苦之。遵既臨州，本意未弭，選召僚吏，多所取納。……又其妻明氏家在齊州，母弟舅甥共相憑屬，爭求貨利，嚴暴非理，殺害甚多。貪酷之響，帝頗聞之。及車駕幸鄴，遵自州來朝，會有赦宥。遵臨還州，請辭帝於行宮，引見誚讓之。遵自陳無負，帝屬聲曰：『若無邊都赦，必無高遵矣！又卿非惟貪惏，又虐於刑法，謂何如濟陰王，猶不免於法‧卿何人，而為此行！自今宜自謹約。』還州，仍不悛革。齊州人孟僧振至洛訟遵。詔廷尉少卿劉述窮鞫，皆如所訴。……遵恨其妻，不與訣，別處沐浴，引椒而死。」《魏書‧道武七王‧元鑒\鑒兄和》：「鑒，字紹達。少有父風，頗覽書傳。沉重少言，寬和好士。……高祖崩後，（鑒兄）和罷沙門歸俗，棄其妻子，納一寡婦曹氏為妻。曹氏年齒已長，攜男女五人隨鑒至歷城，干亂政事。和與曹及五子七處受納，鑒順其意，言無不從。於是獄以賄成，取受狼藉，齊人苦之。」

〔註231〕 女謁，或言「婦謁」。《群書治要‧卷31》載《文韜》：「後宮不荒，女謁不聽。」《荀子‧大略篇》：「湯旱而禱曰：『婦謁盛與？』楊倞注：「婦謁盛，謂婦言是用也。」

下令禁止公主請謁，否則報官公辦〔註232〕。

> 子琮太后妹夫……，太后為齊安王納子琮長女為妃，子琮因請假赴鄴，遂授吏部尚書。其妻恃親放縱，請謁公行，賄貨填積，守宰除授，先定錢帛多少，然後奏聞，其所通致，事無不允。子琮亦不禁制。《北齊書·馮子琮傳》）

> （鄭）伯猷……博學有文才，早知名。……在州貪惏，妻安豐王元延明女，專為聚斂，貨賄公行，潤及親戚。戶口逃散，邑落空虛，乃誣良民，云欲反叛，籍其資財，盡以入己，誅其丈夫，婦女配沒。百姓怨苦，聲聞四方。（《魏書·鄭羲傳》）

馮子琮乃太后妹夫，太后寵妹，子琮沾光。其女，得作王妃。然以王妃之尊，「恃親放縱，請謁公行」，官位大小，依錢多少；父親的勢力似比丈夫齊安王更大，因為有太后撐腰。因受請謁，故能家內賄貨填積。「王妃通致，事無不允」。而元氏為安豐王之女，仗勢專為聚斂，公行貨賄。因為「潤及親戚」，丈夫家人無不狼狽為奸。正是「事無不允」的效用，使得請謁之風廣扇。又多由女妻收賄，男士不好公然登門拜託；藉由婦女交遊之便，後門交接，女子外事，由此而生。其次是「禮教鬆解，行動自由」：如此方能不避男女，洽談交接。要辦外事，攀串關係，都必須出門，所以車乘填街衢〔註233〕，綺羅盈府寺〔註234〕。然而洽談交接，不別男女，必得禮教鬆解。世風可以接受，顏之推用「填」、「盈」表示處處可見。禮教鬆解是魏晉以來已有的情況，北朝更因胡風性別觀念的開放，及鮮卑皇室的淫亂，助長男女之防的解嚴：「其嫁娶則先略女通情，或半歲百日，然後送牛馬羊畜，以為娉幣。」（《後漢書·烏桓鮮卑列傳·烏桓》）又「自靈太后預政，淫風稍行；及元叉擅權，公為姦穢，自此素族名家，遂多亂雜，法官不加糾治，婚宦無貶於世，有識咸以歎息矣。」（《魏書·鄭羲傳》）依照胡風，兩性本可自由交往，又無禮教約制，男女之別不嚴，北朝世議，不貶淫亂，素族名家，亦多跟進。男女之防、內外之別，視若無形。此外，直接告官爭短長，請行女謁，皆須經驗，此亦與女朝女子行動較為自由，見過世面，有機會觀摩參與學習。如此奠定溝通交際能力，外事

〔註232〕《北齊書·文宣紀》天保七年詔：「或外家公主，女謁內成。昧利納財，啟立州郡。」

〔註233〕「江東婦女，略無交遊，其婚姻之家，或十數年間，未相識者，惟以信命贈遺，致殷勤焉。」（《顏氏家訓·治家》）

〔註234〕綺羅用衣飾代稱全人，用指女姓。「府、寺」泛指官府公門。

易成。其三是「胡風廣扇，女權高張」：女人要能辦理外事，首先必須外界能接受女人作主的情況。北朝婦女地位似乎較高，此亦其能當家外事的原因。而婦女地位較高，除出身門第相關之外；胡俗女權之高，「俗從婦人之計」也有相當作用。顏之推歸因於「恆代之遺風」，不無道理。否則，此風在南朝門第女子，何以少聞〔註235〕？北魏有頗長時間女主當政，使社會能夠正視女子的能力及主體（雖然不一定心服）。當中原地區以禮制為社會組織的綱領時，周邊各民族仍保存不同的習俗，像匈奴、突厥各族尊重女權，契丹、女真、蒙古等流行收繼婚、勞役婚。這類習俗在入主中原的異族長期統治之下，對中原地區的風俗也有若干影響。北朝婦女的地位很高，活動自由，此與胡人部族的母系遺風有涉：

> 其嫁娶則先略女通情，或半歲百日，然後送牛馬羊畜，以為娉幣。隨妻還家，妻家無尊卑，旦旦拜之，而不拜其父母。為妻家僕役，一二年閒，妻家乃厚遣送女，居處財物一皆為辦。（《後漢書·烏桓鮮卑列傳》）

> 烏桓者，本東胡也。……貴少而賤老，其性悍塞。怒則殺父兄，而終不害其母，以母有族類，父兄無相仇報故也。（《後漢書·烏桓鮮卑列傳·烏桓》）

進入中原的游牧民族婦女〔註236〕，不僅在政治生活中，而且在社會交往以及家庭生中也都佔有比較高的地位，從魏晉到北齊、北周一直如此。由於女權之高，有才能女性，較有機會展現，像北朝幾位后妃都親身參與家國大事，匡贊丈夫：

> 神武明皇后婁氏……少明悟。……神武既有澄清之志，傾產以結英

〔註235〕 江南風氣轉為保守，禮教尚峻：「婦人無閫外之事，（后妃）賀及問訊牋什，所由官報聞而已。」（《梁書·后妃傳·高祖丁貴嬪令光》）「江東婦女，略無交遊……其婚姻之家，……。」（《顏氏家訓·治家》）

〔註236〕 母權制的影響還相當嚴重。最明顯的反映是婦女干預部落聯盟議事的現象。其中，較早、較突出的事例是《魏書·序紀》中記載的祁氏執掌拓跋部最高權力之事。……在祁氏掌權的時期，拓跋部落聯盟被中原稱作「女國」。繼祁氏之後，拓跋部又有酋長鬱律之妻王氏、代王什翼犍之后慕容氏以及北魏開國皇帝道武帝拓跋珪的母親賀氏干預部落聯盟議事的現象。……褓母與乳母干預政治，這在歷代王朝中是罕見的。於此也可見在北魏王朝的政治生活中，婦女所起的作用是不容忽視的。《中國文明史——魏晉南北朝》（地球，1992）下冊，「婦女風情」部份。

豪，密謀祕策，后恒參預。及拜渤海王妃，閫閫之事悉決焉。」（《北
齊書・神武妻后傳》）

涼武昭王李玄盛后尹氏，天水冀人也。幼好學，清辯有志節。……
玄盛之創業也，謨謀經略多所毗贊，故西州諺曰：「李、尹王敦煌。」
（《晉書・列女・涼武昭王李玄盛后尹氏》）

除卻這幾位輔佐丈夫的后妃之外，北朝更有多位女主，「主」政稱制，掌理軍
國，勢傾中外，縱橫一世，則是胡風女權表現的極致〔註237〕。在這樣的氛圍
下，婦女地位高，做事明決。出入公府，毫不忌憚，自有其特殊時代與地域的
成因。

第三節　女教異同之原因

綜合以上南北女教之異同——「女教男教有別」、「德育智育尚儒」、「佛
道宗教涉入」、「雜能教育多樣」以及南女多文學、玄學，北女尚勇武、長外事
等特色可知：男女的教育內容自先秦以來，便是一直走著分途的道路，男性
所可從事是外事、是政治名法，是需花費大量時間精力方可入門的精深經典
研究，是須在戶外從事且逞力的射御，在古訓「女無外事」、「男剛女柔」原則
下，女子於是大半可以受教的內容，理由是「外事」、「陽剛」。在南北兩地男
女的共識中，女教的內容便應是詩書禮樂、三從四德、不「騎射」；至於「讀
書」的必要性，便有所爭議。男性認為女教內容，不一定要有「知識教育」；
女子則認為讀書可資以取鑑，可以進德。由此可略窺性別立場之異對女教理
念的影響。面對如此的南北女教的異同結果，致令如此的個別原因，也已於
前文中逐項分析。這些六朝女教的內容，有承襲自先代女教，也有此代新興。
值得注意的是：在南北女教之異的四項內容裡，似可二分為「內職」、「外事」
兩大類型，其中北女所學，已然超越傳統「女尚柔靜」、「女無外事、女主內」
的女教規約，而向男子教育內容邊界靠攏；南女所長則也有其新變之處：文
學創作，抒情言志，是女子自我的「出言」發聲；修習玄學，也使女教內容由
儒家範疇延伸跨越。這些可謂是六朝女教最具時代特徵之處。

〔註237〕北朝女主的研究已有蔡幸娟《北朝女主政治及女官制度研究》（臺大歷史所
博士論文，1998）及杜芳琴〈中國歷代女主與女主政治略論〉，《婦女史研究
論集・四集》（臺北・稻鄉），p.41。

　　六朝南北女教異同已詳於前，然而異同表象背後有無一項主控系統，可以放之南北皆準？我以為即是門第家風與現實利益。六朝因有異於其他時代的背景，政教控制力較弱，學風即自由又開放，社會價值多元，民族交流頻繁密切，宗教政策又顯得寬鬆，再加上南北兩地政經生活曾經長期分隔的特殊處境，使得六朝家族在女教規劃上，擁有多重選擇的空間。「政教宣導」方面，六朝政權多興學崇儒〔註238〕，然而家族採行與否，可以自決；「學風」方面，玄、佛、道、儒及名法……各家思想，提供時人自由汲取養料；不同思潮中又分別寓有相異的女教觀念，而同一家思想中，因派別及思想家個人特質，往往又有截然相異的立場〔註239〕，採借何家？分際何在？便得靠家族自行取捨斟酌。宗教思想中，佛道各有保守與進步成份，雖有關於兩性平等的論述，卻有更多擁護父權的疾呼；有人在家奉道，但也有女子堅拒婚姻出家清修；「社會價值」方面，重自然或名教？尚禮法或真情？美與德的好尚、情與權的斟酌衡量……其間的擺振，由家族與個體自擇。「民族」融合雜處情況下，胡風漢風交相作用。胡人漢化雖進行著，但漢人習染胡風，卻也不分南北逐漸進行中；胡俗不別男女內外、女主內政、馳馬彎弓……接受度如何，在乎漢人家族權衡；南北兩地政經分離，長期隔絕形成文化與風俗的歧異，交流往來之後，拿捏的標準，亦須揀擇選取。這些變數，皆是可能導致女教內容歧異的要項。

　　上面各因素對教育的影響力各有大小，但家族決定容受去取程度。家風通脫，或儼若朝典，端看何種方式可齊家興業。故有家族尚文崇虛，也有家族不聽音樂，禁女改醮……，各式家風家規家教，皆由「興家榮族」出發。「家族實益」決定「女教目標」，女教目標影響教育的培訓規劃：教育途徑、方式、內容。影響的因素儘管多方，但最後權衡的尺度全在家庭。這些項目的不同選擇答案，皆構成一張張不同女教規劃表。不同「家族」往往有不同措置；而不同女教規劃可能造就不同「個性」的女子。因此六朝女教的控管

〔註238〕六朝政教對於社會風尚及學風的影響雖不大，但仍有其效。上有所好，資以取祿，則家族可能行之。如北朝好經學，南方好文學，與上位者的提倡好尚關係密切。又趙翼曾指出：北周后妃多守節出家，北齊后妃多改嫁、甚至三醮，此乃北周風教所化，北齊胡風重，禮教較弛，此說認為貞節與否中央政教走向有關。

〔註239〕如玄學、佛學在女性觀念上，不同派別間，保守派與開放者之間，其別千里。詳見本文第五章第四節──「時代思潮對傳統女教的承襲與轉化」中列有簡表比較諸家女性觀與女教觀異同。

機制，在於家族；而決定女子教育的中心人物自然是「家長」。家長的首要重責，便是家族命脈的延續與隆替。六朝是個亂世，家族是當時人唯一的生命意義所在所繫。家族成員的任務也在興家榮族這一使命上。因此決定南北女教面貌異同，各是南北門第家長，無數的家族女教，匯聚成或南或北的女教特色。因此南北女教異同原因，其實在於探討「影響家族抉擇」的外在因素。依照影響輕重程度，「門第家風與現實利益居其首」，其次，門第不能自外於社會政教現實生活，因此門第所居止的空間地域風俗因素，也是左右南北女教的重要因素。因應或抗拒當時、當地、本族、外族人的共識，便是影響南北女教異同的第二層因素；最末，是屬於心靈的、理想的、文化上的自我期許塑造，即超越或接合於現實邊緣的多元思潮或宗教，使門第也可能基於「理想式、精神式」作出與世俗不同的選擇，創造自家門第的人文色彩與精神風範（家風），傳之後世。這三個環節，決定並影響女教內容的樣貌及六朝女子的形塑。

一、門第家風與現實利益

　　《世說新語・德行 10》載「華歆遇子弟甚整，雖閒室之內，儼若朝典；陳元方兄弟恣柔愛之道。而二門之裡，兩不失雍熙之軌焉。」正是兩種不同家風的顯現。然而家治人和則相同。採行何種思潮或家規治家，其實根本考慮便是「現實利益」。二者之間本有即密切的牽繫，若為家族實益著想，權變家風，也是可行。「現實利益」與「門第家風」正是預決女教的最主要因素。家家成員不同，各有不同的傳統及行之久遠的家風，往往也成為家族的特色所在。自家人對於家風未必能自覺，然而從外家嫁進來的媳婦，最能感受到兩家門風之不同。而面臨到娘家與夫家的不同家風，可能就必須進行自我的一番調整。下面且以兩項女教內容的去取來說明「門第家風」的決定性與關鍵性。

> 文明王皇后諱元姬……年九歲，遇母疾，扶恃不捨左右，衣不解帶者久之。每先意候指，動中所所適，由是父母令攝家事，每盡其理。祖朗甚愛異之，曰：「興吾家者，必此女也，惜不為男矣。」（《晉書・后妃傳上文明王皇后元姬》）

> 譙國夫人洗氏者，高涼人也。世為南越首領，部落十餘萬家。夫人幼賢明，在父母家，撫循部眾，能行軍用師，壓服諸越。每勸宗族為善，由是信義結於本鄉。（《北史・列女傳・譙國夫人洗氏》）

儘管社會上玄風大盛，然而大部分家族中人，仍以禮法持守。不管是治家、教子、修身，一皆如此。謹守禮法，則為人所稱道。如鍾郝為娣姒，郝氏以「法」、鍾氏以「禮」治家，時人稱之；陳登禮敬陳元方兄弟及華子魚，以其「夫閨門雍穆，有德有行、有禮有法」；庾亮「風格峻整，動由禮節。閨門之內，不肅而成。時人或以為夏侯太初、陳長文之倫也」。以上諸例，明示禮法之為家庭所重。能以禮法治家，乃以上諸人所以見稱之故，上文中提到華歆教育子弟甚為嚴整，雖家居內室，舉措上依然要求莊重若臨朝禮節。裴潛則以檢度領諸弟，勤儉團結，上下以家教相奉，故馳名魏代。潘岳之詩道出家教之平常禮範，如：晨昏定省、孝養親人，恭行訓誨，夙夜不怠等事項，亦屬禮法範疇。值得注意的是家族家風向道家的轉移。在王昶與王褒家書中中可以覺察到此種現象，部分家族的教育目標不再以入仕為官為上；取而代之的是避禍全身，謹言慎行，玄默謙退，振持家聲：

> 欲使汝曹立身行己：尊儒者之教，履道家之言。故以玄默沖虛為名。欲使汝曹顧名思義，不敢違越也。（王昶〈戒兄子及子書〉，《三國志·王昶傳》）

> 立身行道，終始若一。……儒家則尊卑等差，吉凶降殺，君南面而臣北面，天地之義也，鼎俎奇而籩豆偶，陰陽之義也；道家則墮支體，黜聰明，棄義絕仁，離形去智；釋氏之義，見苦斷習，證滅循道，明因辨果，偶凡成聖，斯雖為教等差，而義歸汲引。吾始乎幼學，及於知命，既崇周孔之教，兼循老釋之談。江左以來，斯業不墜。汝能修之，吾之志也。〔註240〕

因此基本上儒、道「尚名教禮法」與「尚自然個性」的兩種不同人生取向，也是門第家風的主要分野。當然，六朝尚博通遺形跡的風格精神下，二者兼收者可能更多。但在部分違乎尋常認知的女教規劃，便不得不從家風趨向去理解。以下且舉二例以明：

晉人華芳「朗解五音」，嫁後「而不聽聲樂。欲以終成家風，匪唯一己而已。」〔註241〕從這個例中可清析看出家族利益高於個人興趣與意志。魏晉是個重風雅的時代，名士們每多才藝，在《世說新語·巧藝》及正史的「藝術傳」中，對於術藝超群者，也不吝筆墨，刊於書策之中。然而華芳卻棄聽絲

〔註240〕 《梁書·王規傳》、《全後周文·卷7》。
〔註241〕 《漢魏南北朝墓誌彙編》，p.14。

竹，根據作誌者〔註 242〕所云：原因在於「欲成家風」。「五音」在她認為只是自私的享受。華芳能為家庭放棄素愛，回歸婦功，在誌文中也深受讚許。然而「音樂」在六朝乃術藝之一，名士所好，也是正統儒教教育所倡導的教育內容。華芳此說，或許真與「家風」有關，而非普遍現象〔註 243〕。何以女傳及墓誌中，每見「不聽音樂」（不見得不愛音樂）或女子棄學絲竹之事的敘述？華芳「朗解五音，而不聽聲樂，欲以終成家風，匪唯一己而已」（《彙編》，p.13）短短引文已提供我們「不聽聲樂」的線索：其一、華芳得以朗解五音，當是婚前於本家已習。知娘家以音樂教女，家風許可習樂聽五音；其二、婚後華芳放棄音樂，改變的關鍵在於「家族」不同，門風可能有異；其三、除生活空間的改變之外，華芳的身份也有所改變，他由「在家從父」的女兒，成為異姓家的主婦。女兒，並未負擔家族太多責任，一人而已；主婦治家，教養子女，得要樹立家風，以身作則，考慮的便不再是個人喜好，她要思索的是某種行為對於家人可能的作用，即「家風」之維繫問題；其四、樹立家風，便須不聽聲樂？這並非所有家族的選擇。左思、顏之推、劉令嫻家都有習樂的家教。在女子作品中，多人吟誦樂器比德之效〔註 244〕，而未見對音樂的退抑，則不聽聲樂以成家風，恐怕是「夫家」的家風而已；其五、夫家「家風」的內涵為何？從上下文脈〔註 245〕及參照多則女子不好音樂的記載得知，這家風當為「儉素」。因為朗解五音上有「身服浣濯，衣不文繡，清約施於躬儉」之語，可證。輔以其他誌文，亦可見出不聽聲樂與儉約的關聯：

> 性儉約，不好音樂，常慕漢明德馬后之為人。（《三國志‧后妃‧魏文元郭后》）

> 婦順宜於蘋藻，女業擅於針纊。弦無衛操，案屏鮮禽。（〈妻黑女〉，《彙編》，p.398）

〔註 242〕　雖未標明作者，但由內容語氣看，可能是其丈夫王浚自作。

〔註 243〕　六朝女子所作詩賦，不少以樂器為題，就女子創作多取身邊舊事為題裁的傾向來看，這些女子當有習樂。且禮樂之教，儒者所許，故筆者以為是王家（華芳夫家）特殊家風使然。

〔註 244〕　劉令嫻〈祭夫文〉：「式傳琴瑟，相酬典墳」、孫瓊有〈箜篌賦〉、陳窈有〈箏賦〉、沈滿願有〈挾琴歌〉、馮小憐有（絃斷詩），皆顯示其生活之與音樂有涉。其中孫瓊有〈箜篌賦〉、陳窈有〈箏賦〉皆有比德之文。

〔註 245〕　身服浣濯，衣不文繡，清約施於躬儉，仁惠置於遐下。朗解五音，而不聽聲樂。……（〈華芳〉，《彙編》p.13）

太妃處貴能降，居益念損，衣無兼采，食不重味，目棄珍玩，耳絕
絲桐。(〈太妃諱華〉，《彙編》，p.474)」

為彰顯四人的儉約樸素，「不好音樂」，便成為一項具體而難得的表現。樂音動
人，凡人難擋[註246]。因節用而非樂的墨子就指出：音樂是浪費資源人力的
事情，所以應當去除[註247]。製作樂器，程序繁複，工匠若以之耕種，收益
更多；使用製器的材料用於民生更好；樂器演奏需假以時日練習，此時間用於
耕織更佳；演奏樂器須設演奏者（樂工），徒費人力；聽音樂需要時間，男耕
女織，何來閒情聽絲竹？不過這是墨家看法，儒家則更看重教化修心的意義，
因此樂教一直佔有一席之地。就女教立場來說，〈婁黑女墓誌〉透露更多訊息：
「婦順宜於蘋藻，女業擅於針纊」，蘋藻用指中饋祭祀之事，針纊指放紡織製
衣，皆「女功」範疇，因此「不聽音樂」是因其「無用」，有用的應是「萍藻」、
「針纊」等女功。「弦無衛操」則透露出當時「聲樂」，恐非傳統雅樂，而為令
人娛心流連的「俗樂」[註248]，此「衛操」無教化正心之用，去之無妨。

不過非樂之論似乎未見男子提議，且上述資料多出北女，此現象是顏之
推所云：「今北土風俗，率能躬儉節用，以贍衣食；江南奢侈，多不逮焉。」
(《顏氏家訓·治家》)情況的反映，導致在女子習樂命題上南北有此差異，
筆者認為有此可能性，不過尚須更多資料證明。總之，「音樂無用，有礙女功」
是部分「崇尚儉素」家族所以不選擇音樂作為女教內容的理由。又六朝文學
甚盛，男女創作均多，史傳中對於有文學之士及列女多予以正面的評價，然
而在北朝墓誌中，我們卻可看見女子棄文之舉：

（元氏）迺言曰：「吾少好諷誦，頗說詩書。而詩刺哲婦，書誡牝難，
始知婦人之德，主於貞敏，不在多能。」於是都捐庶業，專奉內事，
酒醴自躬，組紃由己，飲膳之味，在調必珍，文繡裁縫，逕手則麗。
（〈北魏直閣將軍輔國將軍長樂馮邕之妻元氏墓誌〉，《漢魏南北朝
墓誌彙編》，p.129〉）

王氏……鄙吟詠之工，勳組絍之事。(〈齊故金明郡君墓誌銘〉，《漢
魏南北朝墓誌彙編》，p.460）

〔註246〕六朝伎樂相當發達，貴族士族之家，往往蓄有女伎，供平日賞樂。觀聽時往
往不限男女家人。
〔註247〕《墨子·非樂》。
〔註248〕如當時貴族流行蓄女樂，奏豔曲情歌。謝安便好女樂，夫人每抑之。

以上二位女子各在不同的情境，陳述己意。元氏（洛陽，鮮卑皇族〔註249〕）與王氏（太原，漢人）並為北人，一位是嫁後經過自省，放棄諷誦與詩書，一位是看輕詩文吟詠之事，兩人一致的抉擇是專務女功，且深深投入。在墓誌銘中，她們的行徑獲得讚頌與肯定，喻為美德。令人好奇的是：在現存南朝資料中，似乎少見對於女子吟詠的貶抑之說，此或與地域南北風尚的差異有關，再就現存六朝女子作品統計，東晉南朝佔九成以上，北朝女子詩文作品卻寥寥可數〔註250〕，因此地域文化風尚及文學在北朝未受重視〔註251〕，或許是她們棄文藝、事女功的原因。

從以上兩例可知：同樣一項女教的內容，可能因著家風及門第所利不同而去取不同，華芳先後經歷過兩個家族，婚前的娘家，令其有習樂聽悅的機會；然在夫家，家風不同，只得放棄聽聲樂。又前文所舉北魏胡后善射之事，在胡族家庭中是榮耀，然在漢族門第中人崔光眼中，便不以為然，胡后與崔光認知的歧異點，從「家族」看是家風的不同，若從「種族」看，則可能是胡漢之別了。以上論家風對女教的作用力。其次若說到「門第利益」則益見女教的功利性與被動性，在門第利益考量下，女教內容良窳實無一定標準，唯一的標準便是「利家」，如列為七出的「妒忌」，在考慮到兩家權與利的穩固，便曲折變身成為六朝女教內容之一。此部分下章將會深論。家風與實益難分，但在女子「應否讀書」接受知識這個命題上，則明顯實利取向。戰亂頻仍，政權遞換，家族成為人們生存最大憑恃，家若衰敝，個人亦難成立。加上九品中正講究門閥簿閱，造成人們對於門第的資自矜與依賴。要家族興盛，必有佳子弟。六朝判定人才高下的標準，仍是才德。但因政治舉才走向傾「才」，才性論述又主「尚智愛才」，致使六朝門第無不以教出才子、才女為念為傲，乃門第昌盛要件之一。尤其六朝已有遺傳觀念，因而重視婚姻對象的選擇及母教的實施。因重家運昌盛，乃重教子；教子由母，故須重母，良母智母則出自婚前娘家的女教與嫁後夫家的薰習，故六朝普遍重視教女，重才學才藝之培養修習。不過對部分不以學藝風流名家之門第，如兵家或儒家，縱使女子讀書無害且可長才，不損家風。但不少抱持「學為求官」、「女主中饋」、「女子

〔註249〕夫人元氏，河南郡洛陽縣崇恩里人也．昭成皇帝之曾孫，常山康王之長孫，司空文獻公之元女。
〔註250〕可參考〈表3 六朝女子著述表〉。
〔註251〕北方重經學，輕文藝。

無爵」觀念的父兄，便不認為書、藝必學，基本上便是一種從現實所進行的功利考量。

二、南北習尚與胡族風俗

（一）南北習尚

《禮記・王制》云：「凡居民材，必因天地寒煖燥溼，廣谷大川異制。民生其間者異俗：剛柔輕重遲速異齊，五味異和，器械異制，衣服異宜。……五方之民，皆有其性。」基本上認為天地自然山川土物之浸淫薰染，乃是造成民性不同之源。〔註252〕地域有別，民風亦殊之地域文化觀念，其後在中國歷史間延續不絕，《漢書・地理志》即針對許多地區民性進行分析，以其山川水土特色，配合歷史事件與歷任官吏的治蹟，進一步解釋風俗淳薄之因。時至六朝，地域二分南北的文化地理觀念已然確立，只是指涉區域與對應的族群，則見推移轉變。「南北」之別，初以黃河為界；發展至後，則成為江南江北之分。魏晉時代，南人用指吳人；東晉則為過渡時期：吳人眼中，僑姓仍為北人〔註253〕；至於十六國與北方胡族政權，則視僑姓為南人。嗣至南朝，南人則已兼指南渡僑姓與吳人。因而同為「南北」一詞，其所指涉的對象未必一致，本章所稱「南北」，時間上專指東晉南朝時期。南人生活空間在江南，兼指南渡僑姓與吳人；北人場域在江北，用以指稱留北漢人與入華的胡族政權。不過本文研究的主要對象，仍在漢族門第〔註254〕。風俗不同，往往導致對同件事象之解讀評價殊別。如顏之推所云南北婦女交遊的不同即是一例。他說北朝婦女，經常出外，奔走於街巷之中；南方婦女卻在婚後，閉門不出，幾乎沒有社交，連親人間也只是寫信或派人致問而已。〔註255〕設想，若將北女的行

〔註252〕 仲長統《昌言》：「北方寒而人壽，南方暑而人夭。如蠶寒而饑，則引日多；溫而飽，則引日少。」（《意林・卷五》）案：基本上也從自然現象、氣候地物以論住民體質。顏之推也有類似看法，認為水土影響人體進而影響音辭：「南方水土和柔，其音清舉而切詣， 失在浮淺，其辭多鄙俗。北方山川深厚，其音沈濁而□鈍，得其質直，其辭多古語。」

〔註253〕 特別指「河南」大族而言，因為根據研究「河北」大族多留居北地。

〔註254〕 不過本文仍會援引一些虜姓門第的例子作為參照。

〔註255〕 見於《顏氏家訓・治家》：「江東婦女略無交遊，其婚姻之家，或數十年間，未相識者。惟以信命贈遺，致殷勤焉。」「豫章之俗，頗同吳中，其君子善居室，小人勤耕稼。衣冠之人，多有數婦，暴面市廛，競分銖以給其夫。及舉孝廉，更要富者，前妻雖有積年之勤，子女盈室，猶見放逐，以避後人。

徑方到江南來，江南之人可能要大加撻伐，一如葛洪在《抱朴子・疾謬》中對
上國（西晉南渡）婦女的嚴厲批評一樣。

　　南北風習可以說明北方何以不好文學、玄學之故，因為北人性格貞剛務
實，對於吟風詠月，本末有無這類抒情浪漫、哲思抽象的詩文、玄學，則無興
趣。南北風習也可以說明北人恪守儒家經學的部分原因——及屬於地域文化
特質的風習，如《通典》提過幾個儒風特盛之區，如冀州、兗州、徐州即是，
因其地本有儒學傳統，其人堅守，故可能為其地不甚好玄學之因：

> 冀州……信都、清河、河間、博陵、恒山、趙郡、武安、襄國，其
> 俗頗同。人性多敦厚，務在農桑，好尚儒學，而傷於遲重。前代稱
> 冀、幽之士鈍如椎，蓋取此焉。（《隋書・地理志中》）

> 冀州……山東之人，性緩尚儒，仗氣任俠；而鄴郡，高齊國都，浮
> 巧成俗。山西土瘠，其人勤儉；而河東，魏晉以降，文學盛興。闊
> 井之間，習於程法。（《通典》卷 174〈州郡 9〉）

> 兗州……東郡、東平、濟北、武陽、平原等郡，得其地焉。兼得鄒、
> 魯、齊、衛之交。舊傳太公唐叔之教，亦有周孔遺風。今此數郡，
> 其人尚多好儒學，性質直懷義，有古之風烈矣。（《隋書・地理志中》）

> 兗州……地非險固，風雜數國。秦漢以降，政理混同，人情朴厚，
> 俗有儒學。及西晉之末，為戰爭之地，三百年間，傷夷偏甚。自宇
> 內平一，又如近古之風焉。（《通典》卷 174〈州郡 10〉）

> 大抵徐、兗同俗，故其餘諸郡，皆得齊魯之所尚。莫不賤商賈，務
> 稼穡，尊儒慕學，得洙泗之俗焉。（《隋書・地理志下》）

> 徐州……鄒魯舊國，漢興猶有儒風。（《通典》・卷 174・州郡 10）

至於尚武騎射，也可從地域文化入手，不全然僅是胡風的影響，當地風土特
色、生業型態（畜牧、狩獵）及軍事要地的屬性，也可能有尚武的傳統，如：

> 雍州……京兆王都所在，俗具五方，人物混淆，……去農從商，爭
> 朝夕之利，游手為事，競錐刀之末。貴者崇侈靡，賤者薄仁義，豪
> 強者縱橫，貧窶者窘蹙。桴鼓屢驚，盜賊不禁，此乃古今之所同
> 焉。……安定、北地、上郡、隴西、天水、金城，於古為六郡之地，

　　俗少爭訟，而尚歌舞。一年蠶四五熟，勤於紡績，亦有夜浣紗而旦成布者，
　　俗呼為雞鳴布。」（《隋書・地理志下・揚州》）

其人性猶質直。然尚儉約，習仁義，勤於稼穡，多畜牧，無復寇盜矣。(《隋書·地理志上》)

冀州……俗重氣俠，好結朋黨，其相赴死生，亦出於仁義。故班志述其土風，悲歌慷慨，椎剽掘冢，亦自古之所患焉。(《隋書·地理志中》)

冀州……太原山川重複，實一都之會，本雖後齊別都，人物殷阜，然不甚機巧。俗與上黨頗同，人性勁悍，習於戎馬。離石、雁門、馬邑、定襄、樓煩、涿郡、上谷、漁陽、北平、安樂、遼西，皆連接邊郡，習尚與太原同俗，故自古言勇俠者，皆推幽、并云。(《隋書·地理志中》)

徐州……考其舊俗，人頗勁悍輕剽，其士子則挾任節氣，好尚賓遊，此蓋楚之風焉。(《隋書·地理志下》)

徐州……自五胡亂華，天下分裂，分居二境，尤被傷殘。彭城要害，藩捍南國，必爭之地，常置重兵。數百年中，無復講誦。況今去聖久遠，人情遷蕩。大抵徐兗，其俗略同。(《通典》·卷 174·州郡 10))

豫州……南陽古帝鄉，搢紳所出，自三方鼎立，地處邊疆，戎馬所萃，失其舊俗。(《隋書·地理志中》)

以上地區恰好便是北人所居地區，因此北人修儒學、尚經學，也有其長久地域文化淵源存在。而《通典》也略及民性的描述，如任俠、近狄，故尚武藝，可見地域習尚與民風的交融薰染，的確是存在的。又如北地女子善主事，可能也是地域文化特色，早在漢代便有〈隴西行〉之詩，所寫的健婦與前文中的河北婦人有幾分神似：

……好婦出迎客，顏色正敷愉，伸腰再拜跪，問客平安不。

請客北堂上，坐客氈氍　。清白各異樽，酒上正華疏。

酌酒持與客，客言主人持。卻略再拜跪，然後持一杯。

談笑未及竟，左顧　中廚。促令辦麤飯，慎莫使稽留。

廢禮送客出，盈盈府中趨。送客亦不遠，足不過門樞。

取婦得如此，齊姜亦不如。健婦持門戶，亦勝一丈夫。

當然她的身份地位當不及河北貴婦，但社交應對得體，不嚴別男女，但又有原則（不遠送、不過戶），居於門內。詩末云其「持門戶」、「勝丈夫」似有與

胡族風俗涉。隴西向為羌漢雜處地〔註256〕，此婦「坐客氈氈毳，似為胡物」，則所謂地域南北之異，實為人物民族之融合所致。隨著各地聚居人物特質的不同，便形成各地區之間的文化差異，如《北史》便分論南北兩地的文化差異：

> 蓋文之所起，情發於中。而自漢魏以來，迄乎晉宋，其體屢遷，前哲論之詳矣。暨永明、天監之際，太和、天保之間，洛陽、江左文雅尤盛，彼此好尚，互有異同。江左宮商發越，貴於清綺；河朔詞義貞剛，重乎氣質。氣質則理勝其詞，清綺則文過其意。理深者便於時用，文華者宜於歌詠。此其南北詞人得失之大較也。（《北史·文苑傳》）

> 青州……在漢之時，俗彌侈泰，織作冰紈綺繡純麗之物，號為冠帶衣履天下。始太公以尊賢尚智為教，故士庶傳習其風，莫不矜于功名，依於經術，闊達多智，志度舒緩。其為失也，夸奢朋黨，言與行謬。……大抵數郡風俗，與古不殊，男子多務農桑，崇尚學業，其歸于儉約，則頗變舊風。東萊人尤朴，故特少文義。（《隋書·地理志中》）

> 漢中之人，質樸無文，不甚趨利。……好祀鬼神，尤多忌諱，家人有死，輒離其故宅。崇重道教，猶有張魯之風焉。（《隋書·地理志上》）

> 大抵荊州率敬鬼，尤重祠祀之事，昔屈原為制九歌，蓋由此也。（《隋書·地理志下》）

在《北史·文苑傳》中，特別提到「文之所起，情發於中」，因而南北差異的形成，在詩而言，因心而來。北人個性貞剛質樸，做事講實際（便於時用），因而尚理，詩宜抒情，不宜說理，故其文學少；又性實際便時用，對於玄虛無形的玄學本體，興趣也可能因之而不高？《隋書·地理志》也用地域民性解釋道教特盛之因。將民性與文化作如此比附，目的不外想對於南北女教之所以異同的原因，多一種解釋與理解。至於南俗迷信，家庭規模小，勤耕織，或

〔註256〕《三國志·蜀書·馬超傳》注引《典略》曰：「騰字壽成，馬援後也。桓帝時，其父字子碩，嘗為天水蘭干尉。後失官，因留隴西，與羌錯居。家貧無妻，遂娶羌女，生騰。騰少貧無產業，常從彰山中斫材木，負販詣城市，以自供給。」

是影響女教規劃的可能原因〔註257〕，如第二章談女性人才，特見三國吳地出現多位知兵尚武的女子，吳屬南方，初步印象為文弱之區，何來尚武之女？當然世亂兵起、其夫子將帥，似有家庭因素與職業因素之可能，然案之史籍，才發現，原來吳地也有勇武的文化特性：

> 江東民戶殷盛，風俗刻峻，強弱相陵。（《宋書·謝方明傳》）

> 京口東通吳、會，南接江、湖，西連都邑，亦一都會也。其人本並習戰，號為天下精兵。俗以五月五日為鬥力之戲，各料強弱相敵，事類講武。（《隋書·地理志下·揚州》）

> 吳婦人修容者，急束其髮而劘角過于耳，蓋其俗自操束太急，而廉隅失中之謂也。故吳之風俗，相驅以急，言論彈射，以刻薄相尚。居三年之喪者，往往有致毀以死。（《晉書·五行志上·貌不恭》）

> 彼壽陽者，南引荊汝之利，東連三吳之富；……其俗尚氣力而多勇悍，其人習戰爭而貴詐偽，豪右并兼之門，十室而七；藏甲挾劍之家，比屋而發。然而仁義之化不漸，刑法之令不及，所以屢多亡國也。（《晉書·文苑傳·伏滔》）

言吳風刻薄，「其俗尚氣力而多勇悍，其人習戰爭而貴詐偽」，覈於列女傳記果然有用計誘敵，或預言敵兵登岸之處以先出擊，果長於謀略之行也。不過晉書作者用詐偽，不知有無過謗或籍里成見。

（二）胡族風俗

北方女子「外事」、「尚武」，前題需有「男女之防」的放弛〔註258〕，而這些現象與變化明顯違背傳統女教「無外事」、「尚柔」、「嚴男女」等要求，探其起因，似與胡族風俗有著難解關係。胡族多出邊地，種族不同，民性有別，風俗亦殊。胡族風俗簡稱為「胡風」，一般而言，與婦女生活相關的「胡風」內容，

〔註257〕「江南之俗，火耕水耨，食魚與稻，以漁獵為業，雖無蓄積之資，然而亦無饑餒。其俗信鬼神，好淫祀，父子或異居，此大抵然也。（《隋書·地理志下·揚州》）「丹陽舊京所在，人物本盛，小人率多商販，君子資於官祿，市廛列肆，埒於二京，人雜五方，故俗頗相類。」（《隋書·地理志下·揚州》）「宣城、毗陵、吳郡、會稽、餘杭、東陽……然數郡川澤沃衍，有海陸之饒，珍異所聚，故商賈並湊。其人君子尚禮，庸庶敦厖，故風俗澄清，而道教隆洽，亦其風氣所尚也。」（《隋書·地理志下·揚州》）

〔註258〕游牧生活，本以遷徙畜牧騎馬狩獵為常，男女皆須外事。尤其男人參與戰爭之時，女人更需獨當一面，當家作主。

可能包括以下意涵：在生活方式〔註259〕上，胡風指以畜牧維生，善騎射武勇、不嚴內外；在婚姻兩性方面〔註260〕，不嚴男女之防，兩性交往自由〔註261〕，夫死再嫁為常，甚且胡俗流行收繼婚，以收繼後母寡嫂為常。兩性地位方面〔註262〕，部分仍屬母系社會，婦女地位較高，家中婦人主事；文化服飾〔註263〕

〔註259〕《後漢書‧匈奴列傳》：「匈奴……居于北邊，隨草畜牧而轉移。……逐水草遷徙，無城郭常居耕田之業，然亦各有分地。……兒能騎羊，引弓射鳥鼠，少長則射狐兔，肉食。士力能彎弓，盡為甲騎。其俗，寬則隨畜田獵禽獸為生業，急則人習戰攻以侵伐。」《周書‧異域下‧吐谷渾》：「好射獵，以肉酪為糧。亦知種田，然其北界，氣候多寒，唯得蕪菁、大麥，故其俗貧多富少。」《周書‧異域下‧突厥》：「其俗被髮左衽，穹廬氈帳，隨水草遷徙，以畜牧射獵為務。賤老貴壯，寡廉恥，無禮義，猶古之匈奴也。」「狁虜之性，食肉衣皮，以馳逐為儀容，以游獵為商畋，非有於車輿之安，宮室之衛，櫛風沐雨，不以為勞，露宿草寢，維其常性，勝則競利，敗不羞走。」(《宋書‧卷64‧何承天傳》)

〔註260〕《後漢書‧匈奴列傳》：「父死，妻其後母；兄弟死，皆取其妻妻之。」《後漢書‧烏桓鮮卑列傳》：「其嫁娶則先略女通情，或半歲百日，然後送牛馬羊畜，以為娉幣。隨妻還家，妻家無尊卑，旦旦拜之，而不拜其父母。為妻家僕役，一二年閒，妻家乃厚遣送女，居處財物一皆為辦。…… 其俗妻後母，報寡嫂，死則歸其故夫。……父子男女相對踞蹲。」《周書‧異域上‧稽胡》：「俗好淫穢，處女尤甚。將嫁之夕，方與淫者？離，夫氏聞之，以多為貴。既嫁之後，頗亦防閑，有犯姦者，隨事懲罰。又兄弟死，皆納其妻。」《周書‧異域下‧吐谷渾》：「父兄亡後，妻後母及嫂等，與突厥俗同。至于婚姻，貧不能備財物者，輒盜女將去。」《周書‧異域下‧突厥》：「其刑法：反叛、殺人及姦人之婦、盜馬絆者，皆死；姦人女者，重責財物，即以其女妻之。……葬之日，親屬設祭……是日也，男女咸盛服飾，會於葬所。男有悅愛於女者，歸即遣人娉問，其父母多不違也。父兄伯叔死者，子弟及姪等妻其後母、世叔母及嫂，唯尊者不得下淫。」

〔註261〕「稽胡……蹲踞無禮，貪而忍害。俗好淫穢，處女尤甚。將嫁之夕，方與淫者敘離，夫氏聞之，以多為貴。既嫁之後，頗亦防閑，有犯姦者，隨事懲罰。又兄弟死，皆納其妻。」(《周書‧異域上‧稽胡》)

〔註262〕《後漢書‧烏桓鮮卑列傳》：「其性悍塞。怒則殺父兄，而終不害其母，以母有族類，父兄無相仇報故也。……其嫁娶則先略女通情，或半歲百日，然後送牛馬羊畜，以為娉幣。隨妻還家，妻家無尊卑，旦旦拜之，而不拜其父母。為妻家僕役，一二年閒，妻家乃厚遣送女，居處財物一皆為辦。……計謀從用婦人，唯鬥戰之事乃自決之。」

〔註263〕《後漢書‧匈奴列傳》：「無文書，以言語為約束。……其天性也。……利則進，不利則退，不羞遁走。苟利所在，不知禮義。……壯者食肥美，老者飲食其餘。貴壯健，賤老弱。」《後漢書‧烏桓鮮卑列傳》：「貴少而賤老……以髡頭為輕便。婦人至嫁時乃養髮，分為髻，著句決，飾以金碧，猶中國有簂步搖。婦人能刺韋作文繡，織氀毼。」《周書‧異域上‧稽胡》：「婦人則多貫蜃貝以為耳及頸飾。又與華民錯居，其渠帥頗識文字。然語類夷狄，因

上，受禮教文化薰陶較淺，〔註264〕服飾與漢人殊別，女人窄袖褲裝〔註265〕
亦甚平常。在民性方面〔註266〕，即使女子，一樣剛強獨立，個性分明，直率
強烈，不避妒忌。在此所說「胡」風，乃是綜合數族言其大同，非指單一族
群。「風」，會流動，會覆蓋接觸。常言也有「近朱者赤，近墨者黑」之說，胡
漢相處久了，每受習染〔註267〕。《隋書・地理志》與《通典・州郡》皆言及六
朝諸地風俗，其間民性因胡風而改者，多處邊境，華戎交錯，久而習染：

> 并州近狄，俗尚武藝，左右山河，古稱重鎮，寄任之者，必文武兼
> 資焉。（《通典》卷174〈州郡9〉）

> 雍州……京兆王都所在，俗具五方，人物混淆，華戎雜錯。……雕陰、
> 延安、弘化，連接山胡，性多木強，皆女淫而婦貞，蓋俗然也。平涼、
> 朔方、鹽川、靈武、榆林、五原，地接邊荒，多尚武節，亦習俗然焉。
> 河西諸郡，其風頗同，並有金方之氣矣。（《隋書・地理志上》）

> 雍州……四塞為固，被山帶河。……固五方錯雜，風俗不一。其安
> 定彭原之北，汧陽、天水之西，接近胡戎，多尚武節。自東漢、魏、
> 晉，羌氏屢擾，旋則苻姚迭據，五涼更亂，三百餘祀，戰爭方息。
> （《通典・卷174・州郡4》）

譯乃通；蹲踞無禮，」《周書・異域下・吐谷渾》：「其俗丈夫衣服　同於華夏，
多以繒　為冠，亦以繒為帽。婦皆貫珠束髮，以多為貴。」《周書・異域下・
突厥》：「其俗被髮左衽，……賤老貴壯，寡廉恥，無禮義，猶古之匈奴也。」

〔註264〕《晉書・載記11・慕容暐》：「史臣曰：觀夫北陰沴氣，醜虜彙生，隔閡諸
華，聲教莫之漸，雄據殊壤，貪悍成其俗，先叛後服，蓋常性也。」《魏書
・獻文六王傳上》：「高祖引陸叡、元贊等於前曰：『北人每言北人何用知書』，
朕聞此，深用憮然。今知書者甚眾，豈皆聖人？朕自行禮九年，置官三載，
正欲開導兆人，致之禮教。朕為天子，何假中原，欲令卿等子孫，博見多知。
若永居恒北，值不好文主，卿等子孫，不免面牆也。」

〔註265〕《魏書・獻文六王傳上・咸陽王禧》：（高祖）又引見王公卿士，責留京之官
曰：「昨望見婦女之服，仍為夾領小袖。我祖東山，雖不三年，既離寒暑，
卿等何為而違前詔？」另可參考《中國歷代婦女妝飾》p.210、p.253〈北朝
婦胡服〉。

〔註266〕《後漢書・烏桓鮮卑列傳》：其性悍塞。怒則殺父兄，而終不害其母，以母
有族類，父兄無相仇報故也。」《周書・異域上・稽胡》：「貪而忍害。」《周
書・異域下・吐谷渾》：「性貪婪，忍於殺害。」

〔註267〕胡人華化如僚人、稽胡。「漢中……傍南山雜有獠戶，富室者頗參夏人為婚，
衣服居處言語，殆與華不別。」（《隋書・地理志上》）「稽胡……與華民錯
居，其渠帥頗識文字。然語類夷狄，因譯乃通。」（《周書・異域上・稽胡》）

> 梁州……漢陽、臨洮、宕昌、武都、同昌、河池、順政、義城、平
> 武、汶山，皆連雜氐羌，人尤勁悍，性多質直。皆務於農事，工習
> 獵射，於書計非其長矣。(《隋書・地理志上》)

因為雍州接近胡戎，故多尚武節。同理，接近北魏鮮卑，久之漢族門第亦染
其俗。故漢婦人也騎射彎弓。因為胡女本長於射。《南齊書・魏虜傳》載：「太
后出，則婦女著鎧騎馬近輦左右，虜主及后妃常行，乘銀鏤羊車，不施帷幔。」

　　太后侍衛皆為習武婦人，則胡女習武應是常事。「藝能」會習染，風俗自
然亦同，胡族婦女地位的崇高，有權力，出入自由，不嚴別男女內外等胡俗，
久之，漢族婦女亦受習染。〔註268〕故出行游戲，北方常見。〔註269〕不過，北
方門第並非完全無力抵禦，藉由家風，門第父兄的節制，北地更出節烈之女。
〔註270〕此則非是胡俗，故對胡風及地域風習的接受度如何，仍由門第總綰。
收放之間，其衡準自然在於門第父兄控管。

三、玄佛道之多元思潮

　　傳統女教總要求婦女三從四德，以便成為一個柔順依從、謙卑事人、不
自專行的人〔註271〕。然在六朝時代，玄佛道儒思潮並立，使得一向在女教內
容上獨大的儒家思想，也受到部分影響。傳統門第多以儒學相續，六朝仍有
所延續，但伴隨玄佛道儒諸學的興立，家族各有局部採取。崇玄者，教女《老》
《莊》，其女風神峻朗，有林下氣；學儒者，中規中舉，禮法是依，清心玉映，
閨門之秀；禮佛者，徹悟因果，拜佛念經，女子習佛，塵心多盡，素心應世；
或參與組織（邑義），濟貧造像，興福去業，另闢傳統以外的女教新內容；道教
精神，男女皆重，宗教組織，女亦居席（祭酒），另闢賢妻良母以外的新角色。

〔註268〕《南齊書・高逸・顧歡》：「今諸華士女，民族弗革，而露首偏踞，濫用夷禮，
　　　　云於翦落之徒，全是胡人，國有舊風，法不可變。」
〔註269〕詳見《中國歷代婦女妝飾》p.210、p.253〈北朝婦胡服〉；美國納爾遜藝術陳
　　　　列館北魏・石雕皇后供養圖、鞏縣第四窟禮佛圖局部〈北朝貴婦禮佛出行圖〉、
　　　　《古塚丹青》酒泉墓中的羽人〈六朝的道教信仰——羽人飛昇圖〉，北朝現
　　　　今仍有許多「出行圖」流傳，婦女出行多不幛面，似乎對內外之別不甚提防。
〔註270〕《魏書・烈女傳》載錄甚多節烈婦女。
〔註271〕詳見《禮記・內則》、班昭〈女誡〉及近人專著，如陳東原《中國婦女生活
　　　　史》（臺灣・商務，1937）、雷良波、陳陽鳳、熊賢君《中國女子教育史》（武
　　　　漢出版社，1993）、杜學元《中國女子教育通史》（貴州教育出版社，1995）
　　　　及閻廣芬《中國女子與女子教育》（保定・河北大學出版社，1996）的二、
　　　　三章。

　　玄佛道思潮對於六朝女教的作用可分為四：即增加女教智育內容，轉變女教德育要求，影響家族女教規劃及拓展人生施才的空間；教育目標方面：轉變女教德育要求並拓展人生施才的空間。傳統儒家教育男性以培養才德兼具、經世濟民的君子為目標。女性則以訓練「學事人」的賢妻良母〔註272〕；玄學家在教育目標方面，雖以「聖人」為自己立身處世的楷模，然不同於儒家者在於「不以聖人為可學」，且對聖人特質已加轉化──純然追求一種精神上的逍遙、超脫物外，不溺凡俗之風時，重其實質，不追其跡〔註273〕。而佛家主出世之人生觀，故以成佛解脫為其教育目標，甚至發心普渡眾生者有之，不再將人生繫於一家一族之中；道教則求「長生不死」，在教內若道行高深，可任教主或任女官，盡情施才於宗教界。玄佛道之教育目標不同，又提供、預留不同的施才空間予給女子，其教育目標既不同，女教內容的設計有將有差別。

　　施教師資方面：傳統女教皆由父母兄長擔任，少數有傅母塾師。所習內容多為禮教、四德之屬；玄學則無主師，重於與談者交鋒切磋，以理中為心；佛道則須有門師法師指導，以使修行階序而進，終成正道，因此玄佛道使施教者失份與範圍明顯擴大。「轉益多師」「多聞一好」對人生及學問，當有開眼界長見識之效。教育內容方面，玄學教育，所讀經典為《易》《老》《莊》三學及其「才性四本」諸學，心境之逍遙無滯，及主體意識之覺醒，天地物理之深究，清雅風度之養成，皆有作用，於創作上有更多思想養料，增加創作之深度。道經佛典，勸人為善，諸惡不作，清心寡求，又有飛仙成佛以寄託，縱令世間諸苦纏身，亦提供一條解脫繩索。

　　在教育原理方面，以才性論最具影響力。儒家主張「性近」之說，並強調學習可以改變個人特質；魏晉玄學家，則以為才性人人不同，無所謂善惡，天賦而成，不可更革；後天學習只有在性分之內，才有影響。因而尊重天生材質，重視才女。越名任心之說，與尚智重情之才性觀，則有助於掙脫傳土禮教枷索，找到自我。佛家則主「佛性」之說，「心性本淨」，人人皆有成佛之可能性，唯被「客塵所染」，故偽惑無明；若能「頓悟」，即能成佛，且解脫成

〔註272〕成為賢妻良母固有多方，然而「事人」──親自事夫子舅姑、操持衣食之外，應還有其他為「自己」而活的空間。

〔註273〕說已詳見拙撰《魏晉玄佛二家對傳統儒家教育之批評及影響》一文，故本文並未費甚多篇幅專論。

佛，男女平等。道教重視陰陽和合，對女子較能尊重，也予以六朝女子有展現個性的空間，而二教宗教女傑的成功實例，使部分父兄對「智弱說」改觀，重視女才，慎施女教。而諸家具有進步性的才性思想，也鼓勵六朝女子，較勇於施才，追求自我成就。因此才性論影響頗大——移轉儒家以及世俗對女子才性的看法。唯有對女子才性有正面肯定，從擺落資質的智弱性強說，到無外事、女禍論、學事人的女才施用限制的抹淡，玄佛道思潮各有其主張與貢獻。然不可諱言的，玄學有正始、竹林、元康、東晉之派，佛有大小乘不同，道教也有丹鼎、符籙兩大類，有太平、五斗道、上清、靈寶、樓觀、北天師道等流別，各有功法。雖說一家二教，見解不止此數。女性觀念來說，有尊重女性者，也有貶抑甚於傳統儒家者。提供門第家長施教之參考，而個中取捨，端看門第家長的判定。

在教育方法方面，儒家女教通常在家受教，難有出門機會，教育方法常用講授、實習（女職）之法，玄佛二家則重說話，將「論辯法」發揚光大，玄學清談，佛教的辯經及宣講，皆重論辯以求思致之清通。此外，佛道二家有擁有其特殊的教育形式，除可自行在家修行外，寺治活動的參與，「佛會」、「三會」上的諸法宣教，使女子有吸收新知及與外界切磋之機會。增長聞見與術業，當有大用，同時，有因宗教而有結社共修活動，對於女子人際與社會參與度也相形善不少，甚至二教女眾在六朝皆有社會救濟與公益活動之行，乃開婦女施才的另一扇窗。

此外，多元思潮有助於衝破傳統負面女教觀念的層層拘現，促成女教新內容的選擇。需要外出的清談、武藝及外事，皆須先突破傳統女教的成規方可。儒家傳統教育觀「男女有別」及受教時最大阻礙的「男外女內」空間限制，（在此姑且稱之為性別藩離原則），則藉著玄佛道提供異見以助衝破。儘管衝破程度及項目，決定原則仍在家族利益。然若不衝破，則造成「男外女內」，所以無法接受私學、官學教育，也無法遊學，參與文會談座；因為「男剛女柔」，所以不宜弓馬馳射；「學事人」所以崇尚三從四德；「女德」不必出自讀書，因此讀書可免。總之，六朝南北女教的各項內容，分別受到南北習尚與胡族風俗、玄佛道儒多元思潮的程度不一的影響，然「家族門第」是決定容受去取的最高根據。正是玄佛道所提供的不同教育及行為的參照，使女教觀念得有新變，也促使六朝女子形象頗有超越傳統之處，而這些婦女新形象的出現，多與多元思潮有所相關。

　　六朝時風經過玄學思潮的洗禮及士人間對於本末有無的論辯，致使六朝
學風與觀念上相當開放，相互批評之間，增進發掘自身理論的長短，益使各
學思想體系趨於精密，各放異彩。士人們基於「得意忘言」的思考，對於諸
學，多取其善「意」，忘其所出處，因而對於學風之開放，助益頗大。佛道教
義在六朝雖曾引起名教界極大爭辯，如「佛儒本末之辨」、「出家與孝道」、「沙
們不敬王者」、「祖服」、「夷夏之辨」、「神不滅爭論」及有關政治經濟方面的
爭論，但後來與儒有漸趨合流之勢，在教義上儘量牽引儒理，「三教合一」或
「三教同理」的說法，漸為人所接受，士人兼修情況普遍，及於南北。宗教衝
突漸趨平緩，信眾也日增，佛道儼然成為六朝人心最大的依歸，對於玄佛道
儒多能給予正面的看待。這情況也反映在家學內容的多元上，儒學依然是門
第的根本之學，在此基礎之外，兼修或三修，甚至四修玄佛道者，也不乏其
人〔註274〕。在方外的世界裡，禮制尊卑、三綱五常，不再拴縛。女子們只要
真心向道，用功精勤，一樣受到肯定。才性之用擴及黎民蒼生，不再只是限
於自家親人。就算是在家信眾，相異的價值觀念、人生目標，繁盛的宗教活
動，也為女子開啟生活的另一扇門。六朝時代，不少對於宗教有興趣的女子，
曾經閱讀一些宗教經文，卻非所有接觸宗教的女性皆出家，她們大部分很自
然地繼續她們現世的生活並享有此種宗教典籍的學習；但也有部分女子歸心
宗教，捨身出家。但皆是在傳統女教之外，另闢新徑。六朝女子與宗教結緣，
多半因為家庭因素。家世奉佛或篤信天師。自小耳濡目染，加上有慧根，肯
下苦功，後來部分女性因之投身宗教。乃於其中找到安身立命的憑依。六朝

〔註274〕諸學兼修：如伏曼容善《老》《易》，為《周易》、《毛詩》、《老》、《莊》、《論
　　　　語》義；嚴植之少善《老》《莊》，能清言，精解《喪服》、《孝經》、《論語》，
　　　　及長遍習《鄭氏禮》、《周易》、《毛詩》、《左氏春秋》。兼通三學者：張融將
　　　　死，遺命左手執《孝經》、《老子》；右手執《小品法華經》。示三書為其生平
　　　　所愛（《南齊書·張融傳》）徐孝克談玄理，與諸僧論釋典，每日二時講學：
　　　　旦講佛經，晚講《禮》傳。周續之通五經五緯，閑居讀《老》《莊》，又入盧
　　　　山事釋慧遠。
　　　　馬樞長於經史，尤明釋典、《周易》、《老子》；庾詵該綜經史百家，晚年尤遵
　　　　釋典，著《易》、史專書。顧歡好黃老、從雷次宗諮玄儒諸義；戴顒學五經
　　　　文句，注[禮記中庸篇]，《逍遙論》，又善畫佛像。四學兼修：徐伯珍窮究經
　　　　史，好釋氏《老》《莊》，兼明道術（教）。以上諸人多見於《南史·隱逸》
　　　　及〈儒林〉二傳。至於北朝亦然：北魏世祖雅好莊老，銳志武功，歸宗佛法，
　　　　及得寇謙之道，又信行其術。（《魏書·釋老志》）；崔浩儒學道教兼修，但北
　　　　朝似乎極少兼修玄學者。

道教上清派的開山祖師魏華存及《道學傳》諸多女冠，皆能在傳統女教框架之外，經由宗教徑路，游學追師、公開說法，教化萬民，另闢人生「成就」。由於佛道宗教思想中，擁有部分與傳統禮法不盡相同的內容，也因家族宗教之故，特定行為與女教內容可以被接受，因而促成六朝女教形成與其他時代大不相同的面貌，兀立兩千女教之外，獨放異彩。故可知玄佛道儒四家思潮，對於現實女教的不同施設主張，提供六朝們的女教實行，有更多選擇的空間。也是促成南北女教及諸家門第教育面目異同的主因。

小結——多元文化之激盪

　　家風通脫，或儼若朝典，端看何種方式可齊家興業。故有家族尚文崇虛，也有家族不聽音樂，禁女改醮……，各式家風家規家教，皆由「齊家興業」出發。「家族實益」決定「女教目標」，女教目標影響教育的培訓規劃：教育途徑、方式、內容。影響的因素儘管多方，但最後權衡的尺度全在家庭。涂爾幹云：「教育的主要功能，不是為個人發展其能力及潛能；相反地，它是要發展社會所需的能力。」〔註275〕熊秉貞也從近世幼教研究中得出「教育的目的不在協助個人的發展，促成潛能的發揮，而是為了家族的衍與興旺」的結論〔註276〕。兩位中外學者，在不同空間、不同文化系統中發出近似的聲音。而我們在探討六朝女教的此刻，也發現類似的現象，皆與現代教育理論「教育目的在於使人社會化」的說法〔註277〕，呈現一致。當然六朝特殊的時代背景，更加重「家族」這個「小社會」的決定力。若處於一個政治控制力強大、禮教嚴峻、門第勢力低下（相較於國家政治力）的狀況下，家族的自主空間恐怕有限；然因六朝的特殊政治環境，玄佛及時人對傳統禮教的反省質疑，各種思潮興起並立，門第勢力穩定強大，社會風氣較前代開放自由的情形，在教育方面，家族似乎擁有較大的自主空間，此亦六朝人自有個性，家族自有門風之故。因此研究影響六朝女教內容的諸多因素，實為探討影響家族家學及取捨女教內容的種種因素。探討六朝文化（教育、學術現象）問題，難以

〔註275〕布列克里與杭特介紹社會學家涂爾幹的教育觀點時所說的話。
〔註276〕熊秉真〈好的開始——中國近世士人子弟的幼年教育〉，《近世家族與政治比較歷史》國際學術研討會論文（臺北・近史所，1992）。
〔註277〕黃光雄編《教育概論》（臺北・師大書苑，1990）。

脫離家族門第〔註278〕，經由女教問題的探討，我們再次驗證六朝門第的影響力。但不論內外剛柔南北文武，都有例外，只要家族能接受即可〔註279〕。

　　若針對「男女教育」與「家族影響」問題加以比較，則家族對女教的影響力遠遠超過男子教育。最主要的女教及教育內容取捨的決定者在於家庭學了之後，能否發揮，看家庭；能否持續，看際遇與夫家門風而定所以探討影響女教諸多因素，實在探索影響家庭內部學術的諸多因素。家族固有之學，女子方有學習的來源；家學所無，則無從學習；此或許正是大部分女子雖有學藝卻無法造極的緣故。至於男子，出入自由，外有私學、官學、遊學多種途徑供其深造；社會上有談座文會，等著他與人切磋磨鍊；學藝成就自不難超出家學之外，甚至別開家學新領域。探其緣由，竟出自一個看似泛泛的理由：空間約制。試問「空間約制」何來？「男外女內」傳統禮教。傳統禮教何據？陰陽剛柔男女之理。陰陽理論誰人所訂？男性也。套用謝安妻劉氏之言：「若使周姥作詩，當無此言。」因此歸結至終，女教最高操控者，乃在男性父權宗法制度。這是理論層次；現實層面，則有父權「家族」決定女教目標，將此套理論落實無間。因此，家族需要（齊家）乃為女教總綱原則，而理論依歸在父系價值體系。最後，還有一項南北兼有的教育內容，尚未討論，即妒忌問題。它與以上四個原則有關係，但又有其相當獨特的成因，因此以下將專論六朝的「妒教現象」。

〔註278〕 錢穆〈略論魏晉南北朝學術文化與當時門第之關係〉，《中國學術思想史論叢・三》（臺北・商務，1958），p.134～199。

〔註279〕 以喝酒為例，同在南方，王蘊不許其女飲酒（皇后），《南齊書・沈文季傳》中卻有「文季飲酒至五斗，妻王氏，王錫女，飲酒亦至三斗。文季與對飲竟日，而視事不廢。」（兵家）北女固然許多長於外事，但謹守禮教者亦不乏其人，如「馮令華……生道德之家，長禮儀之室，目不睹異物，耳不聞外事。」（《漢魏南北朝墓誌彙編》，p.374）即是。

第四章　妒教現象中的情權之爭

「妒忌」本為人類情緒之一，無分男女〔註1〕，幾經衍變，已然對應至婦女身上，專屬女人惡德，列為「七出」之一，明文禁制〔註2〕。但在六朝文獻記載中，卻見某些父母「嫁女則教之以妒」，姑姊逢迎，「必相勸以忌」〔註3〕；北朝元詳母高氏曾杖責媳婦劉氏，教之以妒；而當女子妒忌，「父兄不之罪，天下莫之非」〔註4〕。由此看來，部分六朝人對於「妒忌」，似乎有其特殊的理解與因應態度，甚至以妒教女，此種情形，姑且稱之為「妒教現象」。其實若對妒教現象加以探究，則可發現「妒教」並非六朝女教的普遍現象，而是特殊時代、特殊空間、特殊階級及特殊思潮影響下所形成的女教異象。妒忌之構成，「情」「權」二項因素的交相作用必不可少，妒教現象的形成，其背後所牽動的社會文化層面及所激起對教育本質的思考，亦頗複雜。其詳如何，試為分解。

〔註1〕據《說文解字》對「嫉」「妒」二字的解釋云：「嫉，妒也；妒，婦妒夫也；媢，夫妒婦也。」東漢王逸《離騷經章句》：「害賢為嫉；害色為妒。」王符《潛夫論・賢難》：「國不乏於妒男也，猶家不乏於妒女也。」曹丕《典論・內誡》云：「女無美惡，入宮見妒；士無賢愚，入朝見嫉。」

〔註2〕傳統禮教中的「七出」，內容如下：「婦有七去：不順父母去，為其逆德也；無子去，為其絕世也；淫去，為其亂族也；妒去，為其亂家也；有疾去，為其不可共粢盛也；口多言去，為其離親也；盜竊去，為其反義也。」(《大戴禮・本命篇》)

〔註3〕《魏書・元孝友傳》。

〔註4〕干寶《晉紀・總論》。

第一節　六朝妒忌成風

妒教現象，根植於妒忌現象之盛。六朝妒風之盛，充分反映於各類書寫材料之中。在史傳文獻之中，每有六朝人言及妒況，如《宋書·后妃傳》云：「宋世公主，莫不嚴妒」；北海王母高氏訓誡新婦提到「婦人皆妒」情況；元孝友上書提及「舉朝略是無妾，天下殆皆一妻」，並歸因於婦人妒忌所致；連貴為帝王的魏孝文帝也感歎「婦人妒防，雖王者亦不能免，況士庶乎！」〔註5〕此外，以妒為主題的著作，也在六朝出現，魏文帝曹丕曾作〈內誡〉嚴斥婦妒，宋虞通之有《妒婦記》，梁張纘有〈妒婦賦〉，都凸顯出妒忌風氣的普遍性。尤其史傳與筆記，頗載妒婦事蹟，筆者整理之後製成〈表11　六朝妒婦故事分析表〉，可據以討論六朝妒忌的種種面向：

〔註5〕「初，高祖幽后（馮氏）之寵也，欲專其愛，後宮接御，多見阻遏。高祖時言于近臣，稱婦人妒防，雖王者亦不能免，況士庶乎！（《魏書·皇后傳》）

表 10 〈六朝妒婦故事分析表〉

時代	妒婦身份		丈夫身份		妒忌行為				解決		結果	資料出處
	姓名	身份背景	姓名	身份背景	開端	導火線	對付丈夫	對付她者	丈夫反應	外人介入		
三國	劉氏	不詳	袁紹	勃海太守，漢末，聲動天下		性酷妒，紹死		僵尸未殯，寵妾五人，劉盡殺之。以為死者有知，當復見紹於地下，乃髮頭墨面以毀其形。			其子尚又殺死者之盡滅家。	三國志·魏書·袁紹子尚傳引《典論》
	袁紹諸婦十+				司隸馮方女也，國色，世亂避地揚州，袁術登城見而悅之，遂納焉，甚愛幸之。1.婦害其寵	1.諸婦給言將軍人以貴節，有志節，但見時宜數涕泣，示憂愁，若此也，如變，長敬重，馮氏女以為然，每見術軌垂涕，		2.諸婦因是共絞殺，懸立於簡梁，言其哀怨自殺。	1.術果以為有心志，益哀之。		2.術誠以為不得志而死，厚加殯斂。	

姓名	身份	夫	夫身份	妒	事蹟		史料出處
徐夫人	權始母之孫女、徐琨女。初適陸尚，尚死再嫁權	吳主權		以妒廢處吳		十餘年後，權子登為太子，群臣請立為后，權意在步氏，卒不許。	三國志‧吳書‧妃嬪傳
潘夫人	父為吏坐法死，姊妹俱輸織室	吳主權		性險妒容媚	自始至卒，譖害袁夫人等甚眾	權不豫，夫人使問孫弘呂壹專制故事。后寢臥，諸宮人伺其昏臥，共縊殺之，託言中惡。坐言中惡者六七人。	三國志‧吳書‧妃嬪傳
裴秀嫡母	年輕時貧乏，夫每之官，不將妻子。將妻絮紵以自供	裴潛	尚書令、清陽亭侯	嫡母妒	秀母是婢，秀年十八，有令望，猶令秀母親役。	答 後大集客，勞秀母下食，眾賓客起拜之。答曰：「微賤，啟官如此？當為小兒故耳。」	裴子語林 三國志‧魏志‧裴潛傳裴注引魏略
邢氏	故主芳之貴人	孫壹	孫癸庶子、投魏、封吳侯	美色妒忌		下不堪命，遂共殺壹及邢氏、壹入魏三年死。	三國志‧吳書‧宗室傳
小計：6		后妃：2 公主：0			官婦：4+ 士人妻：0	平民：0 不詳：0	

時代	妒婦身份		丈夫身份		妒忌行為				解決		結果	資料出處
	姓名	身份背景	姓名	身份背景	開端	導火線	對付丈夫	對付她者	丈夫反應	外人介入		
晉	楊豔	晉武帝元皇后	晉武帝		泰始中，帝博選良家以充後宮……召充選者使后揀擇。						及后有疾，見帝素幸胡夫人，恐後立之，慮太子不安。臨終，枕帝膝曰：「叔父駿女男胤有德色，願陛下以備六宮。」因悲泣，帝流涕許之	晉書·后妃傳上·武元楊皇后
	謝氏	晉武帝姨妹	孫秀	吳人，降晉，封會稽公，為驃騎將軍，勢傾朝野	1. 室家甚穆嘗妒		1. 罵秀為貉子	后性妒，惟取潔白長大，其端正美麗者並不見留。		武帝　2. 謝氏請救於武帝，時武帝大赦，帝獨留謝，帝從容言曰：天下尚蒙其澤，謝氏一人可得從其例不？	1. 秀大不平之，遂出，不復入。謝氏自悔責 2. 秀免冠謝，遂為夫婦如初	古小說鉤沈·郭子/世說新語·惑溺4
	郭氏	城陽太守郭配女	賈充	晉權臣，功多勢崇	酷妒	充自外還，乳母抱兒在中庭，兒見充喜踊，充就乳母手中嗚之。		郭遙望之，謂充愛乳母，即殺之。			1. 兒悲思啼泣，不飲他乳，遂死。 2. 郭後終無子	世說新語·惑溺3

姓名	父／出身	配偶	妒忌特性	事例		出處
賈南風	賈充女	晉惠帝	多權詐、性酷虐	1. 太子畏而惡之，嘗數世或有嬪御幸者 2. 妃性酷虐，嘗手殺數人，或以戟擲孕妾，子隨刃墮地。	3. 勸武帝賈充有勳社稷，當猶當數世宥之。賈氏妒忌，一言不足掩其大德 3. 充華趙粲云：「賈妃少年妒忌，人之常情，長自當差。」 3. 楊珧進言飲武帝念賈公勳功又深教之。荀勖勸	2. 太子妃賈氏妒忌，晉武帝將廢之。 3. 故得不廢。 3. 武悼楊后 4. 殺謝夫人及愍懷太子，又殺楊后	晉書·后妃上
王法慧	王蘊女、哀靖王皇后之姪也	孝武帝	性嗜酒、驕妒		女父 令加訓誡	后於是少自改飾	晉書·后妃下
司馬興男	南康長公主、晉明帝長女	桓溫（男）	公主兒妒、溫平蜀，以李勢妹為妾	公主不即知之，後知 乃與數十婢拔刃往李所，因欲斫之。 2. 逃避「桓舍入內，（謝）奕輒復隨去，後至謝奕醉。		正值李在窗梳頭，姿貌端麗，神色閑正，不為動，斂手向主，徐曰：「國破家亡，無心至此，今日若	《世說新語·賢媛21》及注引《妒記》、俗說、

妒婦	身份	夫	夫職	妒行	事例一	事例二	結果	出處
常山公主	外甥阿充女妻，明穆皇后之妹也	王濟	王渾子	公主兩目失明，而妒忌尤甚	能見殺，乃是木儂。辟甚懊惋。 1. 王衝而退＼或擲刀，王乃云刀前抱之曰：「阿子，我見汝亦憐，何況老奴？」遂善之	溫往主許謝之，主曰：「君無狂司馬，我何由得相見?」（《世說·簡傲24》）	然終無子	晉書·王濟傳
曹淑		王導	丞相	王公不能禁制，丞相不得有侍御，乃至左右小人，亦被檢簡，時有妍妙，皆加誚責	曹乃命車駕及將黃門及婢二十人，人持食刀，自出尋討。	王公亦命駕飛轡，出門猶患牛遲，乃左手攀車闌，右手捉麈尾，以柄助御者打牛，狼狽奔馳	夫方得先至。	《晉書·王導傳》《古小說鉤沈·妒記》

妻	夫	門第					出處
祖約妻	祖約		無男而性妒。		忽為人所傷,疑其妻妾所為	帝不聽,約便從右司馬門出。司東門私劾之,直劉隨勒劾之,帝不之罪。	晉書·祖約傳
郁氏	謝遴 任吳郡太守	高門	遴先娶妾,郁氏怨懟	與遴書告絕		遴以其書非婦人詞,疑其妻門下生仇之作,為之作,遂斥玄達 約亦不敢違作,約求去職	晉書·謝安傳/閨房子遴
劉夫人	謝安 太傅	劉倓妹,倓為駙馬,丹陽尹,沛國,有名相。中朝。	不令公有別房寵。	公既深好聲樂,不能令節;此後遂頗欲立妓。	惟諸婢,便使在前作妓 使太傅暫見,便下幃,太傅索更開	兄共問訊劉夫人便問方眄眄稱『關雎』螽斯,外有不忌之德生等 夫人知以諷已,乃問:誰撰此詩?答云周公。夫人曰:「周公是男子,乃使周爾。若使周姥撰詩,當無此語也」 夫人云:「恐傷盛德。」	古小說鉤沈·妒記 世說新語·賢媛23

公主	父	夫	夫官職			行為		評述	出處
襄城公主（世說注作舞陽公主脩辭）	晉武帝女	王敦	大將軍			嘗荒恣於色，有婢妾數十人，體為之敝。		1. 王敦醜篡。非才，無意於屈貴，而勢崇，事隔於闈覽，吞氣悲茹，無所逃訴。 2. 左右諫之，處仲曰：「吾乃不覺爾，如此者，甚易耳！」乃開後閤，驅諸婢妾數十人出路，任其所之。時人歎焉。	1. 宋書·后妃傳〈讓婚表〉、2. 世說·豪爽13
盧陵公主	晉明帝女	劉惔	丹陽尹，有名中朝					佯愚以求免，非無才意，而勢屈於崇貴，事隔於闈覽，吞氣悲茹，無所逃訴。	宋書·后妃傳〈讓婚表〉

姓名	身份背景	姓名	身份背景			開端	導火線	對付		結果	資料出處
新安公主	公主	王獻之	王羲之子							炙足以違詔，非無才意，而勢屈於崇貴，事隔於閨閫，容悲茹氣，無所逃訴。公主女為晉安僖皇后，無子	宋書·后妃傳〈讓婚表〉
武氏	武縣陽女	阮宣子（脩）	阮籍從子，言旨暢，舅旨崇之			無道妒忌。禁婢：甌覆槃蓋，不得相合。	家有一株桃樹，華葉灼耀，宣歡美之	即便大怒，使婢取刀所所樹，摧折其華。			古小說鈎沈·妒記
小　計：15				后妃：3 公主：5				官婦：6 士人妻：1		平民：0 不詳：0	

南朝

時代	妒婦身份		丈夫身份		妒忌行為				解決		結果	資料出處
	姓名	身份背景	姓名	身份背景	開端	導火線	對付丈夫	對付她者	丈夫反應	外人介入		
宋	劉英媛	宋太祖第六女臨川長公主	王藻	前帝公主之子，現今皇后之弟			公主性妒，而藻別愛左右吳崇祖	主讒之於廢帝		前廢帝	藻坐下獄死、主與王氏離婚	宋書·后妃

	姓名	身分	妒忌	婦妒傷其面		宋明帝			出處
蔡參選妻	蔡參選	尚書右丞，因親見棋於帝				宋明帝	帝憎婦人妒。其夕，遂賜藥殺其妻。	妻賜藥死	南齊書·劉休傳
袁恕妻	袁恕	湖熟令	妒忌			宋明帝	宋世諸王，莫不嚴妒，太宗每疾之。	因妒賜死	宋書·后妃
王氏	劉休	見親於帝。御史中丞，中書舍人			稟告宋明帝	宋明帝	1. 賜休妾。 2. 救與王氏二十杖。 3. 令休於宅後開小店，使王氏親賣掃帚皂莢以辱之。	妻受杖刑，並令軟掌小店以辱之	南齊書·劉休傳
吳興長公主劉榮男 宋高祖第二女	王偃	王導玄孫，晉孝武女鄱陽郡公主子		無仲都之質，而裸露於北階				非無才意，而勢屈於崇貴，事隔於聞覽，吞悲茹氣，無所逃訴。	宋書·后妃傳〈讓婚表〉
豫章康長公主劉欣男 宋高祖少女	何瑀			闕龍工之婿，而投驅於深井				非無才意，而勢屈於崇貴，事隔於聞覽，吞悲茹氣，無所逃訴。	宋書·后妃傳〈讓婚表〉

	姓名	身份	對象					出處
不詳	公主		謝弘微子		殆自同於隸叟		非無才意，而勢屈於崇貴，事隔於聞覽，吞悲茹氣，無所逃訴。	宋書·后妃傳〈讓婚表〉
不詳	公主		謝莊	殷沖	幾不免於強鉏		非無才意，而勢屈於崇貴，事隔於聞覽，吞悲茹氣，無所逃訴。	
南齊 李氏	妾		孔仲智	孔稚珪兄。珪為太子詹事、散騎常侍	孔稚珪	騎妒無禮	弟為告官，太守王敬則殺之	妾被殺	南齊書·孔稚珪傳
梁 劉峻妻			劉峻	劉峻自序文「劉峻有悍室」			令家道轗軻	梁書·文學傳下·劉峻
小計：10		后妃：0 公主：5		官 婦：3 士人妻：1		平民與妾：1 不詳：0		

北朝

時代	妒婦身份		丈夫身份		妒忌行為				解決		結果	資料出處
	姓名	身份背景	姓名	身份背景	開端	導火線	對付丈夫	對付她者	丈夫反應	外人介入		
前秦	蘇蕙（若蘭）	始平人，陳留令蘇道質第三女	竇滔（連波）	苻堅秦州刺史，後拜安南將軍鎮襄陽劉鎮襄陽	滔甚敬之，蘇氏性近於急，頗傷妒嫉 1. 滔有寵姬趙陽臺，歌舞之妙，無出其右。滔置之別所。 3. 蕙因織錦迴文，詩二百餘首，計八百餘言，今著	1. 蘇氏知之，求而獲焉。 2. 滔將鎮襄陽，邀蘇同往，蘇忿之不與偕行。		1. 苦加捶辱。	2. 滔遂攜陽臺之任，斷蘇氏音問。 3. 滔省覽錦字，感其妙絕，因送陽臺之關中，而具車禮盛邀蘇氏歸於漢南		1. 滔深以為憾。陽臺專房，蘇氏之寵頓衰，謗毀交至，滔益忿蘇氏。 2. 蘇氏悔恨自傷。 3. 恩好愈重。	武后〈蘇氏織錦迴文記〉

							魏書·皇后傳
北魏	高氏	宣武(世宗)皇后、舅高偃之女	魏宣武帝	頭攝至陽。	甚見禮重,性妒忌,宮人希得進御。	高后悍忌,夫人有至蒙帝崩不蒙侍接者。	1. 由是在洛二世二十餘年,至肅宗惟恃靈(靈)皇后所生而已。 3. 及肅宗即位,上尊號曰皇太后,尋為尼,居瑤光寺。 4. 為胡后害死	魏書·皇后傳
	馮氏	太師熙長女、先為昭儀,高祖立為(幽)后	魏孝文帝		欲專其愛	昭儀自以年長,目前入宮掖,素見待念,不率禮	1. 昭儀規為內主,譖構百端 2. 後宮接御,多見阻漫 3. 皇文昭皇后高氏生中宗,馮有密母	1. 廢妹馮后為庶人 2. 高祖時言于近臣曰:稱婦人妒防,雖王者亦不能免,況士庶乎! 3. 與中官高菩薩私亂,事發	魏書·皇后傳

姓	身分	對象	對象身分							告者	查處	結果	出處
元氏	蘭陵長公主，世宗第二姊也	劉輝	劉昶次子，性狂疏，拜員外常侍，襲封世子。父劉昶本宋文帝子，奔魏，拜為宋王	1. 主頗嚴妒 2. 公主在宮周歲，高陽王雍等夔請不已，聽復舊義，誠令護	1. 輝嘗私幸主侍婢有身 2. 光初，輝又淫張、陳二氏女	2. 公主更不檢惡，主姑陳留公主相扇動，遂與輝復怨致爭。	1. 主召殺其孕子，刳其胎，解以草裝實婢腹，裸以示輝	養世宗之意，後高氏於靈簑暴共縣，或云乃遣儀遭人賊后昭	1. 輝遂忿憾，疏薄公主。 2. 輝與主爭床，手毆詈辱	公主姊	因言於靈太后 靈 派清河王等調查，知其狀和之，無可夫婦為理。	失寵。帝死，賜后死 1. 太后令兩人離婚，削除輝封位 2. 主逢傷胎而死。輝被執，將死遇赦。輝卒，家遂衰頓，無復可紀。 3. 一家女髡，皆付宮，兄弟皆坐鞭刑，從徙敦煌煌為兵	《魏書·劉昶傳》〈子輝〉
柳氏	河東，生子安保	陸定國	侍中，東功王	二室俱為舊族而嫡姜不分	定國亡後，兩子爭襲父爵							僕射李沖有寵於時，與度世子淵婚親相好，沖遂左	《魏書·陸國傳》

人物	身分關係	對象	官職	詳情	備註	事件	出處
盧氏	後娶范陽盧度世女，生昕之					右申助昕之，由是承爵尚主，職位沉廢弈。安保爵位廢賤，不免飢寒。	魏書·李孝伯傳
崔氏	李孝伯後妻	李孝伯	魏尚書	崔氏卒後，納翟氏，不以為妻也。僧忌元顯。生一子元顯，志氣甚高	元顯遇劫見害，世云為崔氏所為也。	皆前妻子	
張氏	洪之微時，助夫經營資產，自貧至貴，多所補益	李洪之	先為沙門後還俗，與王永昌仁結為兄弟		兩宅別居，偏孕劉室。	為由是二妻，互相妒嫉，兩宅母子，往來如讎。	魏書·酷吏傳〈李洪之〉
劉氏	後娶劉芳從妹			後娶劉芳從妹			
王氏	姑之女也，生二子	韓子熙	國子祭酒、中書舍人、清河王國常侍		已聘妻而未婚，便與寡嫗李氏姦合而生三子	王李不穆，送相告言，歷年不罷。子熙因此慚恨，遂以發疾。	魏書·韓麒麟傳

姓名	夫	夫之身份	妒行	妾媵		事由	結果	出處
崔氏（博陵崔氏，生一子瑒）	李安世	相州刺史、李孝伯兄子	妒悍			有夫之婦，與稚私通，夫被稚所殺，後嫁稚	見出。夫後娶滄水公主。	魏書·李安世傳
羅氏	長孫稚	尚書僕射、行臺左僕、次史	稚稚相愛。敬羅年大，稚十餘歲，稚與羅氏私通，遂棄張納羅	妻張氏生二子	僮侍之中，嫌疑致死者，乃有數四。		勞無姻妾。	魏書·長孫稚傳/生子子稚
王晞妻	王晞	苻堅相後，父仕代，魏有名望		無子，帝將賜妾。小黃門就宅宣旨			皇后相聞晞妻，晞令妻答，妻終不言，晞以手拊胸而退。帝聞之笑。	北齊書·王晞傳/常晞
鄭氏	長孫覽	薛公	鄭氏妒	士文從妹為齊氏嬪，有色，齊滅後，賜薛公長孫覽		后令覽離絕（文獻后）	士文恥之，不與相見。	北齊書·庫狄士文/平子士文傳
元氏	高歸彥	神武孫，徐州刺史／魏上黨王元穆女。天大都督、大將軍	貌不甚美而甚嬌妒			密啟求離（文宣）	事緩不報。	北齊書·平秦王歸彥

北齊

小計：15

后、妃：2	公主、王女：2
官女、官婦：6	士人妻：0
平民：0	不詳：5

筆記小說

時代	妒婦身份		丈夫身份		妒忌行為				解決		結果	資料出處
	姓名	身份背景	姓名	身份背景	開端	導火線	對付丈夫	對付她者	丈夫反應	外人介入		
晉	干寶母		干瑩	干寶父	母至妒，有嬖妾			陪葬：寶父因生，葬時推婢著藏中			經十年而母喪，開墓，見其妾伏棺上，衣服如生。說寶父常致飲食，與之接寢，恩情如生，家中吉凶，輒語之。校之悉驗。平復數年後方卒。	《晉書‧干寶傳》、《搜神後記‧卷4》、《孔氏志怪》
	陳氏		有人姓荀	泰元中人	婦大妒忌，為屋不立齋室。唯有廳事，不作後壁，令冷上冷然。望見外事。	1. 荀嘗宿行。 2. 鄰近有年少經前，荀突語接膝共坐。 3. 婦兄來，就荀床臥，而婦不知。		1. 凡無鬚人不得入門；送之入門，必書以手，若近荀手，無不痛打；客若共賓坐，亦賓主俱敗。 2. 便悶大	荀詣客曰：僕狂往婦行；君之所聞；若來去，必誤君事。	4. 兄稱父命，與杖數百	1. 遂殺二兒，僕。 2. 客曰：不畏此。客既大健，又有短杖在衣裏，婦與老嫗無力，即倒地，垂打荀，客走不敢。	古小說鉤沈‧妒記

					出處
劉宋以前	京邑士人之婦	京邑士人			
				段明光	
			劉伯玉		唐·段成式《酉陽雜組》

還，婦密令見，云：『苟遭非人，君之過。便可還。』苟然，後敢出。
3. 方知是兄，慚懼入內。
4. 亦無改悔。

罵，推求刀杖。乃捉苟前，婦便手持杖直前向客
3. 便來捉見頭，曳著地欲殺

1. 夫遂終身，不復渡水。
2. 成為水女渡之；美女渡之；興風作浪，醜女渡之，風平浪靜

伯玉語而覺之。

其夜乃自沉而死。死後七日，託夢語伯玉曰：『君本愛神，今得為神也。』

明光曰：『君何得渡水神美而死？欲飲我？吾愁不為水神』，且語曰：『君本顧神，吾為今得神也。』

秦始中，有渡婦津·伯玉妻常誦〈洛神賦〉，前云：『君本娶婦如此，吾無憾矣。』

大妒忌。

婦因悲號，羊嗚哭，自咎。悔誓師，嫗乃舉，令七日齋。家大小悉避。於室中，祭鬼神師·祝羊形。復本形，後復妒忌，因伏地

大驚怪，召同巫。巫曰：『娘積惡先人怪變，故郎君實。若能改悔，乃可所請。

密與巫嫗為計：因縛繫眠，羊繩覺牽而至。

於夫人小，則罵詈，大必捶打·常以繩繫夫腳·且喚便牽繩

古小說鉤沈·妒記

	人名	相關人				出處
	曹姑	子胥	世有紫姑神，古來相傳云妾，為大家所嫉，每以穢事相次役。		作羊鳴；婦驚起，徒跣呼先人為大，敢爾不復此於此不復為妒忌。 紫姑正月十五日，感激而死。成為廁神「紫姑神」	宋‧劉敬叔《異苑‧卷5》「紫姑神」
	劉氏	諸葛元直	大妒忌	恆與元直杖	1. 不勝痛，纏得一兩，仍以手摸 2. 元直遇見婦捉惡附衣，謂已杖頭當成，失色怖。	1. 婦誤打指節，從此作制；每頭與杖，令兩手各捉腿胛。 古小說鉤沈‧妒記
劉宋以前	桓某妻	桓某	荀婦大妒，恆居介子齋中，客來便閉屏風	有桓客者，時為中兵參軍，來詣荀諮事；論事已訖，復作餘語。桓時年少，殊有姿容	荀婦在屏風裏便語桓云：「桓參軍，君知作人不？論事已訖，何以不去？」	桓狼狽便走 古小說鉤沈‧妒記

呂妻	呂順		喪婦，更娶之。因妻妹，從三墓，作三墓，構累垂就，輒無成。	1. 一日婦又見其妹，怒曰：「天下男子獨何限，汝乃與我共一婿！作家不成，體如冰冷，然使我也。」	1. 順以死生之隔，語使去。	俄而夫婦俱殂。	幽明錄
袁妻	袁乞	吳興人	妻臨終，執乞手云：「我死，君再婚否？」乞言：『不忍也。』既而服竟更娶。	日日見其婦之語云：『君結誓負言，何以再婚？』因割其陽道。		袁乞雖不致死，人性永廢。	宋・劉敬叔《異苑・卷6》「妒鬼」
顏氏	車武子		2. 車後婦呼其兄，熙夜宿共眠，取一緯裙掛著屏風上。	2. 其婦果來，拔刀巡床欲發刃床上人。	夜忽出掩襲車。	定看乃是其兄，于是慚羞而退。	梁・殷芸《俗說》
小 計：10			后妃：0 公主：0	宮：1（晉1） 士人妻：2（晉1）		平民：0 不詳：7（晉1）	

　　妒忌事件的書寫，常有其記述模式可循。張纘〈妒婦賦〉〔註6〕則提供妒婦事件的發展基本模式：

> 惟婦怨之無極，羌於何而弗有?或造端而構末，皆莠言之在口。
> 常因情以起恨，每傳聲而妄受。乍隔帳而窺屏，或覘窗而瞰牖。
> 若夫室怒小憾，反目私言；不忍細忿，皆成大冤。
> 閨房之所隱私，床第之所討論，咸一朝之發洩，滿四海之囂喧。
> 忽有逆其妒鱗，犯其忌制，赴湯蹈火，瞋目攘袂，
> 或棄產而焚家，或投兒而害婿。

這是南朝男性筆下所記的「婦妒」形象。其中「婦怨之無極，羌於何而弗有？或造端而構末，皆莠言之在口；常因情以起恨，每傳聲而妄受」涉及婦妒的起因，「乍隔帳而窺屏，或覘窗而瞰牖」記婦人妒行；「室怒小憾，反目私言；不忍細忿，皆成大冤」「忽有逆其妒鱗，犯其忌制，赴湯蹈火，瞋目攘袂」則記夫妻衝突情形，最後書寫婦妒結果「閨房之所隱私，床第之所討論，咸一朝之發洩，滿四海之囂喧」、「或棄產而焚家，或投兒而害婿」。大致將婦妒現象始末予以概括。若以〈表10〉所載妒忌事蹟，則發展歷程亦可相侔，分為「開端」、「導火線」（衝突）、「妒行」施展、「解決方式」以及「結果」五者。開端部分，多記夫妻男雙方的身份地位及兩性相處的概況，並伏筆帶出雙方關係中的危機因子；衝突階段，指丈夫有納妾或別寵的行為出現，而女子「妒心」形成。女子妒心之起，或因情起，或為權生；妒行施展，則可分為對付丈夫及對付她者二法；解決階段，是男女雙方的因應之方，或自行解決或藉外力化解；解決處理方式，最後影響整個事件的結局〔註7〕。

〔註6〕《全梁文·卷64》。
〔註7〕一是無妾一妻：妒婦處心積慮，最想看到的成果，便是無妾，丈夫僅有一妻（自己）。這在現代，自不稀奇，但在男尊女卑，一夫一妻但允許多妾的古制下，卻屬難得。元孝友卻認為此種現象並不值得鼓勵。原本「一妻」是尚主之家及后族的常態，但流風所及，婦人下效，也紛紛妒忌以限制自己丈夫納妾，「王公猶自一心，已下何敢二意」？似乎在當時一妻已成共識，倘若男性強志廣娶，不願世風，特立獨行，則遭受內外親知的嗤怪，淪為話柄，從此前途一片黯淡。二是絕嗣少胤：正常男子廣娶，自多子孫。古禮載：天子嫁女于諸侯，備姪娣如諸侯之禮，義不可以天子之尊絕人繼嗣之路。但六朝妒風盛行，尚公主娶后族者多無妾。一妻無妾的結果，傳宗接代便只能寄望妻子一人；萬一妻子不孕，或體質較差，或因妒害子……，即有可能導致絕嗣、少胤的結果。晉惠賈后及北魏宣武高后，皆妒忌，並無子，且嚴格防制宮人進御，最後兩帝僅有一胤（晉愍懷太子與北魏肅宗）。至於賈充婦郭槐因妒殺

六朝妒忌現象，特色有二：一為普遍性；二為階層性。先說「普遍性」：妒忌在六朝已形成風氣，隨手收集，即得妒婦 55 位。古籍書寫婦女，向來不多，六朝妒婦數量之眾，豈不殊異！若從時空角度觀察，南北兩地皆有妒婦，且有集中於晉、宋、北魏三朝的傾向。三國共有 6+位〔註8〕；兩晉約有

乳母，子不飲他乳而死，郭氏後終無子，賈充只好以外孫賈謐承嗣。北齊王晞妻無子，帝將賜妾，皇后相聞晞妻，晞令妻答，妻終不言，晞以手拊胸而退。王晞妻子在帝后面前，屈於權勢，雖未能堅決以言辭拒絕，然仍以無言否定。丈夫拊胸而退，可見其歎恨如何！妻無子，又無妾，絕子少陰是必然結果。三是家道離索：單純預防性的妒忌，似乎較不會造成家庭問題；真正影響家庭的是家有妒妻，卻又強志廣娶的情況。北魏韓子熙婚前先與寡嫗李氏姦合而生三子，其後與姑女王氏成親，亦生二子。王李不穆，迭相告言，歷年不罷。子熙因此慚恨，遂以發疾。趙令勝寵惑妾潘，離棄其妻羊氏，夫妻相訟，迭發陰私，醜穢之事，彰於朝野。李洪之微賤時，妻張氏助洪之經營資產，自貧至貴，多所補益，有男女幾十人。洪之後得士人子女（劉芳從妹劉氏），洪之欽重，而疏薄張氏，為兩宅別居，偏厚劉室。由是二妻妒競，互相訟詛，兩宅母子，往來如讎。夏侯子夬妻，裴植女也，與道邊諸妾不穆，訟爭徹于公庭。北齊段孝言富貴豪侈，尤好女色。後娶妻定遠妾董氏，大寵愛之，為此內外不和，更相糾列。這些家庭皆因妻妾問題，鬧得家犬不寧。值得注意的是：上面例中，家庭失和，多出丈夫無義，（如婚前姦合生子、寵惑妾媵惡意離棄、富貴後疏薄糟糠妻），雖然這些故事並不少見，但這些身蒙其害的妻子，為了自己及兒子的權益，勇於爭取，甚至不惜爭訟公庭，欲求公理，有別於被動認命哀傷自嘆柔弱的傳統的婦女形象。妻不必然皆妒；出於愛意的妒心，無傷大雅；但若妻妾各憑勢家，各恃權力勝人，不惜爭訟，則為家無寧日。倘若此中妻妾（妻恃娘家，妾通常憑的是丈夫的專寵）均無權力可倚，則爭端亦難發生。六朝女子，本著門戶相敵的態勢，故能針對負心好色丈夫的不義，衍成妒忌，以表達其不得不然的抗議及其為自保而出的措施（妒行）。其四傷辱離死：尋常之家，妻妾妒爭，已為家族帶來不少麻煩和難堪，但有特權之妒更可導致悲劇與不幸。尤以公主之妒及丈夫假借外力殺妻等事尤然，此中權力的較勁更為明顯，兩人之間似乎不見一點情義，已至「惡之欲其死」的地步。正常情況下，多數妒婦丈夫，皆能睜一眼閉一眼，以謀家和；但遇上個性剛烈或秉性疏狂的男子「不忍細忿，皆成大冤」，駙馬王藻被妻子讒死；劉輝因傷公主下獄，而其妻子蘭陵公主，卻也在此忿爭事件中傷胎而死。部分風格明快的女子，衡諸情勢，丈夫確定不能重己，理智的主動要求離婚者，六朝也有；但另一方雖已無愛，卻又基於種種原因不肯放棄婚姻，此種情形往往衍生成更嚴重的局面。謝遯妻郗氏發現丈夫婚前不貞（已先娶妾），心中怨懟，自求離婚；遯卻還以離婚書非出婦手而遷怒手下，終於自致殺機；劉輝與公主忿爭不和，靈太后已下詔離婚，但伴隨而來的削爵之舉，是否為觸動劉輝願意復合的真正動機？而公主終以難捨情份答應復合，豈顧「本性難移」，再與輝合，最後卻成死傷結局，情權糾纏，縱橫始末。

〔註8〕「＋」代表「強」，表示約略之數，如 8＋，代表數量比 8 多些。

15 位；南朝約有 10 位；北朝（含十六國）自前秦始約有 14 位。乍看之下「北朝」妒婦似多於「南朝」，其實若加上南人筆記所載的 10 人〔註9〕，則南北兩地的妒婦數目似無明顯差異。上面是就整個南朝與北朝所進行的比較，若再加上時間因素，則三國時代妒事南北相當；晉代妒婦被書寫最多，〔註10〕妒風甚盛；南朝妒婦記載集中於宋（佔 8/10），且其中五位皆與宋明帝有涉，宋後僅有兩位妒婦。北朝妒婦出現的時期以北魏最為集中（11/15），北齊僅見 3 位。然而值得注意的是：北魏 170 年間有 11 位妒婦，時代較長，人數稍多；北齊北周國祚未及 30 年，僅有 3 位，意料中事；然劉宋 60 年間有 8 位妒婦，時間短，人數不少；齊梁陳長達 110 年，僅見 2 名妒婦，則南朝妒婦集中於宋，似乎顯而易見。至若北朝，則妒風長期持續延燒，且胡漢婦女皆有。次說「階層性」，從表中也可輕易覺察到妒婦的特殊身份——貴婦為多，其勢位高於其夫或與夫婿相敵，若為勢卑者，經由「假力」亦可佔上風。〈表 4.1〉所列妒婦身份以后妃公主與官婦最多，士人之婦時聞，民婦較少。統計結果中，魏晉時代后妃妒者佔五位，公主五位，官婦十一位，士人婦二位；南朝未見后妃妒忌，公主則有五位，官婦三位、士人婦一位；北朝方面后妃二位，公主或王女有二位，官婦或官家女有五位，地位不詳者有五位〔註11〕。妒象在南朝明顯行於貴族，公主一族最突出；北朝以官婦官女（世族門第）稍多，因此可大致看出妒忌現象的貴族化傾向。透過以上的簡介，對於六朝妒風特盛的概況，當有初步了解。然令人好奇的是：中國歷史如此長遠，何以六朝特多妒婦〔註12〕？先秦女教即已禁制的妒行，六朝何以特盛？值得探索。

〔註 9〕有東晉陶淵明《搜神後記》、劉宋虞通之《妒婦記》、劉敬叔《異苑》、劉義慶《幽明錄》及蕭梁殷芸《俗說》，至於唐段成式《酉陽雜俎》所錄「妒婦津」故事，文中已明標事出晉代，故仍屬劉宋以前。雖時代不詳，但必早於作者所處時代，故為劉宋及劉宋以前事跡或流傳的故事。

〔註 10〕筆記中未明年代者，據成書年代推知，亦當屬於晉事。除已確定的 15 位，加上筆記中年代確定的 3 位，總數超過 18 位以上。

〔註 11〕不過出身似乎不是太好：有有夫之婦，有寡婦，有經商者……。

〔註 12〕陳東原指出，魏晉南北朝與五代是中國歷史上兩個妒風特盛的時期（《中國婦女生活史》（臺北·商務，1997.4），p.73～76），近來在唐代婦女的研究中也指出唐代婦妒現象也相當普遍，至中唐以後方衰。（《中國文明史——唐代》（臺北·地球，1997.9），p.1539）不過，不管如何，六朝開風氣之先，則無疑也。

　　女性妒忌的心理和行為，基本上是兩性不平關係的反應，往往產生於一對配偶之間（不論非法合法、同性異性），因為彼方的感情不專於己而心生怨怒的情緒，便是「妒」的一般源頭〔註13〕。怨怒有些針對丈夫，也有鑑於夫權難犯，故轉向勾引丈夫的第三者進行報復。探求妒心之起，有其感性與理性的因素交織其間；〈妒婦賦〉云「婦怨無極，於何弗有？」是誇大之詞，婦妒故事雖未必交待妒因，但仍有跡可尋，並非無事生波。妒之所以被歷代視為一種惡德，是由於它不符男權中心的倫理意識形態的要求，而成為非道德的範疇。男可多妾，女須貞一，本不公平，為免女性反動，禮制中早有防範之道，使多娶成為正當，使嫡妾分明〔註14〕。但在六朝妒事仍然屢出，究竟六朝具備哪些特殊條件，致使妒風特盛？本節重點即在尋繹原因所在。

一、縱欲享樂與納妾蓄伎

　　六朝時代，貴族之間奢靡成風：西晉石崇與王愷的財力競賽，冶遊出行陣仗之盛大，衣食物用之豪奢，魏晉南北兩朝帝王雖多下戒奢之令，欲矯世風以儉質，似無大效。此外思想界的理論建構，對於縱欲享樂之風〔註15〕，也有推波助瀾作用。加上時代動亂不已，人民生活流離，為妾伎提供了來源〔註16〕；另一方面士族好尚音樂饗宴，生活奢靡，也有增加妓妾的需求。從

〔註13〕培根說：「嫉妒」總是與人我的比較俱來的，沒有比較的地方就沒有嫉妒。三民《大辭典》說：妒是一種「厭惡怨恨別人比自己好的心理。」孔穎達說：「凡有情慾，莫不妒忌。」

〔註14〕《禮記・內則》：「妾事夫人，如事舅姑，尊嫡絕妒嫉之原。」《儀禮・喪服傳》：「妾事女君與事舅姑同也。」《白虎通義・嫁娶》：「人君無再娶之義也。備姪娣從者，為其必不相嫉妒也。一人有子，三人共之，若己生之也。」

〔註15〕如玄學的向郭「從性」之說，不免被人轉為縱欲藉口，出處如一，身在廟堂，無異山林，令部分士人嘴上清言玄理，生活卻極貪濁無行；《列子・楊朱篇》的縱欲享樂之說，呈現的正是部分魏晉士人的生活寫真；此外道教某些派別的「房中術」採陰補陽、多御（女）以養生之說，也對於好色之風有助成作用。

〔註16〕伎妾數量之多與當時戰爭頻繁、豪強欺壓良民及天災饑荒也很大關係：鄉豪勢家強取良民為婢或幸之為妾，如：《魏書・外戚傳上・馮熙》：「熙為州，因事取人子女為奴婢，有容色者幸之為妾，有子女數十人，號為貪縱。」《魏書・道武七王・江陽王繼傳》：「世宗時，除征虜將軍、青州刺史，轉平北將軍、恒州刺史，入為度支尚書，繼在青州之日，民飢餒，為家僮取民女為婦妾，又以良人為婢，為御史所彈，坐免官爵。」或因戰爭產生大量俘虜，女子沒入賤籍或為婢妾，如《梁書・夏侯亶傳》：「進攻黎漿，貞威將軍韋放自北道會焉，兩軍既合，所向皆降下，凡降城五十二，獲男女口七萬五千人」、「譒前驅濟江，頓兵城西士林館，破掠邸第及居人富室，子女財貨，盡略有之。」

史傳的側面記載中，貴族府邸女伎動輒千百，妻妾成群〔註17〕，這些妾侍所以出現，實與時代特殊環境與風氣密切相關；而妾侍的大量出現，對於妒忌風氣實有直接相關。

古代置妾，意在「廣嗣繼祖」。六朝門第世家既重家族傳衍，置妾似為理之宜然。但若細察多妾者，志在奢侈盈欲、縱情享樂〔註18〕，「廣嗣繼祖」動機似非主因。家中既有伎妾，少美者必不少，加上身份卑賤，取予在主，為夫

《魏書·孝靜帝紀》：「六月丙申，克潁州，擒寶炬大將軍、尚書左僕射、東道大行臺、太原郡開國公王思政，潁州刺史皇甫僧顯等，及戰士一萬餘人，男女數萬口。齊文襄王遂如洛州。」《周書·于謹傳》：「尋而謹至，悉圍之。梁主屢遣兵於城南出戰，輒為謹破。旬有六日，外城遂陷。梁主退保子城。翌日，率其太子以下，面縛出降，尋殺之。虜其男女十餘萬人，收其府庫珍寶。」《周書·武帝紀下》：「詔自永熙三年七月已來，去年十月已前，東土之民，被抄略在化內為奴婢者；及平江陵之後，良人沒為奴婢者：並宜放免。所在附籍，一同民伍。若舊主猶須共居，聽留為部曲及客女。」或因天災飢寒，男女見鬻，如《魏書·高宗紀·文成帝濬》：「八月……壬申，詔曰：「前以民遭飢寒，不自存濟，有賣鬻男女者，盡仰還其家。或因緣勢力，或私行請託，共相通容，不時檢校，令良家子息仍為奴婢。今仰精究，不聽取贖，有犯加罪。若仍不檢還，聽其父兄上訴，以掠人論。」《魏書·高祖紀·孝文帝宏》：「庚申，詔曰：『數州災水，飢饉荐臻，致有賣鬻男女者。天之所譴，在予一人，而百姓無辜，橫罹艱毒，朕用殷憂夕惕，忘食與寢。今自太和六年已來，買定、冀、幽、相四州飢民良口者，盡還所親，雖娉為妻妾，遇之非理，情不樂者亦離之。』」

〔註17〕《晉書·盧循傳》：「循勢屈，知不免，先鴆妻子十餘人，又召妓妾問曰：『我今將自殺，誰能同者？』多云：『雀鼠貪生，就死實人情所難。』有云：『官尚當死，某豈願生！』於是悉鴆諸辭死者，因自投於水。」《宋書·文二王·南郡王義宣》：「義宣至鎮，勤自課厲，政事修理。……多畜嬪媵，後房千餘，尼媼數百，男女三十人。崇飾綺麗，費用殷廣。《周書·李遷哲傳》：「遷哲累世雄豪，為鄉里所率服。性復華侈，能厚自奉養。妾媵至有百數，男女六十九人。緣漢千餘里間，第宅相次。姬人之有子者，分處其中，各有僮僕、侍婢、奄閽守之。遷哲每鳴笳導從，往來其間。縱酒飲醼，盡生平之樂。子孫參見，或忘其年名者，披簿以審之。」《魏書·獻文六王列傳上·咸陽王》：「禧性驕奢，貪淫財色，姬妾數十，意尚不已，衣被繡綺，車乘鮮麗。猶遠有簡聘，以恣其情。由是昧求貨賄，奴婢千數，田業鹽鐵遍於遠近。」《魏書·獻文六王上·高陽王雍傳》：「延昌已後，多幸妓侍，近百許人。」

〔註18〕《周書·武帝紀下》：「詔曰：『正位於中，有聖通典。質文相革，損益不同。五帝則四星之象，三王制六宮之數。劉、曹已降，等列彌繁，選擇遍於生民，命秩方於庶職。椒房丹地，有？如雲。本由嗜欲之情，非關風化之義。朕運當澆季，思復古始，無容廣集子女，屯聚宮掖。弘贊後庭，事從約簡……』」而因貴人之多蓄女伎，民間亦有自願為倡伎者，《隋書·地理志》云：「齊郡，俗好教飾子女，淫哇之音，能使骨騰肉飛，輕軌人目。俗云齊倡，本出此也。」

者生活其間，難免動心；而妻子未必盡美，即使美貌也有色衰之日。而數量龐大的伎妾群中，美女如雲，年少如花，又處於六朝縱欲享樂之風與禮教廢弛無復清議時代，丈夫別愛寵妾，情權動搖便成為六朝妻子的惡夢〔註19〕，也成引發妒心的原因之一。「妾勝侵權」實與當時多蓄嬪妾、沉迷聲色的風氣脫離不了關係。而妒忌可以看作對多妾現象的抗爭，對蓄妾風氣也產生了部分抑制的作用。然而夫為妻綱，男主女從的傳統兩性地位格局下，妻子如何為自己的情權而戰？這自然得靠一些外力的支撐——門第社會制度的配合。

二、門第制度與婦女地位

　　為人妻者，空有妒心，對於自身處境並無法有任何改變。想起而行，主動出擊，卻非易事。如果丈夫以螽斯不妒相責，如果妒忌反落丈夫寵妾藉口？如果丈夫以七出相脅？如果丈夫自此翻臉，疏薄自己？……如果她是一個有智慧、思慮成熟的妻子，她就不得不事先衡量清楚。然而她如果出身高貴，娘家權勢遠超於夫婿，則上面的風險，可能就少卻許多。

　　六朝門閥婚姻中，婦女所代表的是其家族，而非個人，女方家族與男方齊等，甚或過之，因其家族可恃，故氣勢不減男子。史載妒忌者多出高門，元孝友奏疏中曾提及無妾原因「將相多尚公主，王侯亦取后族」及北海王母高氏訓誡新婦的話：「新婦大家女，門戶匹敵，何所畏也？……婦人皆妒，獨不妒也」中，我們真真確確接收到這樣的訊息：只要妻子出身高貴（大家女），門第與夫匹敵，甚至高於夫家，則她「何所畏也」，此處的「畏」字自指上列風險。「婦人皆妒，獨不妒也」則反映出貴族階層女子妒忌的普遍性來。貴族女子，自矜門第，有恃無恐。不過就北海王妃處境來看，「門戶匹敵」只是表面，胡漢地位高低及寵辱〔註20〕之別，卻是不容忽視的妒忌顧慮。婆婆所說的「門戶匹敵」或許只是表面，元詳是當世皇叔，又蒙帝王重用迴護；劉氏之父劉昶，雖為宋王，終為南人〔註21〕，寄人國土，動輒得咎，何敢張揚？劉昶本傳云：「雖在公座，諸王每侮弄之，或戾手齧臂，至於痛傷。笑呼之聲，

〔註19〕如晉宣穆張皇后春華及北魏高陽王妃崔氏之例，皆以色衰見嫌。

〔註20〕妃，宋王劉昶女，不見答禮。寵妾范氏，愛等伉儷，及其死也，痛不自勝，乃至葬訖，猶毀隧視之。表請贈平昌縣君。（《魏書‧獻文六王上‧北海王詳傳》）

〔註21〕《北史‧劉昶傳》：「劉昶字休道，宋文帝子也。在宋封義陽王，位徐州刺史。及廢主子業立，疑昶有異志。昶和平六年，遂委母妻，攜妾吳氏，間行降魏。朝廷嘉重之，尚武邑公主，拜侍中、征南將軍、駙馬都尉，封丹楊王。歲餘，主薨，更尚建興長公主。

聞于御聽。高祖每優假之，不以怪問。」〔註22〕可見他在朝中，地位雖高卻不受諸王尊重，此劉氏無權勢以妒忌的原因〔註23〕。高氏只知「婦人皆妒」的效果，也想到婦人「能妒」的本錢（門戶匹敵），但元詳的個性及其更高的勢位，絕非劉氏小小婦人可制。加上劉氏本不為元詳所重，妒又何用？只有更添厭惡，愈加疏離。受杖而笑，卒無其言之際，或許是劉氏的反思與自嘲：「妒又何用？」既已無寵，妒忌反成速禍原因，則劉氏並無妒忌條件？此例也說明了妒是出身高貴（與夫相較）女子的專利。

　　然而從古至今出身高貴女子何其多，丈夫可曾因其身份高貴而對其妒行純然坐視？答案自然是否定的，即便六朝亦然。但是不可否認的：六朝門第的婚姻形態與特殊的政治文化，使得結姻與仕進成為緊密結構。一旦婚宦失類，終身沉滯。嚴守門第，慎擇婚姻，不交非類，在六朝已成為德行的一部分〔註24〕。結姻高門，前程有託；怨結兩門，後患無窮，且殃及整個家族之人；倘若妻子為帝女、王女，失意於主，全家罹罪。如此特殊社會制度下，女方權勢大大影響夫妻之間的對待方式。門戶相敵則女子可以直言不諱；王渾與鍾琰共坐言，王渾自喜於武子成器，而鍾氏笑對夫婿：「若使新婦得配參軍，生兒故可不啻如此？」（《世說・排調8》）又王凝之謝夫人既往王氏，大薄凝之。既還謝家，意大不悅。太傅慰釋之曰：「王郎，逸少之子，人身亦不惡，汝何以恨乃爾？」答曰：「一門叔父則有阿大、中郎；群從兄弟則有封、胡、遏、末，不意天壤之中，乃有王郎！」（《世說新語・賢媛26》）鍾琰、謝道韞言辭之直率，恃門第之高〔註25〕。門第高貴，因此可以制夫、可以不孝、可以貪濁、可以暴虐〔註26〕；神器獨攬之女，甚至淫亂〔註27〕⋯⋯。原因只在「無

〔註22〕《北史・劉昶傳》。
〔註23〕當然也有可能與其家教、個性有關係，不過無資料可明。除勢位不及之外，原因不詳。
〔註24〕不濫婚宦，被視為德，詳見《世說新語・德行篇》所選錄之故事。
〔註25〕也有自恃才學之可能，兩人皆為魏晉有名才女，同染玄風，學術見解往往精深，遇不甚高明之夫，難免不平；鍾氏則是對得意忘形的夫婿開開玩笑，故有此語。
〔註26〕《晉書・王衍傳》：「衍妻郭氏，賈后之親，藉中宮之勢，剛愎貪戾，聚斂無厭，好干預人事，衍患之而不能禁。⋯⋯疾郭之貪鄙，故口未嘗言錢。」《晉書・宣五王傳・武陵莊王澹》：「澹妻郭氏，賈后內妹也。初恃勢，無禮於澹母。齊王同輔政，澹母諸葛太妃表澹不孝，乞還絲，由是澹與妻子徙遼東。」又晉惠賈后誣殺楊悼后（其婆婆）。
〔註27〕如晉惠賈后、北魏文成文明太后馮氏、武靈太后胡氏、孝文馮幽后，皆大權在握，無所忌憚；劉宋山陰公主則有弟弟前廢帝支持，公然淫穢，廣置面首。

所畏」，尤其當「她」的地位愈高，背後靠山愈硬，則女子所能做出的負面的事，往往超乎我們想像。則像「妒忌」這等「小事」，相形之下，無傷大雅；就算傷了大雅又怎樣？有權力的支持，無所畏也。相反地，若娘家無勢，女子遭受不合理待遇，也只能隱忍。如王渾後妻，琅邪顏氏女。王時為徐州刺史，交禮拜訖，王將答拜，觀者咸曰：『王侯州將，新婦州民，恐無由答拜。』王乃止。武子以其父不答拜，不成禮，恐非夫婦，不為之拜，謂為「顏妾」。顏氏恥之，以其門貴，終不敢離。」(《世說‧尤悔2》)顏氏之卑屈，原只在出身的不同。鍾謝乃大族名媛，而顏氏一介平民之女，處境地位截然不同。亦可見夫婿對於妻子的容讓，恐怕非出個性，而有家族門第情勢的考量。就顏妾的情況來看，夫妻不諧，未受合理待遇，本可求離，但「以其門貴，終不敢離」，可能也是許多家有妒婦悍妻的夫婿們之所以不敢休妻的原因吧。因為《世說》中也有離婚導致兩個家族失和敵對的成例擺在眼前，因此離婚休妻，非關個人榮辱，更牽扯到家族興衰。

　　不過，女子門第高貴也未必盡可恃勢恣為。六朝門第各有風教，禮法傳家不在少數，父兄愛惜女妹，但也不盡偏袒，宋氏公主嚴妒，或與家教有關。《宋書‧高祖紀》：「高祖起自匹庶，知民事艱難，及登庸作宰，留心吏職，而王略外舉，未遑內務。」趙翼《廿二史劄記》卷11也提到：「宋武起自鄉豪，以詐力得天下。其於家庭之教，固未暇及也，是以宮闈之亂，無復倫理。……宮庭內習尚如此，宜乎士大夫以聯姻帝室為畏途。且凡為公主者皆淫妒，人主亦自知之。故江敩當尚主，明帝使人代敩作〈辭婚表〉，遍示諸公主，以愧厲之。」但梁武帝貴為帝王，其女永興公主驕縱辱夫，梁武依然痛責不惜。《梁書‧殷叡傳》載梁武與殷叡素舊，乃以女永興公主妻其子鈞。鈞形貌短小，為主所憎。每被召入，先滿壁書殷叡字，鈞則流涕而出，主又命束而返之。鈞不勝怒，而言於帝，帝以犀如意擊主，碎其背。梁武出自書相世家，自有家範禮法，一方面是鑒於與殷叡素舊的交情，一方面是對家教的重視，有女如此，家門無光，失禮姻家。因此門第高貴是否可為妒婦憑恃，還須視家族門風而定。至於究竟是怎樣的社會環境，致令娘家父兄、母姊姑嫂涉入妒教核心？愚以為那禮教鬆動與尚情之風。

三、禮教鬆動與尚情之風

　　東漢末葉以降，名教虛偽情事叢生；儒家經學家法林立，破碎大義，道

家玄學乘勢而興。伴隨玄學對於儒家的種種批判〔註28〕及道家思想的廣布，名教禮法有日以鬆動的趨勢〔註29〕。此種風潮之下，禮教束縛減少，個性得到解放，且其影響及於男女少長，對於妒風的產生也有助長作用。

　　在男子方面，禮教鬆動的影響在於對「重色輕德」與「重利棄義」責難的淡化，此二者與妒風的產生最有關係。好色、求榮乃為當時男性至願，如《北齊書・孫搴傳》載孫搴文甚美，「高祖大悅，即署相府主簿，專典文筆，又能通鮮卑語，兼宣傳號令，當煩劇之任，大見賞重。賜妻韋氏，既士人子女，又兼色貌，時人榮之。」「時人榮之」四字最切男子心事。期望娶到美貌或世家子女，已成為不少六朝男子的夢想。偏偏好事降臨之時（美女或勢家女），使君卻已有婦，因此拋棄前妻另娶或雙妻並置的情形在六朝有增加的趨勢。倘若當時禮教尚峻，清議尚存，男子不義，恐遭非議〔註30〕，因此丈夫們的行為會稍加收斂；然而一旦禮法廢弛，是非不辯，為夫者無所顧忌，「重色」「求榮」之事便不免層出不窮。「重色輕德」本為禮教所非〔註31〕，而在傳統儒家性別觀念中，亦不強調女色之美，在女子德色之辨中，重德輕色乃其一貫主張〔註32〕，甚至將女色與禍國聯結〔註33〕，重色之說，向來較少被

〔註28〕　可參考拙撰《魏晉玄佛二家對傳統儒家教育之批評及影響》之第四章。

〔註29〕　這是指一般社會風氣而言，尤以名士派、放達派尤然；然在江東及部分禮法傳家的門第中，對於儒家依然有其堅持。基本上，出門談玄學，在家守仁孝。

〔註30〕　《北齊書・陳元康傳》：「魏尚書僕射范陽盧道虔女為……郭瓊子婦，瓊以死罪沒官，高祖啟以賜元康為妻，元康乃棄故婦李氏，識者非之。」案：禮教禮法若嚴整，士人失行，即加清議，如此則士人不敢妄行。

〔註31〕　子曰：「吾未見好德如好色者也。」（《論語・子罕》、〈衛靈公〉）

〔註32〕　班昭《女誡》：「夫不可不求其心。然所求者，亦非謂佞媚苟親也，固莫若專心正色。禮義居絜，耳無塗聽，目無邪視，出無冶容，人無廢飾，無聚會群輩，無看視門戶，此則謂專心正色矣。若夫動靜輕脫，視聽陝輸，入則亂髮壞形，出則窈窕作態，說所不當道，觀所不當視，此謂不能專心正色矣。」

〔註33〕　「女禍論」在六朝仍相當流行，如《魏書・道武七王・清河王紹》載：「紹母獻明皇后妹也，美而麗。初太祖如賀蘭部，見而悅之，告后，請納焉。后曰：『不可，此過美不善，且已有夫。』」又摯虞〈新婚箴〉「今在哲文，遭家不造。結髮之麗，不同藉老。既納新配，內芬外藻。厚味臘毒，大命將天。色不可耽，命不可輕。君子是憚，敢告後生。」「重德輕色」之說，也頗有勢力；然而「重色」之說在六朝也漸為人所認同。文學作品中，相當比例的「求女」、「美女」、「閑情、靜情、定情……」主題，皆不乏美人形象的描摩，六朝正史后妃傳中屢見多以色登，少以德選的批判，如《晉書・后妃傳上》：「自曹劉內主，位以色登；甄衛之家，榮非德舉。」連一向在風格最中正和平，形像務求莊重完美的墓誌平銘中，也不乏對墓主美貌的鋪敍，如：穆玉容「綺

提及。但在六朝「越名教」風潮之下，已有人公然標舉女色，魏初荀粲與婦甚篤，曾云：「婦人德不足稱，當以色為主」〔註34〕之語；而《笑林》載有平原陶丘氏，娶勃海墨台氏女，「女色甚美，才甚令，復相敬。已生一男而歸。母丁氏，年老，進見女婿。女婿既歸而遣婦。婦臨去請罪。夫曰：「曩見夫人，年德以衰，非昔日比。亦恐新婦老後，必復如此！是以遣，實無他故。」〔註35〕此則故事真假，無法辨知。然而書寫者既採記之，當有所指：是「反映」時風，還是諷刺好色之徒，值得玩味。好色非罪〔註36〕，罪在不義，過在僭替。六朝時代，不少人在婚姻之外求色，每因新人棄置舊婦〔註37〕，或攜至家中，不分嫡庶〔註38〕。原本妻妾有序，美色較無害於妻子權位，但六朝丈夫「義以情溺，位由寵昏，貴賤無章，上陵下替」〔註39〕，每因寵妾，棄逐正妻，或廢置不顧，差別待遇下，每每造成家族無盡紛爭，影響家運隆替。因此，六朝妻子，不能坐以待斃，加上親友傳授相聞，妒忌作為自保或預防手段，便成為不得不然的作法。然而妻子遭受疏棄原因，除卻新人「貌美」〔註40〕之外，「有權有勢」亦可能是新人成為新寵的理由。新人雖未必美少，但有權有

貌虛腴，妍姿晻曖，溢媚纖腰，豐肌弱骨，蕙茝初開，蓮荷始發。為玩未央，光華詎歇。」（《彙編》，p.109）李豔華「至於嚬笑歸美，點畫見傳。……雖有南國容華，北方絕世，光影相鄰，是非無辯。」《彙編》，p.348）吐谷渾靜媚「風貌若神，信無慚於洛浦；儀形似畫，亦何媿於巫山。」（《彙編》，p.439）皆可略窺六朝重色之風的瀰漫。

〔註34〕劉注引《粲別傳》：「粲常以婦人才智不足論，自宜以色為主。驃騎將軍曹洪女有色，粲於是聘焉。容服帷帳甚麗，專房燕婉。歷年後婦病亡，未殯，傅嘏往唁粲，粲不明〔哭〕而神傷。嘏問曰：『婦人才色，並茂為難。子之聘也，遺才存色，非難遇也，何哀之甚？』粲曰：『佳人難再得！顧逝者不能有傾城之異，然未可易遇也。』痛悼不能已已。歲餘亦亡。……粲雖褊隘，然有識猶追惜其能言。」

〔註35〕《笑林》，錄自《古小說鉤沈》。

〔註36〕如前舉荀粲與婦甚篤，冬月婦病熱，乃出中庭自取冷，以身熨之。婦亡，奉倩後少時亦卒，以是獲譏於世。然荀粲表裏如一，雖好美色，卻不風流，深愛其妻，有情有義，殞命不惜，仍有可取。

〔註37〕如長孫稚迎有夫之婦羅氏，棄逐妻子張氏以及前文中已舉過的例子。

〔註38〕陸定國妻柳氏，後妻盧氏，二妻俱為舅族不分嫡庶。北朝頗多「雙妻」、「後娶」之例。
魏故事：前妻雖有子，後賜之妻，子皆承嫡。（《魏書‧畢眾敬傳》）又有因尚主而出妻者，故魏「政令固有以啟之也」（呂思勉《兩晉南北朝史》，p.904）政令如此，前妻焉得不憂？先為綢繆。

〔註39〕干寶《晉紀》「魏諸后皆起自幽賤」條，《三國志‧魏志‧明悼毛后傳》注引。

〔註40〕貌美自然也包括「情人眼中出西施」的可能。

勢，有利可圖，故能吸引重利棄義男子的青睞。「棄妻求榮」之俗，筆記有之，如張華《博物志・卷10》載：「豫章郡衣冠之人多有數婦，暴面市廛，爭分銖以給其夫輿馬之資。及舉孝廉，更取富者，一切皆給。先者雖有數年之勤，婦子滿堂室，猶放黜以避後人。」這是特定地區的情況，但卻與六朝部分妒婦的遭遇相侔：前妻必娶自糟糠，與之甘苦共嘗，然當丈夫榮顯出頭，便另覓佳對以求更高利祿。前後妻子其實都只是丈夫榮顯的工具，然而後妻因為可以提供丈夫前程的助力，自可與丈夫廝守終老；而糟糠妻只有守護著自己的「庶子」，孤貧渡日。倘若新舊妻子皆出大家，難分嫡庶，則「二女同居，其志不同行」（《周易・睽・象》），引發家庭長期的紛擾與不穆〔註41〕，自是難免的情況。因此，倘若妻子在初始階段即能適當防制，讓丈夫無法接近「新人」，或堅持不讓新人入門，非但自保，也是保家。正是此種保家的考量下，即使在夫家，也有支持媳婦妒忌的婆婆；為了女兒的幸福與權益，為了兩家關係的穩固，娘家的父兄母姊姑嫂，也要負起支持、指導「妒技」的任務，妒風在情勢不得不然及部分家人的支持下，因而興起。

就女子而言，禮教的鬆動對於女子妒忌當有促成作用，這主要表現在兩方面：一是夫妻感情的親密；增加妒心的強度；二、禮教鬆動與個性解放，使女子較能無礙的表達自己的妒心。儒家理想中的夫妻關係是「相敬如賓」，即使在家中，也要端正相待。《列女傳》載：孟子既娶，將入私室，其婦袒而在內，孟子不悅，遂去不入。婦辭孟母而求去，曰：「妾聞夫婦之道，私室不與焉」。此處所言「夫婦之道」，自然指禮容儀節，私室不與，意即其他堂室，必得奉行夫婦之道〔註42〕。然而何謂夫婦之道呢？古籍如是說：

> 婦事夫，有四禮焉：雞初鳴，咸盥漱，櫛縰笄總而朝，君臣之道也；
> 惻隱之恩，父子之道也；會計有無，兄弟之道焉；閨闥之內，衽席
> 之上，朋友之道焉。（《白虎通義・嫁娶》）

從上面的說法，夫妻間的對待，嚴謹有節，似君臣、如父子、擬兄弟，即使在衽席之上，也得如朋友般禮敬，不得輕慢。引文中談及相見之儀、平日義務，

〔註41〕如李洪之妻張氏助其經營資產，由貧轉富，李卻納名門之女劉芳從妹，且疏薄張氏，兩宅別居，二妻妒競，往來如仇。

〔註42〕《太平御覽・列女傳》：「春姜召其女而答之，曰：『夫婦人 以順從為務，貞慤為尊，故婦事夫有五義：平旦縰笄而朝，則有君臣之嚴；沃盥饋食，則有父子之敬；報反而行，則有兄弟之道；必期必誠，則有朋友之信。寢席之交，然後有夫婦之際。』」（《白虎通義・嫁娶》疏證引）此處言寢席之交，才有夫妻間特定對待。

就是沒提到愛情這一項〔註43〕。古禮中除了「親迎」提到「愛而敬之」之外，似乎不太強調「愛」與親密。《禮記·禮器》云：「禮近人情者，非其至者也。……君子之於禮也，非作而致其情也。」明白指出禮比情重要。班昭《女誡》就特別提到為妻之道要專心正色：「清閑貞靜」「專心紡績，不好戲笑」「專心正色。禮義居絜」，「出無冶容，入無廢飾」，「無聚會群輩，無看視門戶」、勿「動靜輕脫，視聽陝輸，入則亂髮壞形，出則窈窕作態」，要妻子敬正慎行。至於房室周旋，要避免太過親近，否則「遂生媟黷。媟黷既生，語言過矣。語言既過，縱恣必作。縱恣既作，則侮夫之心生矣」、「侮夫不節，譴呵從之，忿怒不止，楚撻從之」、「楚撻既行，何義之存?譴呵既宣，何恩之有?恩義俱廢，夫婦離矣。」她認為太過親近反使夫妻失和，要謹而免之，專心正色，才是夫妻相處的長久之道。但伴隨「任自然」的玄學思潮的瀰漫，社會上也吹起一股重情風氣，道德觀漸有「緣情重禮」「重情輕禮」的傾向。夫妻之間相處親密樂易、夫唱婦隨〔註44〕、排調夫婿、親膩稱呼（如卿）、不拘小節（稱夫老奴）、形影相隨〔註45〕、不恥於惑溺情愛之中〔註46〕、公然為妻或情人迷醉，甚至

〔註43〕《白虎通》之說或本於《莊·二十四·公羊注》：「妻事夫，有四義：雞鳴縫笄而朝，君臣之禮焉；三年惻隱，父子之恩也；圖安危可否，兄弟之義焉；樞機之內，寢席之上，朋友之道，不可純以君臣義責之也。」（《白虎通義·嫁娶》陳立疏證引）又前注說法與此亦可相參。

〔註44〕劉凝之妻梁州刺史郭銓女也。遣送豐麗，凝之悉散之親屬。妻亦不慕榮華，與凝之共安儉苦，夫妻共乘薄笨車，出市買易。情好山水，一旦攜妻子泛江湖，隱居衡山之陽，登高崖，絕人跡，為小屋居之，采果服食，妻子皆從其志。（《南史·隱逸傳》）

〔註45〕筆記小說多有生死不渝之情，同心樹、比翼鳥故事不絕。《古小說鉤沈·述異記》：「吳黃龍年中，吳都海鹽有陸東美，妻朱氏，亦有容止，夫妻相重，寸步不相離，時人號為『比肩人』，夫婦云皆比翼，恐不能佳也。後妻死，東美不食求死，家人哀之，乃合葬。未一歲，冢上生梓樹，同根二身，相抱而合成一樹，每有雙鴻，常宿於上。孫權聞之嗟歎，封其里曰『比肩墓』，又曰『雙梓』。後子弘與妻張氏，雖無異?，亦相愛慕，吳人又呼為『小比肩』。」《古小說鉤沈·列異傳》：「北海營陵有道人，能使人與死人相見。同郡人婦死已數年，聞而往見之曰：『願令我一見死人（「人」《御覽》引作「亦不恨」）。』遂教其見之，於是與婦人相見，言語悲喜，恩情如生。良久時乃聞鼓聲恨恨，不能出戶，掩門乃走；其裾為戶所閉，掣絕而去。後歲餘，此人死。家葬之，開見婦棺，蓋下有衣裾。」有這些傳說產生，且被書寫，表示為當時人所傳誦流傳肯定。

〔註46〕如《魏書·長孫道生傳》：「道生廉約，身為三司，而衣不華飾，食不兼味。一熊皮鄣泥，數十年不易，時人比之晏嬰。……及年老，頗惑其妻孟氏，以此見譏。」本文第五章「玄學女性觀部分」，會針對尚情之風再加論述。

功名不欲，只願兩人長隨者也大有人在〔註47〕。正是不拘形制儀節，使夫妻之間再無掩飾真情之必要。認真去愛，盡情融入其中的喜怒哀樂，死生亦不渝〔註48〕。夫妻感情的親密，使得婦女有要求對等愛情的欲求。正是這股尚情之風，導引女子對愛投入，對情愈加執著，愈加在乎，因此一旦外人入侵，影響情的獨佔時，女子的妒勁便相對增強。加上又有任自然與尚情作為理論依據，旁人也不以名教責之，因此六朝女子較勇於表現自己情緒，妒行便自然表現於外，再無隱忍。人數一多，即成妒風。因此趙粲所云：妒是女人之情，本非信口之言。而心中全無愛意，單為外人「侵權」而戰，怕妒婦人數也要少卻一半。筆記小說「妒婦津」的故事，乍見會覺得女主角段明光獨佔性太強且太過衝動，竟與詩中洛神──現實中不存的「女子」在吃醋？其實她要的是一份丈夫整全的愛，為了得到丈夫對自己的「專注」，縱死不辭〔註49〕。在本章開端引過干寶論晉世婦女，他認為妒風與「任情」相須而起；而他所說的「淫泆」，指的正是夫妻的感情親密、沉溺不起的情形。〔註50〕宋后袁齊媯知帝重潘夫人甚於愛己，在穩坐皇后之位、皇帝仍相敬重的情況下，憂憤而死。她的怏怏來自她的情傷。投桃則報李，今王心已移，她也吝於、害怕於再次的付出及可能的傷害，於是逃避、至死不見君王之面。「真正的愛情中是容不下一粒沙子」，是常聽到的話，更可說明妒心起於愛的獨佔性。此心，女人多少具有，但在禮教鬆動、尚情受到肯定之際，女子乘勢發露她們沉埋多時的妒心，付諸行動，去維護自己完整的感情。至於父兄不之罪：禮教鬆動與個性解放，使女子較能無礙的表達自己的妒心。

妒忌所代表的往往是對夫娶妾的不平之鳴，卻常因禮法束縛不能盡情表露。而當禮法束縛力減弱，此種情緒不僅較有宣洩機會，甚至可以付諸激烈

〔註47〕 如高柔愛其妻，夫妻隱居鄉間，其樂融融。徵聘屢至，全不在意。夫妻還有詩文酬唱往來。

〔註48〕《宋書‧隱逸傳‧宗炳》：「妻羅氏，亦有高情，與炳協趣。羅氏沒，炳哀之過甚，既而輟哭尋理，悲情頓釋。謂沙門釋慧堅曰：『死生之分，未易可達，三復至教，方能遣哀。』」《世說》載孫子荊婦死，為作哀悼之詩，情溢乎文；郗鑒妻周馬頭夫死不願歸寧，只願待終以同穴。

〔註49〕 此故事雖流於神怪，但情節中所表現出的強烈愛情獨佔性，卻可反映六朝對情的其中一種態度。援用此事，乃作觀念反映，不作落實的解讀。至於收於筆記中的動機恐怕是用以警誡妒婦。

〔註50〕 干寶《晉紀‧總論》說到「其婦女，……先時而婚，任情而動，故皆不恥淫泆之過，不拘妒忌之惡，父兄不之罪也，天下莫之非也。」

行動。反妒者即使再持禮教為由以制妒婦，效用亦較以往無力，因為禮教已非當時所有人奉行的信條。尤其部分婦女已勘破「不妒之教的非必然性，只是人為制作的結果」，男人用以多娶的藉口，何須遵行。父兄也明白女妹的處境與用情之專，故多不非之〔註51〕。何況制夫有術，方能確保「合二姓之好」的長久性與穩固性。不過若一旦社會安定，儒學復興，禮法的力量增強，妒忌行為即為時人所不容。

　　對身為女子長上的父母兄姊姑嫂而言，禮教鬆動對於娘家親友的影響力也同樣存在。因為父母愛女兒，兄弟惜姊妹，本為天性。雖說社會制度上男尊女卑，然而並不代表不愛女兒姊妹。只是在家國大事中，女人較沒有參與及發揮機會；現實生活中，女子依然是男性情感生活中不可或缺的角色或寄託〔註52〕。任自然尚真情之風，使親人子之間的愛較能直率的表達，不必拘於禮制，壓抑在心。而父母對於出嫁女兒，心仍懸念，偶爾至女婿家拜訪，聯絡兩家感情之外，最重要的恐怕是了解女兒生活狀況如何？王戎清早突訪女婿，未經通報，直奔內室，還好女婿裴頠與女兒雅量在懷，從容有序下床迎拜……。這件事記於《世說‧任誕》篇，但從側面卻可看出：父親並非把女兒嫁出便不管事，而門房任其出入，益見往來之勤。至於突訪所為何事，便不得而知。而謝家女因被王家離婚，從此交惡，說來，也因愛女所致〔註53〕。因此，如果女兒受到委曲，娘家父兄母姊自不會坐視。對於女兒的妒忌，過去嚴於禮法，女子只教從順婦柔。否則被批評為「未教女」，但尚情風氣下，女兒此種出於「重情」的舉動──「妒忌」具有了正面價值；源自「自保情權」、「保障夫家平和」、「穩固兩家權益」的「妒忌」行為，也具有現實的必要性，因此娘家自然立於支持一方。而當外人對於娘家親友批評之時，尚情（愛女惜妹）也將成為他們最好的理由。

〔註51〕即使在禮法力量薄弱的時代，婦女以妒忌爭取到夫妻關係中較平等的地位，還是會受到部分批評甚至懲罰。有輕有重，有贊成有反對，在六朝門第中，歧異很大，完全視家風及現實營況而定。

〔註52〕家人間的深厚親情與關懷，不因男女有別，可見六朝人之家書與自作女、妹哀策之文，在《全上古三代秦漢三國六朝文》中收錄甚多。前者可參考王羲之家書；後者如曹植、潘岳、庾信……等人哀悼女兒之文。另外對於姊妹之情的表露也可見於曹植為妹代作〈懷親〉、〈離思〉之賦，左思兄妹贈答及陶淵明〈登大雷岸與程氏妹書〉等。

〔註53〕王謝兩家倘若繼續交結，在政治上互相照應，應該利益甚多。

　　此外禮教鬆動之後，女子居處的內外之別較不嚴格，門第之間往來密切，造就女子社交的自由性增加，與娘家親友可以有機會見面，交換治家心得、婦職要訣，當然也包括妒教在內。「妒教」的實施，便在這一次又一次的姊妹姑嫂母女相會間進行著。〔註54〕

四、北地胡風與兩性開放

　　六朝妒忌，似有南嚴北寬的傾向。北朝人對於妒忌的態度，整體而言，是較寬鬆的。元孝友說：「婦人多幸，生逢今世，舉朝略是無妾，天下殆皆一妻。 設令人強志廣娶，則家道離索，身事迍邅，內外親知，共相嗤怪」。令人好奇的是「內外親知，共相嗤怪」的現象。「一妻無妾」是家有妒婦的顯徵，但若有人「廣娶」，反而痴怪，禮制不是早有納妾之文？似有將「妒」視為當然，雖未至「德」 之程度，但視為「一眚」卻處處可見。或許是北朝政教歸於胡屬，禮法壓力較小；胡族婦女地位較高，兩性對待之中男女較為平等，而爽朗坦率的個性，令北朝男女的愛恨也益加分明〔註55〕。北方女子對於自己的情欲，直露不曲，部分民歌反映此種情形；當丈夫對自己不義，女子結識新寵，另謀情感寄託，甚至殺夫之事也有所聞〔註56〕。愛恨情愁，決然分明。「妒行」在北朝男女之間，也是愛恨情仇的一環。若在南朝，自怨自傷，期待夫婿回頭，真情不改的癡心誓願，則為主流〔註57〕。北方士族在北方，受胡風影響大；江東禮法自魏晉以下，雖因上國僑姓之遷入，造成波動，致使禮教稍微，但對江東門第而言，許多既成觀念已牢不可破，家門之內，仍然嚴守；至於僑姓家族，久居江東後，恐受嚴謹保守吳姓門風所染，禮教亦峻〔註58〕，因此南朝妒婦，宋後少聞。

〔註54〕 直到南朝後期，禮法稍嚴，如照顏之推所言推理，少與娘家見面的江東婦女，自然不會有太多機會接受妒教，妒忌的事件便因此相對短少？

〔註55〕 可參考蕭滌非《漢魏六朝樂府文學史》（北京·人民，1984），p.282～286、304～307對北朝樂府民歌中的愛情的分析。

〔註56〕 《魏書·李元護傳\子會》：「（李）會……延昌中，除宣威將軍、給事中·會頑險好酒，其妻，南陽太守清河房伯玉女也，甚有姿色，會不答之。房乃通於其弟機，因會飲醉，殺之。 ……機與房遂如夫婦。積十餘年，房氏色衰，乃更婚娶。」《魏書·尉古多侯傳》：「子多侯，襲爵。多侯少有武幹……太和元年，為妻元氏所害。」

〔註57〕 詳見蕭滌非《漢魏六朝樂府文學史》中對北朝南朝民歌的分析。

〔註58〕 南方婦女之無權，略見夫權之強：江東婦女，略無交遊，其婚姻之家，或十數年間，未相識者，惟以信命贈遺致殷勤焉。……南間貧素，皆事外飾，車乘衣服，必貴整齊；家人妻子，不免飢寒。（顏氏家訓·治家）

　　本文第三章曾專論「胡風」，胡風對於妒風形成之作用，主要表現在以下幾方面。首先，胡人未諳禮教，不嚴男女，故外遇多。《晉書‧載記‧慕容暐》中史臣案語云：「觀夫北陰衍氣，醜虜彙生，隔閡諸華，聲教莫之漸。」此段話語不乏種族偏見，但胡人未漸聲教，華夷異風卻也是事實。北地由於胡人長期主政，胡風逐漸流衍，相對減低傳統禮教的影響力。儘管北魏政權同時進行漢化，然其施行範疇主要在於服制、通婚、語言等方面，且其成效是緩慢的，政權內部也一直有反對聲浪存在〔註59〕，因此北方仍有濃厚胡風瀰漫。這股勢力，隨著胡漢雜處時日的增長，也逐漸影響部分漢人，比如第三章曾提及的輕文尚武，不好讀書風氣。至於禮教，本非胡產，胡人自然不會在乎。相對地，胡人風習隨著入主中原，也一併帶入北方。就兩性婚姻方面，胡風與傳統禮教最大不同在於不嚴男女之風。《後漢書‧烏桓鮮卑列傳》載：「其嫁娶則先略女通情，或半歲百日，然後送牛馬羊畜，以為娉幣。隨妻還家。……其俗妻後母，報寡嫂，死則歸其故夫。……父子男女相對踞蹲。」《周書‧異域上‧稽胡》：「……蓋匈奴別種，……蹲踞無禮，貪而忍害。俗好淫穢，處女尤甚。將嫁之夕，方與淫者敘離，夫氏聞之，以多為貴。」《周書‧異域下‧突厥》載：葬之日，親屬設祭……是日也，男女咸盛服飾，會於葬所。男有悅愛於女者，歸即遣人娉問，其父母多不違也。」不嚴男女之別，似乎婚前婚後皆然。在六朝妒忌事件之中，多則起因丈夫迷戀已婚之女，假使該女遵循傳統漢族禮教，止足深閨，則外遇事件或可減少。而北朝皇室公行淫亂，民風為之大淫，連素族名家，也為亂雜。而北朝人對於時有所聞的淫穢事件，身為法官者不加糾治，淫穢當事人婚宦也無貶於世〔註60〕，益助此風之長。身為嫡妻者，面臨隨時可能而至的婚變外遇，豈不擔憂？故處此情勢之下，妒

〔註59〕《魏書‧獻文六王上‧咸陽王禧傳》載孝文帝引見朝臣，詔之曰：「今欲斷諸北語，一從正音。年三十以上，習性已久，容或不可卒革；三十以下，見在朝廷之人，語音不聽仍舊。若有故為，當降爵黜官，各宜深戒。如此漸習，風化可新。若仍舊俗，恐數世之後，伊洛之下復成被髮之人。王公卿士，咸以然不？」禧對曰：「實如聖旨，宜應改易。」但事隔已久，高祖「又引見王公卿士，責留京之官曰：『昨望見婦女之服，仍為夾領小袖。我徂東山，雖不三年，既離寒暑，卿等為而違前詔？』禧對曰：『陛下聖過堯舜，光化中原，臣雖仰？明規，每事乖互，將何以宣布皇經，敷贊帝則。舛違之罪，實合刑憲。』高祖曰：『若朕言非，卿等當須庭論，如何入則順旨，退有不從。昔舜語禹，汝無面從，退有後言，其卿等之謂乎？』」（《魏書‧獻文六王上‧咸陽王禧傳》535）

〔註60〕《魏書‧鄭義傳》云：「自靈太后預政，淫風稍行；及元乂擅權，公為姦穢。自此素族名家，遂多亂雜。法官不加糾治，婚宦無貶於世。」

風因而較盛。此外禮教之不講，使女子有較大的社交自由，這使得切磋妒技，成為可能。六朝女子多早婚，獨身進入夫家，其實人單勢薄，面對複雜人事，難免有見絀之處，社交自由，則有利於與親友之間訊息交流，打探消息，尋求諮詢也相對便利，親友的「御夫防閑」經驗，對於妒風，多少起過助長作用。後來「江東婦女，略無交游」，則難有交流「妒技」機會，是否因此妒忌事件減少，很值得研究，北朝則妒風持續，直至唐代仍有所聞，與胡俗之社交自由，存在一定的關係。

最末，北地因襲胡俗，女權較高〔註61〕，女子自主性強，在家庭中的地位與權力也相對增加，平日有發言決行的權力，又與外界常有溝通，因此家庭權力較大的情況下，妒行付諸實際的機會也相形增加，家中成員較無異言（權力稍小）。

加上胡族婚俗似無「妾媵」之制，進入中國之後，逐次漢化，雖置妾者日益增多；但部分有權婦女（特別是貴婦）對於「一夫一妻」的婚姻格局，似乎仍有要求及期望，更對別寵可能動搖自己「正妻」地位心懷恐懼，故每發妒行以絕丈夫外遇。正因胡俗無妾〔註62〕，故北朝丈夫別寵，屢見棄逐正妻另立新人情況，若在南方，列為「妾」位即可，無須「必然」棄逐？則胡族一夫一妻婚俗，引發北地婦女對於權位動搖的深一層憂慮，可能也是妒風特盛的原因之一。

第二節　六朝人對「婦妒」的看法

說到妒忌，多聯想女性；聯想女性，則言「妒婦」。言「妒婦」，而不稱「妒女」，因為妒心之起，多因丈夫。立場身份迥異的兩性，在婦妒論題上，異見分明，且因場合不同，身份轉換，說法上也有變化。

〔註61〕胡俗女權甚重，可能因為其勞役婚俗。《後漢書‧烏桓鮮卑列傳》：「其嫁娶則先略女通情，或半歲百日，然後送牛馬羊畜，以為娉幣。……隨妻還家，妻家無尊卑，旦旦拜之，而不拜其父母。為妻家僕役，一二年閒，妻家乃厚遣送女，居處財物一皆為辦。」案：在女家勞役期間，地位甚低，無尊卑皆拜，尊嚴禁失。又「計謀從用婦人，唯鬥戰之事乃自決之」，正見其家多以婦女主政，而「其性悍塞。怒則殺父兄，而終不害其母，以母有族類，父兄無相仇報故也。」則見其母系社會痕跡。

〔註62〕《魏書‧皇后傳》載：「昭成之前，世崇儉質，妃嬙嬪御，帥多闕焉。惟以次第為稱」蓋鮮卑本止一妻，故無嫡庶之別。酋長如此，豈況凡民。元孝友云舉朝略是無妾，便可見其俗。

一、男女之別

　　一般而言，男性無不大力反對妒忌。其所持主要理由在於「有害繁衍」。「不孝有三，無後為大」、「廣繼嗣，孝也」成為男性置妾最佳理由：「昏禮者，將合二姓之好，上以事宗廟，而下以繼後世也。」（《禮記‧昏義》）故設嫁娶之禮者，重人倫，廣繼嗣也。」「卿大夫一妻二妾者何？尊賢重繼嗣也。……士一妻一妾何？下卿大夫，禮也。」「天子一娶九女者何？重國廣繼嗣也。」《白虎通義‧嫁娶》）古代禮書儒典，早為男子闢下方便之門，因而納妾最常用的理由便是「廣嗣」，六朝男子說法類似：

> 《禮》則有列媵，《象》則有貫魚。……螽斯之德，實致克昌，專妒之行，有妨繁衍。是以尚主之門，往往絕嗣。（〈讓婚表〉，《宋書‧后妃傳》）

> 夫妒忌之心生，則妻妾之禮廢；妻妾之禮廢，則姦淫之兆興。（《魏書‧元孝友傳》）

婦妒通常都針對丈夫「納妾」而生，也有尚未納妾，先為預防。但都是基於「實有」或「假想」有妾媵危損自身情權而發。男性納妾最常用的理由是「廣嗣」，古代禮書儒典，早為男子闢下方便之門，「《禮》則有列媵，《象》則有貫魚」，男子搬出傳統，直說非出己願，制度已然。然就史實看來，就算子女已多，男子照樣納妾迎媵，伎妾動輒成百，則非廣嗣藉口可釋，六朝男性納妾，實為美色盈欲。元孝友說得直接，點明男性的「需要」必不可免，就算明裡不讓置妾，暗中只得改行非法，屆時「姦淫之兆」反興，妒婦得不償失，家國益棼。不過少數性情嚴妒之婦，制夫有術，自己無子少嗣，亦不准丈夫納妾，終至絕嗣者亦所在多有。因此，害於繁衍，是男性對於婦妒的直接反應，也是打擊妒婦最有力的理由。其次，男性認為：婦妒是一種「反易剛柔」、「傷理害義」的行為：

> 其婦女……有反易剛柔。有殺戮媵妾，有黷亂上下……又況責之聞四教於古，修貞順於今，以輔佐君子者哉！」（干寶《晉紀‧總論》，《全晉文‧卷127》）

> 自晉氏以來，配尚王姬者……勢屈於崇貴，事隔於聞覽，吞悲茹氣，無所逃訴。制勒甚於僕隸，防閑過於婢妾。……令掃轍息駕，無闚門之期；廢筵抽席，絕接對之理。非唯交友離異，乃亦兄弟疏闊。第令受酒肉之賜，制以動靜；監子荷錢帛之私，節其言笑。……又

出入之宜，繁省難衷，或進不獲前，或入不聽出。不入則嫌於欲疏，求出則疑有別意，召必以三晡為期，遣必以日出為限。……又聲影纔聞，則少婢奔迸；裾袂向席，則老醜叢來。左右整刷，以疑寵見嫌；賓客未冠，以少容致斥。……雖家曰私理，有甚王憲，發口所言，恒同科律。……傷理害義，難以具聞。（宋明帝近臣〈讓婚表〉，《宋書·后妃傳》）

女子妒忌既然是對於丈夫別寵的不平表現，自然在對待之時，難以心平氣和，柔順溫婉如平常。反易剛柔，是必然情況。妒婦故事中的妒婦無不厲聲、動手，予人一派強悍形象。對於「婦妒」，〈讓婚表〉作者的觀感只有四字——「傷理害義」傳統禮教中，女子出嫁從夫；婦德主柔，夫唱婦隨，不得自專。干寶則指出晉世部分婦女卻反易主位，剛狠囂亂；既不貞順，更無從順，而是逕自作主；〈讓婚表〉作者，奉帝之命針對前代公主「妒行惡狀」加以敷演，以達到壓制宋室公主嚴妒的作用。文中所極力描寫的駙馬慘況，常女之夫處境稍好，但其中所載遭遇，情節當有一二件相似，只是輕重繁簡有別。

第三種觀點是對婦妒動機的解釋，男性認為是出於「專愛擅權」、「惑溺淫泆」，此對家國皆有大害：

其婦女，……先時而婚，任情而動，故皆不恥淫泆之過，不拘妒忌之惡（干寶《晉紀·總論》，《全晉文·卷127》）

古之有國有家者，無不患貴臣擅朝，寵妻專室，故女無美惡，入宮見妒，士無賢愚，入朝見嫉，夫寵幸之欲專愛擅權，其來尚矣！（曹丕《典論·內誡》[註63]）

對於「婦妒」，有男性指出：是「情」在作怪。儒家情觀，不在尚情，而在化情、抑情節欲。早婚未教，未明世故，故皆不恥淫泆之過，不拘妒忌之惡。干寶認為婦妒根源在於男女雙方的「濫情」。古代婚姻成於媒妁之言，父母之命，婚禮的意義在於承續家族命脈，夫妻雙方挑起先人責任[註64]，不在讓男女肆行淫泆。情或不情，非婚義所在。班昭女誡也不主張夫妻之間太過親密：「夫婦之好，終身不離。房室周旋，遂生媟黷。媟黷既生，語言過矣。語言既

[註63]《全三國文·卷17》。
[註64]《禮記·昏義》：「昏禮者，將合二姓之好，上以事宗廟，而下以繼後世也。」《儀禮·士昏禮》：「父醮子·命之曰：『往迎爾相·承我宗事·勗帥以敬先妣之嗣·若則有常。』子曰：『諾·唯恐弗堪·不敢忘命。』」《白虎通義·嫁娶》：「禮曰：『……娶婦之家，三日不舉樂，思嗣親也。』感親年衰老代至也。」

過，縱恣必作。縱恣既作，則侮夫之心生矣。」〔註65〕當然，此種傳統價值觀在魏晉玄學「任自然尚真情」之說起後，有略為改觀的情形。此外婦妒之生，意欲專愛擅權。「專愛」方可擅權，失意女子，存亡尚且堪慮，何能擅權。張華〈女史箴〉云：「寵不可專，專實生慢」，箴文的，預設的讀者在於女性，然而也在警示男人，不要專寵一女，否則女存慢心，男權也將受到挑戰。其實，女子之權多來自男性，權力是否旁落、女性能否掌權，多取決於男性，除非，女子另有權力來源，足以挾制丈夫自主〔註66〕。男子對於妒婦之憎，有一部分恐怕也來自於「權力」的旁落。如此結果下，妒的結果可能導致「亡國破家」，亡國是起自妒婦強勢的干政，破家在於令家族少胤絕甚至絕嗣。而妻妾無序不和，家族也為動搖紛亂。基於以上種種理由，妒婦乃「罪惡人」，乏善可陳。曹植便曾經表達過對妒婦的反感，其觀畫後，作贊曰：

> 故夫畫所見多矣，上形太極混元之前，卻列將來未萌之事。觀畫者……見淫夫妒婦，莫不側目；見令妃順后，莫不嘉貴。是知存乎鑑者，圖畫也。（曹植〈畫贊並序〉，《全三國文·卷17》）

淫夫確實為敗德之人，淫人妻女，踰越人倫；然而「妒婦」，未曾不貞，謹守一夫，執著過甚，以生妒心，要求丈夫以對等專情報己，固非無過，然「過」不及淫夫之「罪」。但在婦妒行為，實為挑戰男性自由與多娶的權利，男子憎惡之心亦最強。曹丕舉袁紹妻劉氏妒忌，紹方死未殯，即盡殺寵妾五人，復髡頭墨面毀其形，以防地下相認。曹丕評為：「追妒亡魂，戮及死人，惡婦之為，一至是哉！」語氣之忿，躍然紙上。權高無比的魏文，是父權中的極致，有敢違迕欲望者危矣，甄后之死，有怨妒之言故也〔註67〕。男性心中希冀的是「令妃順后」，能順丈夫納妾，不妒處之，則為令妃令妻。妻不妒則夫易於納妾，故男性除由正面痛斥妒婦之外，男性更於各種書寫材料中，大力讚揚不妒女子，以達教化女人不妒的目的。此類材料，隨處可見，史傳、墓誌、女教書皆有，聊舉數例以明。《魏書·陸昕之傳》載「（昕之妻）公主奉姑有孝稱，神龜初，與穆氏頓丘長公主並為女侍中。又性不妒忌，以昕之無子，為納妾媵，而皆育女。」《北齊書·神武婁后》：「后高明嚴斷，雅遵儉約，往來外

〔註65〕班昭雖為女性，但其思想早受父權宗法制度所浸潤，種種女教主張多立於男性角度，並無女性自覺意識於其間。

〔註66〕一如六朝某些配偶之間的關係，如尚主、娶於后族、門第高於己者。

〔註67〕《三國志·魏書·后妃傳》。

舍，侍從不過十人。性寬厚，不妒忌，神武姬侍，咸加恩待。」《三國志・吳書・妃嬪傳》云「步夫人，以美麗得幸。性不妒忌，多所推進，故久見愛待。」「張玉憐墓誌則云其「性不妬忌，寤寐思賢，撫視庶子，同之自生，降恩厚澤，平等無二。」（《彙編，319》）太妃馮令華「內政有序；務先窈窕，不有妒忌之心；博進才賢，而無險詖之志。」（《彙編，374》）以上書寫，對於婦人不妒，頗用筆墨盛讚其德。

基本上，六朝男子對於婦妒，無不深惡痛絕，所持說法，沿襲傳統，並不特別。禮教本為男性所立，不妒之教，乃出自男性利益考量，此現象已為六朝女子識出。女性認為不妒之說，「出於制作」：

> 謝安夫人，不令公有別寵。後仍欲立，請兄子外生等微答此旨，並稱關雎螽斯有不忌之德，夫人知以諷己，乃問誰撰此詩，答云周公，夫人曰：「周公是男子，乃相為爾，若使周姥撰詩，當無此語也」。」（《妒記》，《古小說鈎沉本》）

> 山陰公主，淫恣過度，謂帝曰：「妾與陛下雖男女有殊，俱託體先帝。陛下六宮萬數，而妾唯駙馬一人。事不均平，一何至此！」帝乃為主置面首左右三十人。……主以吏部郎褚淵貌美，就帝請以自侍，帝許之。淵侍主十日，備見逼迫，誓死不回，遂得免。（《宋書・前廢帝紀》）

基本上，女性說法與「不妒為美」正好形成對峙。謝安好聲伎，欲立姜，但妻子不允，兄子外甥說以「關雎螽斯」不忌之德，欲劉氏折服禮教之下，然劉氏卻一語道破名教本源──男子制作，自為男性利益著想；倘由女子制作禮教，當無此語。山陰公主，因置面首，千古罵名；然而正因為她的直言無忌，卻也揭示男尊女卑的地位不均及兩性雙重道德標準的不平等現象：公主與廢帝，所出為同，只因性別有異，在兩性待遇上極不均平：男可多置妻妾，女子卻須從一而終。男子多異性妻友，稱作風流；女子多男伴，則為淫恣蕩婦。就因為山陰的權勢及目無禮教，故有此言，然其言又是如此直切問題核心，道破人們避諱討論的話題。山陰例中可知：男女地位，因事而變；褚淵窘境，何見男子威嚴？總之，二女之說，皆拋卻名教立說，不談邈遠陰陽，直就人事實情立論，雖然未能改變整體兩性處境，卻也為六朝女性的自覺反思，啟開新機，二女的發聲，似乎也為自己爭取到某些權益，達到自己先前預期的目的。

〔註68〕其次，在男性對婦妒行為解讀為「專愛擅權惑溺」時，女人則持不同說法，她們主章，妒是「女人之情」：

> 帝聞之大怒，已修金塘城，將廢之。充華趙粲從容言曰：「賈妃年少，妒是婦人之情耳，長自當差。願陛下察之。」(《晉書·后妃上·惠賈皇后》)

此文出自晉武帝充華趙粲勸止廢立賈南風所言。干寶曾云：「其婦女，……先時而婚，任情而動，故皆不恥淫泆之過，不拘妒忌之惡」，言中提及「年數」〔註69〕與「情感」，知二者在妒忌問題中，確實有其作用。趙粲〔註70〕基本上是從「情感」角度為賈妃說話，這在前代，或許無力；但在「任自然、尚真情」的六朝，「緣情制禮」已成時人共識，「情」的價值甚至可以超越禮教，這是「天時」之因素；另外，趙又從「性行可改」的觀點，說之以理。「賈妃年少」故妒，「年少」包含對於情勢利害的無知；「年少」具有懷抱執著純全感情的可能；「年少」代表涉世未深，磨鍊不足，尚有稜角與自我。此說與男性「任情所動，惑溺淫泆」對「情」的態度，正好形成對比（干寶認為情是負面，趙粲則認為是正面價值。）至於對男性「反義剛柔，傷理害義」之說，女人也提出有力反駁，她們認為檢校夫婿（妒），是「女人之責」：

> 妃宋王劉昶女，不見答禮；寵妾范氏，愛等伉儷……詳又烝於安定王燮妃高氏，……。母大怒，詈之苦切，杖其背及兩腳百餘下，自行杖，力疲乃令奴代。……又杖其妃劉氏數十，云：「新婦大家女，門戶四敵，何所畏也。而不檢校夫婿〔註71〕，婦人皆妒，獨

〔註68〕然而，令人好奇，在當時社會情境下，此類挑戰男權事件，何以被人書寫傳世？二人何恃，甘冒不韙，而有新說？後文再論。

〔註69〕《漢書·王貢兩龔鮑傳·王吉》：「吉意以為夫婦，人倫大綱，天壽之萌也。世俗嫁娶太早，未知為人父母之道而有子，是以教化不明而民多夭。聘妻送女亡節，則貧人不及，故不舉子。」案：早婚的確有其問題，此處王吉是從教子及優生角度著眼。認為遭婚男女「未知為人父母之道」，其實年既少小，未知之事恐不止於此。尤其女子嫁人之後，空間、聞見更窄小，遇事難免只能根據舊經驗或任其性情而為，因為所受禮教約制未深，利害得失未諳，對於感情自然也較執著。

〔註70〕《晉書·后妃上·武元楊皇后》：「母天水趙氏早卒，后依舅家，舅妻仁愛，……后追懷舅氏之恩，顯官趙俊，納俊兄虞女粲於後宮為夫人。」

〔註71〕值得注意的是：《劉向·列女傳》與《後漢書·列女傳》都以「教夫」為妻職之一。《列女傳·賢明·齊相御妻》：「人之所以成者，其道博矣：非特師傅、朋友，相與切磋也，妃匹亦居多焉。」肯定婦人之言，足以成夫佐夫；《後漢

不妒也」劉笑而受罰，卒無所言。（《魏書‧獻文六王傳‧北海王元詳》）

在此則記載中，身為婆婆的高氏痛責媳婦未能妒忌，防制丈夫淫亂。看出元孝友所奏「持制夫為婦德，以能妒為女工」，的確為當時部分婦女認知。在元母高氏認知中，制夫為當然。其實在《劉向‧列女傳》與《後漢書‧列女傳》都以「教夫」為妻職之一，《列女傳‧賢明‧齊相御妻》云：「人之所以成者，其道博矣：非特師傅、朋友，相與切磋也，妃匹亦居多焉。」肯定婦人之言，足以成夫佐夫；《後漢書》載樂羊子之妻責夫拾遺求利，又斷織教夫終業；而周郁妻趙阿，少習儀訓，閑於婦道，而郁驕淫輕，多行無禮。公公責婦曰：「新婦賢者女，當以道匡夫；郁不改，新婦過也。」不過若以為婆婆是站在媳婦立場說話，則又誤矣。此次實因原詳招惹王公妃匹，其罪深鉅，已遭皇帝收押軟禁，故高氏有此說。否則，早在兒子不禮劉氏、寵愛范氏時便該出面，何待於今？〔註72〕故知，姑教婦妒，乃為兒子利益著眼，非關女子自覺；又高氏提及妒的要件：「大家女，門戶匹敵」。真是一語道出六朝妒婦得以存在的主因。而「檢校夫婿，使不為淫，以招惹是非」為女子對於男性「防閑過嚴，反易剛柔」的反駁，妒忌實有其用！基於這些理由，六朝女子認為「妒為一眚」，不足掩大德：

> 太子妃賈氏妒忌，帝（晉武）將廢之。后言於帝曰：「賈公閭有勳社稷猶當數世宥之。賈妃親是其女，正復妒忌之閒，不足以一眚掩其大德。」（《晉書‧后妃上‧武悼楊皇后》）

相對於男性妒婦「罪惡人」之說，楊后則提出「妒忌一眚」，不掩大德之說。男女別異，由此可見。早於為太子納妃之前，武帝已曉賈家女有五不可〔註73〕，如今證之，廢立必行。但未知悼后乃因其本身性行淑令，心存寬大，故為言之？還是基於國家政局穩定立場，不願武帝與大臣結釁？不得而知，但可以確定的是「賈公閭有勳社稷，猶當數世宥之」，賈充勸進司馬氏，故得立晉，

書》載樂羊子之妻責夫拾遺求利，又斷織教夫終業；而周郁妻趙阿，少習儀訓，閑於婦道，而郁驕淫輕，多行無禮。公公責婦曰：「新婦賢者女，當以道匡夫；郁 不改，新婦過也。」

〔註72〕後文還會多次詳論此事。

〔註73〕初，晉武欲為太子取衛瓘女，元后納賈郭親黨之說，欲婚賈氏。帝曰：「衛公女有五可，賈女有五不可。衛家種賢而多子，美而長、白。賈家種妒而少子，醜而短、黑。」（《晉書‧后妃傳上》）

其功甚大，開國元老謂之亦不為過。故悼后言數世宥之，猶不足以抵其功。欲請晉武不看僧面看佛面，饒過賈南風。此中可見：妒忌的後果，若女父權重可恃，往往無事，妒婦往往恣肆妒行。

就上面說法看來，男女兩性對於妒忌明顯存在區異。妒忌有害繁衍，是必然之理，女子無言；至於男性其他意見，女子往往有對立的意見：男云「防閑過嚴，反易剛柔」；女云「檢校夫婿，女人之責」；男說「任情所動，惑溺淫洪」，女說「妒為女人之情，長自當差」；男道「妒為大惡」女道「妒為一眚而已」；男主「不妒為美」，女主「不妒之德，出於男性制作，事不均平，何德之美？」總之，男子對於女子妒忌，無不深惡痛絕，視為罪無可逭；若有妒行，百善皆泯；但女子看法似乎較為彈性：她們不完全否定「不妒」之美，但對於妒女的態度，似較和緩。不過，男女看法儘管有別，還因發言立場與身份角色而異。　以下再針對上文男女異見，加入公私、婆家娘家、地域、民族等因素，則益見對於同一行為解讀的歧異，得知性別之別，似非影響六朝人對婦妒看法的最大因素。

二、公私之分

男女見解似不相容，然若略加考查兩性立言的立場，男性說法，基本上是假設「妒婦」為己妻妾的情況去立言，無不疾聲撻伐；然而我們也不會遺忘干寶所云「今俗婦女妒忌，夫兄不之罪」之言，此時男性則居於「父兄」之位，對於妒的態度，相形之下軟化，轉為「不之罪」。評述妒事的言論，在公、私（官方民間、他人與自家）的不同場合，也有分別。在官方的宣導教化中，仍以「柔順」、「貞節」作為褒揚婦女的標準，如《魏書‧帝紀‧高祖孝文帝宏》令：「孟冬十月，民閑歲隙，宜於此時導以德義。可下諸州，黨里之內，推賢而長者，教其里人，父慈、子孝、兄友、弟順、夫和、妻柔。不率長教者，具以名聞。」又《宋書‧本紀‧孝武帝》：「孝建元年春正月……丙寅，立皇子子業為皇太子，賜天下為父後者爵一級，孝子、順孫、義夫、節婦粟帛各有差。」此種態度南北無別〔註74〕。

〔註74〕《宋書‧本紀‧孝武帝》：「秋七月……辛未，大赦天下。尚方長徒、奚官奴婢老疾者悉原放。孝子、順孫、義夫、節婦，賜粟帛各有差。」《南齊書‧本紀‧武帝賾》：「夏四月……甲午，立皇太孫昭業、太孫妃何氏。詔『賜天下為父後者爵一級，孝子順孫義夫節婦粟帛各有差。』」《南齊書‧本紀‧明帝鸞》：「戊子，立皇太子寶卷，賜天下為父後者爵一級，孝子從孫，義夫節婦，普

其實在官方，早有止妒之法。除卻傳統禮書的七出之條，也有相當明確的置妾數目規定。〔註75〕近如六朝也有律令之頒，在元孝友〈請置妾〉的疏文中即提及晉世律令的置妾規定：「古諸侯娶九女，士有一妻、二妾。《晉令》：諸王置妾八人；郡公侯六人。《官品令》：第一、第二品有四妾，第三、第四有三妾，第五、第六有二妾，第七、第八有一妾。」（《魏書‧元孝友傳》）既然有法，妒婦何出？元孝友也略及其成因：「聖朝忽棄此數，由來漸久。將相多尚公主，王侯亦娶后族，故無妾媵。習以為常。婦人多幸，生逢今世，舉朝略是無妾，天下殆皆一妻。」「忽棄」此數、幸逢「今世」，很清楚的指出：這是「此代專有」。然而「尚公主」、「取后族」的將相，多有此患，則一般平民的情況可能就不是如此。因此官方規定立場很明白，夫可置妾，但私家的「公主」、「后族」罔顧禮法，仍然展妒。在南方的宋明帝更以實際行動宣示她反妒的決心與立場。不過在私底下，對於自家公主的妒忌也只能以柔性勸導或請近臣代書〈讓婚表〉諷訓諸主，使改妒行。果然，當年害夫獄死、離婚待嫁、新郎先死的臨川長公主劉英媛心生悔意，上書乞還王家，守養弱子，則〈讓婚表〉似起作用。在私領域中，則對於妒的態度上，有著更多的變化。

三、娘家婆家之異

私領域中對妒的看法，相當「彈性」而「多變」。贊成反對都有，但其總原則大約是「趨吉避凶」，以利家族。雖有「教之以妒」、「妒則不之罪」的家

加甄賜明揚，表其衡閭，賚以束帛。」《魏書‧帝紀‧肅宗孝明帝詔》：「九月乙巳，皇太后親覽萬機，詔曰：『……孝子、順孫、義夫、節婦，表其門閭，以彰厥美。』《北齊書‧紀‧文宣帝》：「改武定八年為天保元年。其百官進階，男子賜爵，鰥寡六疾義夫節婦旌賞各有差。」《周書‧帝紀‧宣帝贊》：「八月……壬申，行幸同州。遣大使巡察諸州，詔制九條，宣下州郡：『一曰，……五曰，孝子順孫義夫節婦，表其門閭，才堪任用者，即宜申薦……。』至於皇后掌理陰教，母儀天下，「婦柔」為德在策封皇后詰書中隨處可見：「妃庾氏昔承明命，作嬪東宮。虔宮中饋，思媚軌則。履信思順，以成肅雝之道；正位闈房，以著協德之美。……夫坤德尚柔，婦道承姑。崇祭盛之禮，敦蠲斯之義。是以利在永貞，克隆堂基；母儀天下，潛暢陰教。……」（《晉書‧后妃下‧明穆庾后》）又「中軍將軍桓沖等奏曰：『……伏聞試守晉陵太守王蘊女，天性柔順，四業允備。且盛德之胄，美善先積。』……是帝始納之。」（《晉書‧后妃下‧孝武定王皇后》）又《晉書‧列女傳‧贊》：「從容陰禮，婉娈柔則。載循六行，爰昭四德。操潔風霜，譽流邦國。」

〔註75〕古禮制定納妾之則，基本上依階級而定。位愈高，合法納妾之數愈多。詳見《白虎通‧嫁娶》、蔡邕《獨斷》。

庭，但也有父兄出面止妒者，如王蘊訓誡晉孝武皇后的女兒改飾妒行；《妒記》中庾氏之兄知妹妒狀，假稱父命，與杖數百。此處父兄對於妒行，深罪之。但責打並非立於夫婿一方，而一方面是深恐有辱家聲，背負女教不嚴之嫌，一方面則是真心為女兒前途著想，以免鑄成大錯，「七出」見離，後悔莫及。勢位高貴的公主及后族之女，由於娘家後臺穩固，毫無所畏，對於丈夫別寵，既影響家和又使兩家關係生變，因此妒忌便是其鞏固己權的手段之一，且父兄亦不加罪。這是女方的歧異。至於夫家，對於婦妒也有不同的看法。夫家是妒婦施展妒行的場域，因之，夫家感受妒害（或妒利）也最深。丈夫似無贊成妻子妒忌者，丈夫們總夢想著妻妾親如姊妹，謙讓有序，諧和無間，敬夫有加，貞愛不改。然別寵，就愛情獨佔角度而言，終為「不義不貞」，因此對於妻子的妒行，丈夫的處理標準是情與權——與妻子的感情恩義（情）及打擊妒妻可能面臨的壓力（來自妻子娘家權勢）；倘若「情」「權」皆無，則丈夫對於妒婦的反應，多半不會坐視縱容。至於處於男尊女卑、出嫁從夫社會體制下的女性，家庭與丈夫是其一生的依靠，當仰賴終身的丈夫有了別寵，女性處此情、權未定、憑恃搖擺的情境，一種不安全感油然而生；而寵薄待遇在生活中是如此明顯，別寵之子又將危及己子權益，教她如何不妒不爭？妒心生於「見不得他人好」的心情，因為他的「好過」映襯出我的「不好過」與匱乏——無情無勢。然而除了當事者，夫家的舅姑的態度，也有差別。舅姑對「妒」態度無定，取決標準只有「愛利其子」一條。為了兒子的不快樂，大部分舅姑對於新婦妒行多持反對立場；然而有鑑於娘家權勢的考量，也許會持較保留的態度，不予干涉。然而己子若因淫亂將蹈大禍，則舅姑基於愛利之心，則轉為要求新婦妒忌以檢校兒子的婆婆，也在北朝出現（北海王元詳母）。因此對妒忌問題，夫家與娘家，由於與妒婦關係親疏、情感深淺的不同，各為其子女，是其基本原則：娘家會多為女兒福利著想，夫家自多為兒子考量，婦人當「妒」或「不妒」？此間無絕對答案：最高標準是「家族利益」（權益）與兒女得失（親情）。在父母與舅姑立場，對於「妒」亦屬「情權」命題，情是親情，權正是家族利益。

　　以上兩性對於婦妒的歧見，有男女之別，公私之分，娘家婆家之異，然其共同質素在於情權爭衡。妒婦之起，妒風之盛，皆有其偶然與必然的因素交織其間，然而值得我們注意的是：六朝婦女在論及對婦妒看法時，何以能夠如此勇敢表達其背離傳統禮教的意見，而擔任書寫的男性們又何以要收錄

這些聲音？或許有以下理由可說：其一是社會新價值的成立：女性那些超越傳統禮教的說法，多出自晉代。有謝安妻劉夫人越名教探本原的「不妒出於男性制作說」、晉武充華趙粲的「妒是女情說」出於任自然尚真情的社會風氣下，晉武楊后「妒為一眚」，實則未脫對於妒行的負面評價；而「妒為婦德，檢校夫婿」出於北魏元詳母高氏之口，發言時是以婆婆身份教訓新婦應當妒以制夫，是否顯示：北魏時代，是否已成為一個男性需要妻子檢校的社會？而千古罵婦一山陰公主不假思索的邏輯：帝子與帝女同出，則性伴侶數量不應懸殊，卻也直言且碰觸了「男女不平等」的真相。魏晉玄風所帶起的「越名教」的社會批判思潮及尚情風氣所引發的社會新價值觀，讓女性的新說也得到部份男性的認同。而尚情之風跟隨「任自然」而的，情的價值受到普遍肯定，趙粲的權變迴護之言才能產生力量。而「順性自然」代起個性得解放之風，令部分感染玄風的女子，也能享有此種「權利」。她們重視自己的感受，也不盲從傳統禮教的規制，重其意探其本原，於是六朝人將過去原本不能碰觸的禮教問題，也一一拿出檢討一番〔註76〕，而謝安妻子劉夫人的看法，最得越名教之精理，解出男性制作的「陽謀」，對於「不妒」自也無意依從。其二是特殊情境的權變之言：關說者與妒婦間的利害關係，常左右著女性對妒的說法。除謝安妻子劉夫人出於性別自覺而出言外，相形之下，另外幾位女性便顯得不很純粹。她們說出那一番「先進」的話，並不代表她們有任何卓見或性別自覺，而是置身於利益、權力、賄賂的網絡之中所產生出的話語。趙粲與賈妃為同黨，楊后本性寬慈雖是主因，卻是站在國家與帝王利益角度，要晉武不去結怨開國功臣，背後有其利害的考量，不純然是就女性全體發言（一眚）。至於北海王母高氏，亦除於悔恨教子不力，使觸法網待罪之時，此際只是怒遣新婦的藉口，何患無辭的心情發洩，若言其有女性自覺、同情女性處境，則大失矣。其三女性新說，仍為父權出力。女性新說之所以被書寫，原其動機，在於這些女性新說中，多位仍出於維護「父權」利益，如楊后的「一眚說」、高氏的「檢校說」皆是；而真正出自「女性自覺」（自用）的劉夫人，卻被置於《妒記》，則書寫者用於「鑒誡婦女」取其負面形象的用心其實

〔註76〕如儒家許多視為天經地義的教條，六朝人仍然追本溯源，要求個合情合理的結果，如清談中就有「忠孝論」、「生孝死孝」、「自然好學論」、「仁孝孰先論」、「聖人有情無情論」、「聖賢能否致太平論」、「聖賢顯隱之道論」等問題的討論，過去若生疑義，為大逆不道。

相當明顯。因此我認為：「妒」即使在六朝興起，但男性可從未承認過是「德」。只有在尋求男性利益的角度，妒事件的穿插，才具正面意義。其四是良史實錄精神的表現，這些女聲基本上代表六朝妒風的一個真實面向，反應妒忌實況，良史記事，心存實錄，當時妒風既熾，時人不以為怪，亦出以平常心書寫之，可為此代真實留影，等候後人公斷。不過表面不存臧否，但既下「妒」字，好惡已明，昭誡之意仍存。

第三節　妒教中的情權之爭

　　妒教成為一種教育內容的過程中，甚為曲折。要之，「情」「權」二端在爭衡。就「妒教」的內容來看，應用的是權力與感情二大武器。至於「禮法」，過去始終不立於妒婦一方，然在六朝似有改觀餘地；又將妒忌現象加以剖析，在妒婦與第三者〔註77〕爭衡的戰場上，勝負成敗，關鍵在於所掌握來自男性（夫、父兄）「情」「權」的份量的多寡；因而追究妒教一場，僅是兩個父權的角逐勝負，而兩個女人是幕前批褂上陣的戰士；若勝亦等於是一方父權的勝利。若再往問題緣起探索：妒因亦起於父權，父權制度所立的「置妾多媵」而危及妻（妾）情權之穩固；妻（妾）起而反抗，所憑恃的，亦多是父權。

一、以妒為教

　　妒忌被當作一種教育內容，這在中國教育史上自屬特異。此種看法本出於六朝人自道，無可置疑；但我們也有相當理由來支持此種見解。若湊合六朝妒婦的相關資料，則「妒教」現象實具備了「施教者」、「教育場所」、「教材教法」、「評鑑方式」，甚至有同學一起切磋。

　　施教者方面，主要是女方的父母姑嫂姊妹及姆嬭乳母之類。《魏書‧元孝友傳》所云：「凡今之人，通無準節。父母嫁女，則教之以妒；姑姊逢迎，必相勸以忌。持制夫為婦德，以能妒為女工。」《宋書‧后妃傳》所錄〈讓婚表〉云：「姆嬭爭媚，相勸以嚴；尼媼競前，相詔以急。姆嬭敢恃耆舊，唯贊妒忌，尼媼自倡多知，務檢口舌。……又竊聞諸主集聚，唯論夫族。緩不足為急者法，急則可為緩者師，更相扇誘。」皆已指明妒教的施行名單。安全而有效的

〔註77〕在愛情與權力爭逐的國度中，無論妾媵或正妻皆可能成為遭忌的對象，成為
　　　　妒婦的敵人。

妒行，其複雜度之高恐非早婚（十幾歲）的六朝女子所能一時盡能，因此嫁女之初，父母防範未然，親授「妒招」，以免嫁後歸期未卜，遇事無法及時佐助。就元孝友的奏書與宋書所載〈讓婚表〉所云：傳授妒招者，大致以父母、姑嫂、姊妹之間較為常見；據說她們每次聚會總會討論到夫家的種種，參與者在聽聞過程中，若發覺有不利於女子的相關徵兆時，便及時提醒，並教以預防或制止之法，以免不利的情況發生。事後，她們還會成果驗收，詢問實施成效如何？〔註78〕此外，女子左右的尼媼乳母也會提供一些經驗世故之見，且親自執行「防閑」男主人行動的任務。施教者基本上以女方「同性」親友為主；不過也有元詳母高氏以「男方」的婆婆的身份告誡媳婦要妒忌制夫，但這可能只是少數特例。〔註79〕至於她痛責媳婦不妒，致使兒子致禍（貪與淫），事在元詳被軟禁等候世宗判罪期間，元詳此際性命危殆，生死難兆，高氏痛心之餘，只有悔恨教子不周〔註80〕與遷怒媳婦。

至於受教場地，自在家中，包括娘家與夫家兩方。然而家人之所以涉入這場情權之爭，其理由安在？家族利益的考量，或為主因。這個「家族」可分為二：一是「娘家」；二是「夫家」。家族指「娘家」而言，兩家結親代表合作互助關係的開端與穩固。而妻妾爭寵表面上看，是個人私事，是三角（甚至多角）感情習題，其實不然，夫妻關係的好壞，往往也影響到雙方家族的交情與未來命運。六朝人嚴家誨、慎婚姻，其中很大因素在於久保身份尊貴，製造強有力的政治背景〔註81〕，以獲貴富。一旦兒女感情失和，婚姻破裂，

〔註78〕「緩不足為急者法，急則可為緩者師，更相扇誘。」（〈為江敳讓尚公主表〉，《宋書·后妃傳·孝武王皇后》）
〔註79〕以元詳母高氏為例：「初，太和末，詳以少弟延愛；景明初，復以季父崇寵，位望兼極，百僚憚之。而貪冒無厭，多所取納；公私營販，侵剝遠近；嬖狎群小，所在請託。珍麗充盈，聲色侈縱，建飾第宇，開起山池，所費巨萬矣。又於東掖門外，大路之南，驅逼細人，規占第宅。至有喪柩在堂，請延至葬而不見許，乃令與檟巷次，行路哀嗟。詳母高太妃，顧亦助為威虐，親命毆擊，怨響嗷嗷。」（《魏書·獻文六王上·北海王詳傳》）
〔註80〕「詳之初禁也，乃以烝高事告母。母大怒，詈之苦切，曰：『汝自有妻妾侍婢，少盛如花，何忽共許高麗婢姦通，令致此罪。我得高麗，當噉其肉。』乃杖詳背及兩百餘下，自行杖，力疲乃令奴代。」（《魏書·獻文六王上·北海王詳傳》）
〔註81〕「于時謝尚書（裒）求其小女（文熊）婚，恢乃云：『羊鄧是世婚，江家我顧伊，庾家伊顧我，不復與謝裒兒婚。』」（《世說新語·方正25》）案：嚴婚姻在六朝被視為德行之一。南朝沈約曾因王源為財婚於富滿家而上表彈劾。請皇帝科以重罪。案：因為六朝乃九品選士，選官不論賢愚，每以閥閱。若人不慎婚宦，終身沉滯。

往往造成兩家結讐，一時之間，多年建立的緊密權勢網絡也要鬆脫斷離，影響可謂深重。六朝最有名的兩大家族王謝，便因兩家兒女離婚，自此交惡，且強迫其他未婚變的子女離婚〔註82〕。又高慎前妻乃吏部郎中崔暹之妹，為慎所棄。崔暹時為世宗委任，慎謂其搆己，性既猖急，積懷憤恨〔註83〕。家族權力作用於婚姻由此可見。而女子婚配考慮要點之一，往往也在於家族利益，而非自己〔註84〕。婚前如此，婚後亦然。已婚女子心繫娘家寵辱（甚於夫家）〔註85〕，也在六朝可見。因此部份婦妒的動機在於維護自身家族利益，倘若自己在夫家的地位動搖，勢必影響到娘家利益，因此女方家人教以妒忌，除因親情不捨己女受委曲，教妒以助其地位外，也有家族利益的考量。就夫家來說，一個女人的無端插入，家族問題相對複雜。就夫家來說，妻妾不和，家無寧日，則家族聲譽及實力多少受到損害；但男性面臨美色當前，很難不動心，尤其他有能力置妾或上司賜女之時。但史書中妻妾爭訟、諸子爭奪，終至敗家者亦不少。持家主婦若能杜漸防萌，未雨綢繆，對於個性優柔類型的丈夫，似有效用，可免自身及家族因女人問題而有所損傷，故也有不得不

〔註82〕王謝交惡見於《晉書·王珣傳》：「珣兄弟皆婚謝氏，以猜嫌致隙。太傅安既與珣絕婚，又離珉妻，由是二族遂成仇讐。」

〔註83〕因是罕有糾劾，多所縱舍，高祖嫌責之。後竟因之叛逃西魏，見擒，配沒其家。詳見《北齊書·高慎傳》。

〔註84〕女兒心繫家族，不惜委身。如孫破虜吳夫人「早失父母，與弟景居。孫堅聞其才貌，欲娶之。吳氏親戚嫌堅輕狡，將拒焉，堅甚以慚恨。夫人謂親戚曰：『何愛一女以取禍乎？如有不遇，命也。』於是遂許為婚。」（《三國志·吳書·妃嬪·孫破虜吳夫人》）又李絡秀為周浚妾：「李氏富足，……因求為妾，父兄不許。絡秀曰：『門戶殄瘁，何惜一女？若連姻貴族，將來或大益。』父兄從之。……語伯仁等：『我所以屈節為汝家婦，門戶計耳；汝若不與吾家作親親者，吾亦不惜餘年！』伯仁等從命。由此李氏在世，得方幅齒遇。（平等堂正之對待。）」（《世說新語·賢媛18》）　案：李氏未見其他德事，列於「賢媛」似乎肯定絡秀為娘家所作的犧牲，魏晉時代，家是否已成為一個人的終極存在目的？又王渾取顏氏女為後妻，未成禮妾遇之，終不敢離，恐亦考慮家族利益所致：「王渾後妻，琅邪顏氏女。王時為徐州刺史，交禮拜訖，王將答拜，觀者咸曰：『王侯州將，新婦州民，恐無由答拜。』王乃止。武子以其父不答拜，不成禮，恐非夫婦，不為之拜，謂為「顏妾」。顏氏恥之，以其門貴，終不敢離。」（《世說·尤悔2》）

〔註85〕郗夫人命二弟勿復再來，王家輕慢無禮之故：「王右軍郗夫人謂二弟司空（愔）、中郎（曇）曰：『王家見二謝，傾筐倒庋；見汝輩，平平爾。汝可無煩復往。』」（《世說新語·賢媛25》）案：已嫁女郗夫人見夫家之不遜，為本家不平，並告知二弟無須自取其辱。知此女心繫本家榮辱，雖嫁亦然。

妒的情況存在。稍微妒忌，讓丈夫知難而退，以少紛端。另外，北朝因為胡風習染，男女關係似乎較為鬆散隨便；每見已婚男女姦淫相通之事，且身份不限高卑若淫及權貴女人，禍亦及之。北海王元詳母會主動要求媳婦妒忌，志在以防制兒子惹禍上身，殃及家族，非因女權意識伸張或同情媳婦而發。「教材」方面則可分兩類：

（一）觀念灌輸：指用以提醒、激發不妒者或無知者憂患情勢及危機意識的「妒忌理由」；二是技術傳授：指「制夫」的種種技術，主要從環境設施、人事安排及不落痕跡排除異己〔註86〕等招數。觀念灌輸方面，女子未必天生性強善妒，後天學習也佔其中很大因素，或襲自母教〔註87〕或出於親友左右的教導。她們不時提醒女子丈夫別寵的危己性，反複申明固情保權的必要性，尤其增強女子對於自身權位動搖及己子繼嗣生變的危機感。「得意一人，是謂永畢，失意一人，是謂永訖。由斯言之，夫不可不求其心。」（班昭《女誡》）一旦失寵，緊接而來是權益被剝奪，待遇將大薄的結果。比如宋文安皇后王寶明，貴為太子妃，因為無寵，太子不甚搭理。太子為宮人製新麗衣裳及手飾無數，而王妃床帷陳設故舊，僅釵鑷十餘枚。又北魏高陽王雍之妃崔氏，本為崔顯妹，甚有色寵，故以之為妃。延昌以後，丈夫「多幸妓侍，近百許人，而疏棄崔氏，別房幽禁，不得關豫內政，僅給衣食而已。至乃左右無復婢使，子女欲省其母，必啟聞，許乃得見。未幾，崔暴薨，多云雍毆殺之也。」二女身份雖貴，一旦失寵，待遇不及宮人。此事尚小，倘若幸妾讒言，生命堪慮，此隨丈夫權柄大小而定。失寵之妻若身在貴族，或者廢置別居，或者休離；若為后妃，帝王握有生殺大權，則賜死之事亦有所聞。賈后妒忌多權詐，嬪御罕有進幸者。妃性酷虐，嘗手殺數人，或以戟擲孕妾，子隨刃墮地。她本身長得不美，黑、短又無子，她的妒忌很難說出於「情愛」，因為她既有淫亂之徵，又曾經想毒害惠帝以專權，當無愛於惠帝，妒行不過志在穩固權勢與排除異己。觀察妒婦名單中，若本身勢力遠高於丈夫者，則無子、不美者妒忌比例也相當高。或許與自己不具本錢憑藉（美色、年少與兒子，除權勢除外），地位不保的擔憂與不安全感有關。因此，妒忌

〔註86〕如袁紹諸婦之詐、劉夫人「恐傷盛德之說」及楊豔以「卜蓄三世后族，其女不可枉以卑位」（《晉書·后妃上》）為由，不使晉武納美女，以固己寵。

〔註87〕若其母妒，其女耳濡目染，自易以妒為常。賈充後妻及女盡皆酷妒，怕是自幼受母親薰染。

為權的傾向相對更為明顯。至於繼嗣生變，則害自身與己子權益。寵妾僭位，非但影響正妻權益地位，更重要的是，往往也影響到兒子繼承。一般皆知「母以子貴」，實際上更有「子以母貴」。母親地位動搖甚至被廢，嗣子身份往往不保。如晉簡文帝皇后王簡姬失寵，太子道生亦被廢。[1]妒婦每殺孕妾的原因亦在此，因為寵妾之子往往危及己子繼承。北魏陸定國先娶河東柳氏，但又後娶范盧氏，因為二女俱為舊族，故家中嫡妾不分，後來定國死，二女之子爭爵，後娶之子陸昕之，因外來「權力」介入，取得嗣子地位，另一方則不免飢寒。(《魏書‧陸定國傳》)其實按照禮制，盧氏應為妾。但最終仍以其子繼承父爵。此事中，我們見到「權勢」在婚姻中的作用力何多！因盧氏為舊族，雖為後娶，仍享正妻待遇；定國亡後，兩子爭襲父爵‧因為盧氏兄弟淵與寵臣僕射李沖婚親相好‧沖遂左右申助，盧子昕之由是承爵尚主，職位赫弈‧柳子安保沉廢貧賤，不免飢寒。父爵承繼，亦有外來權力的涉入，其間，傳統禮教未見其用。晉武皇后楊豔的妒忌是有名的，她精挑醜妾（只取長白大）給武帝，多次阻止武帝納美女。但是「及后有疾，見帝素幸胡夫人，恐後立之，慮太子不安。臨終，枕帝膝曰：「叔父駿女男胤有德色，願陛下以備六宮。」因悲泣，帝流涕許之。」(《晉書‧后妃上‧武元楊皇后》)若純粹為愛，以楊后個性及獨佔心理，必不會主動進薦美女於帝，然而考慮到：與其讓外人（胡夫人）得利，不如讓自己人為后，除可固持楊家勢位之外，更能因堂妹登后確保太子地位。所以婦人妒或不妒，有時並非純然出於感情因素，「事勢」考量——兒子的利害。《魏書‧李孝伯傳》載：「孝伯妻崔賾女，高明婦人，生一子元顯。崔氏卒後，納翟氏，不以為妻也。憎忌元顯，後遇劫，元顯見害，世云翟氏所為也。元顯志氣甚高，為時人所傷惜。翟氏二子，安民、安上，並有風度。」李孝伯分明不愛翟氏，前妻之完美，前妻之子的賢能，在在威脅到她的處境及兒子的利益，所以除掉元顯，權歸己子，自己有才有出頭一天。顏之推曾討論過後妻妒前婦子的原因，正出於「事勢」：「前妻之子，每居己生之上，宦學婚嫁，莫不為防焉，故虐之。」[1]雖與兩女並爭的妒忌情況不同，但動機與出發點，都為其子則為相同；只是「妒忌」現象通常涉入的對象是活人之子；後者談的是死人之子而已。

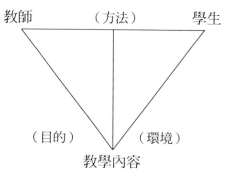

圖 4.1　教學要素圖〔註88〕

（二）「妒技」傳授：妒教的第二種內容是技術層面的「妒技」傳授。基本上妒技可分三類：「控制環境，杜絕欲心」、「檢校防閑，對付丈夫」與「對付入侵者及其相關人事物」。其一「控制環境設施」方面：妒行的表現有深有淺，外在環境的控管，應該是較輕微的。舉凡能勾起丈夫色欲的人、事、物都在控制之列。人員方面，家中僕婢必可少，因此，精挑老醜或容貌平常婢妾〔註89〕，使夫不生色心，便是妒婦常用的方法；倘若無法由主婦選擇，便嚴禁主婢交接，違者重罰〔註90〕。這是自家門內部分；至於到訪外客，一樣嚴防，尤其是貌美少年，雖為男性，但也會引發色心，甚至形成同性相戀情事，因此，男性少年也在防閑之列，並未因同性而免責〔註91〕。其實這些妒婦也不是窮緊張，而是鑑於當時男寵之盛〔註92〕，壞人家庭無數，因此對於年少之防，非徒然也。至

〔註88〕摘自田慧生、李如密《教學論》（河北‧河北教育出版社，1999），p.131。原文說明如下：教學過程係由三個構成要素（教師、學生、教學內容）和三個影響因素（目的、方法、環境）整合而成。構成要素是骨架，影響因素是血肉，二者在教學過程中是不同的。

〔註89〕如晉武帝元皇后楊豔「泰始中，帝博選良家以充後宮，……召充選者使后揀擇。后性妒，惟取潔白長大，其端正美麗者並不見留。」（《晉書‧后妃傳上》）「時有妍妙，皆加誚責。」（《晉書‧王導傳》）「裾袂向席，則老醜叢來。」（《宋書‧后妃傳》）

〔註90〕賈充乳母因與充言被殺，「聲影裁聞，則少婢奔迸。……左右整刷，以疑寵見嫌。」（《宋書‧后妃傳》）

〔註91〕《晉書‧王導傳》：「乃至左右小人，亦被檢簡。」《宋書‧后妃傳》：「賓客未冠，以少容致斥。」又〈六朝妒婦故事分析表〉中斥逐少年與夫交接者尚有荊州刺史苟某之婦、苟某婦庾氏。

〔註92〕《晉書‧五行志下‧皇之不極/人痾》：「自咸寧、太康之後，男寵大興，甚於女色，士大夫莫不尚之，天下相傚效，或至夫婦離絕，多生怨曠。」又《宋書‧后妃傳》：「公主性妒，而（王）藻別愛左右人吳崇祖，主與王氏離婚。」又《南齊書‧皇后傳‧鬱林王何妃》：「（何婧英）稟性淫亂，為妃時，便與外

於在《妒記》中看到阮宣子妻武氏「無道妒忌，禁婢：甌覆槃蓋，不得相合。家有一株桃樹，華葉灼耀，宣歡美之，即便大怒，使婢取刀斫樹，摧折其華。」乍看之下，武氏行徑「無道」，甚至匪夷所思，但細究之，阮脩（宣子）文人名士，風流多情，難保不睹物思淫〔註93〕，因此「防物」亦有其理。其次是檢校夫婿，防其別戀：與其坐待丈夫納妾，徒增煩擾，不如事前嚴加防範。老子說過：「不見可欲，則心不亂。」檢校防範重點便在於使其不近女色，隨時派人監視丈夫行動，嚴格控制丈夫的作息出入，令其無暇、無機會與其他女子接觸。這部分在〈讓婚表〉中有很具體的描述：「制勒甚於僕隸，防閑過於婢妾。……而令掃轍息駕，無闖門之期；廢筵抽席，絕接對之理。非唯交友離異，乃亦兄弟疏闊。第令……制以動靜；監子……節其言笑。……或進不獲前，或入不聽出。不入則嫌於欲疏，求出則疑有別意，召必以三晡為期，遣必以日出為限。」（《宋書・后妃傳》）其中所述不外乎限制夫婿行動，嚴密監控夫婿舉動。防堵丈夫與女子相見機會。部分丈夫因故外宿或未能準時返家，也有遭受妻子傷害者，如祖約、車武子妻顏氏〔註94〕。至此，我們不禁要問：傳統與社會制度規定「男尊女卑」、「男主女從」，女子何能如此制夫？丈夫難道不會反彈？或行使夫權，加以抵制；甚至將悍妻休離？天下男子，極少自願接受妻子的左右與防閑限制，但在六朝卻有一批丈夫似乎受制於妻，其理何在？容後再述。其三是「阻止納妾，限制聲伎」：每當史傳提及女子「不妒」，往往以兩種方式呈現：若非主動為丈夫納妾〔註95〕，則是對丈夫納妾採順從態度〔註96〕、寬待庶子〔註97〕。

　　　人姦通。在後宮，復通帝左右楊民之，與同寢處如伉儷。民之又與帝相愛褻，故帝恣之。」丈夫不愛妻子，愛男人，在六朝並非無聞。

〔註93〕相合甌槃象徵相偶、「桃之夭夭，之子于歸」亦象婚姻。《文心・物色》所論種種似之。

〔註94〕詳見附表〈六朝妒婦事蹟簡析〉。

〔註95〕「步夫人，以美麗得幸。性不妒忌，多所推進，故久見愛待。」（《三國志・吳書・妃嬪傳》）「公主奉姑有孝稱，……又性不妒忌，以昕之無子，為納妾媵，而皆育女。公主有三女無男，以昕之從兄希道第四子子彰為後。」（《魏書・陸昕之傳》）

〔註96〕「太妃恭勤婦業，……內政有序；務先窈窕，不有妒忌之心；博進才賢，而無險詖之志。」（〈北魏・太妃馮令華墓誌〉，《彙編》p.374）「而郡君政訓陳門，恩逮眾妾，肅穆閨闈，皆趙夫人慈育之所致也。」（〈北齊・夫人趙氏墓誌〉，《彙編》p. 399）

〔註97〕「自初敕降，繼嗣未甄，常勸余宜廣勝御，以錫眾類。和平之性，情無矜假。有五庶子，同之一生。」（〈晉・華芳墓誌〉，《彙編》p.14）「性不妬忌，寤寐思賢，撫視庶子，同之自生，降恩厚澤，平等無二。」（〈東魏・張玉憐墓誌〉，《彙編》p.319）

倘若妻子若不遵從或違反這兩項行為，則往往被視為妒婦。如謝安妻劉夫人，名士劉惔妹，出自高門，賢明有識鑒，盡心教子、忠告謝安謹慎交友〔註98〕，對於丈夫出處又甚了然，實為不可多得的賢妻，但因反對謝安納妾，竟入《妒記》榜上〔註99〕；還好有劉義慶的通達，將「劉夫人帷諸婢，使在前作伎，使太傅暫見，便下幃，以免傷謝盛德」之事置於《世說新語・賢媛篇》，而不以妒的立場看待，實屬男性書寫中的異數。元孝友的上書，主旨在立法使納妾合理化，以免橫受妻子阻撓，無法享齊人之福及聲色之樂：「將相多尚公主，王侯亦娶后族，故無妾勝。習以為常。婦人多幸，生逢今世，舉朝略是無妾，天下殆皆一妻。……夫妒忌之心生，則妻妾之禮廢。」（《魏書・元孝友傳》）可見，不令丈夫娶妾〔註100〕，為妒行之最顯見者，亦是確保正妻地位的有效辦法。然而部分丈夫，明不成，化為暗，祕密置妾，不使妻子知曉；待其知曉，已成定局。不過，妒婦自有對策。即第四招「對付別寵，殺害妾勝」：丈夫乃妻子終身依靠，或出於愛意，或恐對上丈夫，傷夫妻之義；或者丈夫權大於己，不便正面衝突，因此解決丈夫異心的方法中，直接對付外遇，是妒婦最常用的方法。或警告妾勝不得接近丈夫〔註101〕，或施虐妾勝〔註102〕，

〔註98〕 「謝公夫人教兒，問太傅：『那得初不見君教兒？』答曰：『我常自教兒。』」（《世說新語・德行36》）「孫長樂兄第（綽、統）就謝公宿，言至駁雜。劉夫人在壁後聽之，具聞其語。謝公明日還問：『昨客何似？』劉對曰：『亡兄門未有如此賓客。』謝深有愧色。」（《輕詆17》）「初，謝安在東山居，布衣。時兄弟已有富貴者，翕集家門，傾動人物。劉夫人戲謂安曰：『大丈夫不當如此乎？』謝乃捉鼻曰：『但恐不免耳。』」（《世說新語・排調27》）

〔註99〕 「謝太傅劉夫人，不令公有別房寵。公既深好聲樂，不能令節，後遂頗欲立妓妾。兄子及外生等微達此旨，共問訊劉夫人；因方便稱『關雎』『螽斯』有不忌之德。夫人知以諷己，乃問：『誰撰此詩？』答云周公。夫人曰：『周公是男子，乃相為爾；若使周姥撰詩，當無此語也。』」（《古小說鉤沈・妒記》）

〔註100〕 筆記小說有亡婦顯靈重責丈夫重娶之事，益能反映部份婦人妒心之重，至死不休。如「吳興袁乞妻臨終，執乞手云：『我死，君再婚否？』乞言：『不忍也。』既而服竟更娶。乞白日見其死婦語之云：『君先結誓，云何負言？』因以刀割其陽道，雖不致死，人性永廢。」（宋・劉敬叔《異苑・卷6》「妒鬼」）

〔註101〕 如北魏宣武高后，「性妒忌，宮人希得進御」；孝文帝幽后，「後宮接御，多見阻遏」。

〔註102〕 筆記小說有「紫姑神」：「古來相傳云是人家妾，為大婦所嫉，每以穢事相次役。正月十五日，感激而死。故世人以其日作其形，夜于廁間或豬欄邊迎之。祝曰：『子胥不在』，是其婿名也；『曹姑亦歸』，曹即其大婦也。……」（宋・劉敬叔《異苑・卷5》「紫姑神」）雖屬神怪，仍可反映社會實情。

或殺妾〔註103〕……，總之，要達到使對手害怕，遠離夫婿；或使夫婿顧忌，保持距離方止。倘若須與丈夫正面交手，本身後臺穩固絕對必要。因此每見公主貴婦之流，兵戎見於妾勝之前；或者，假力於位高權重之人，為己出頭。如北齊薛公長孫覽，見賜士文從妹，此女本為齊氏嬪，有色。覽妻鄭氏妒，譖之文獻后，后令覽離絕。略見妒忌行為，實為一種權力角力活動。妾勝身份低賤，在古代，形同財產物品，殺之賣之鞭之，主人多無罪責，因此殺妾之事，時有所聞〔註104〕。反觀正妻若是身份尊貴如公主后族，權勢盛大，殺他數妾，多半無事。有正妻害妾，自然也有小妾害妻者。害人傷人者不見得全是正妻，小妾算計正妻，使其見離，以便獨享妻之待遇者，史籍亦有〔註105〕。不過部分妒婦為消怨怒，憑恃權勢殺妾或虐勝，行徑每多不仁，因此也最為人所訴病：袁紹妻劉氏盡殺丈夫寵妾五人，且髡頭墨面，懼與丈夫地下相見；賈充妻未明細故便殺乳母；晉惠賈后手殺數人，以戟擲孕妾，子隨刃墜地；劉輝妻蘭陵長公主笞殺孕婢，剖其孕子，節解，以草裝實婢腹，裸以示夫；長孫稚後妻羅氏嫌疑僮侍，致死者有四……。至於曹夫人及南康長公主意外發現丈夫金屋藏嬌，立即率眾提刃欲殺之，幸而無事。覽其事令人不寒而慄，全然不見「婦順」影跡。如此激烈手段，除了作為外遇「殺雞儆猴」作用之外，亦欲丈夫有所節制，別妄為傷及無辜。其實作人妾勝，又何嘗皆出自願，怕其中不乏丈夫權勢的受害者，然而既已威脅正妻的情與權，只有成為妒婦的敵手迎戰或受其凌辱。婦人無子，可以出之。婦女有子無子，也往往關係到她一生榮辱。晉宣穆張皇后春華有德行，智識過人，生景帝、文帝。帝重之。「其後柏夫人寵，后罕得進見。帝嘗臥疾，后往省病，帝曰：『老物可憎，何煩出也。』后慚恚不食，將自殺，諸子亦不食。帝驚而致謝，后乃止。帝退

〔註103〕筆記小說中甚至載有亡婦妒及後妻的故事，亡婦現身怒責丈夫與後妻，儘管後妻為其族妹親戚者：「呂順喪婦，更娶妻之從妹。因作三墓，攗累垂就，輒無成。一日順晝臥，見其婦來，就同衾，體冷如冰，順以死生之隔語使去。後婦又見其妹，怒曰：『天下男子獨何限，汝乃與我共一婿！作家不成，我使然也。』俄而夫婦俱殂。」（《幽明錄》，《古小說勾沉》本）

〔註104〕魏武有伎善歌性惡，待有繼者，便殺性惡者；石崇美人勸酒不力，即殺美人。二事均出《世說新語》。

〔註105〕《北齊書‧薛琡傳》：「魏東平王元匡妾張氏淫逸放恣，琡初與姦通，後納以為婦。惑其讒言，逐前妻于氏，不認其子，家內怨懟，競相告列，深為世所譏鄙。」武后〈蘇氏織錦迴文記〉：「寶滔深以為憾。陽臺又專伺蘇氏（蕙）之短，讒毀交至。滔益忿蘇氏。」

而謂人曰：「老物不足惜，慮困我好兒耳！」〔註106〕則是因子受重之例。又裴秀年十八，有令望，母本為侍婢，大母猶令秀母親役。後來家中宴客，秀母下食，因秀之賢良，眾賓見，並起拜之。秀母回答：「微賤，啟宜如此？當為小兒故耳。」于是大母不敢復役之。兒子對於婦女的重要性可見，母以子貴並非空言。然而倘若妾媵受寵，妾子因母之寵往往也有機會繼承家業，這是對正妻及其子的威脅；至於對身為「後妻」的妒婦而言，前妻之子，身為嫡長，地位正當，承繼本然，然而己子卻無法繼承家業，間接也影響自己日後的處境與地位〔註107〕。妾媵之子與前妻之子皆影響己子的繼承權，因此正妻或後妻無不想盡辦法除去防礙自己兒子繼承妾子或前妻之子。而部分無子婦女，去妾子更為積極，本身無子，而妾有子，自己的地位不保。北魏傅永留妻賈氏於本鄉，至代都，娶妾馮氏，生叔偉及數女。賈氏後歸平城，無男，唯一女。馮恃子，事賈無禮，庶子叔偉亦奉賈不順，賈常忿之。〔註108〕有子無子關係自身地位何鉅！關於正妻傷害妾子（包括孕子）前文已及，後妻殺害前妻之子，六朝史料不難見到〔註109〕，筆記小說也出現亡母念及己子被後妻所虐，現身報復者〔註110〕，雖然故事雜有神怪成份，但適可反映此類家庭問題的確存在，且有其嚴重性〔註111〕。

〔註106〕《晉書·后妃上》。

〔註107〕被出被賣被殺皆有，隋代甚至還立法不准販賣父祖諸妾。

〔註108〕《魏書·傅永傳》。

〔註109〕李孝伯後妻殺前妻子元顯，事見《魏書·李孝伯傳》。

〔註110〕顏之推《冤魂志》載：「宋東海徐某甲，前妻許氏生一男，名鐵臼，而許亡。某甲改娶陳氏，陳氏凶虐，志滅鐵臼。陳氏產一男，生而咒之曰：『汝若不除鐵臼，非吾子也。』因名之鐵杵，欲以碪搗鐵臼也。於是捶打鐵臼，備儲苦毒，飢不給食，寒不加絮。某甲性闇弱，又多不在舍，後妻恣意行其暴酷，鐵臼竟以凍餓病杖而死，時年十六。亡後旬餘，鬼忽還家。登陳床曰：『我鐵臼也，實無片罪，橫見殘害，我母訴怨于天，今得天曹符，來取鐵杵。當令鐵杵疾並，與我遭苦時同。……』（李劍國《唐前志怪小說輯釋·南北朝編第三·》，臺北·文史哲，1995）又《雜鬼神志怪》載：「永嘉中，黃門將張禹曾行大澤中。天陰晦，忽見一宅門大開，禹遂前之廳事，……見一女子，年三十許，坐帳中。……女曰：『我亡人也，冢墓之間，無以相共，慚愧而已。』因歔欷告禹曰：『我是任城縣孫家女，父為中山太守，出適頓丘李氏。有一男一女，男年十一，女年七歲。亡後幸我舊使婢承貴者。今我兒每被捶楚，不避頭面，常痛極心髓，欲殺此婢，然亡人氣弱，須有所憑。託君助濟此事，當厚報君。』……（《古小說勾沉》）

〔註111〕六朝有多位丈夫在婦亡之後不肯再娶，便考慮到後妻虐子、或嫡庶爭位的情況。《三國志·吳書·諸葛瑾傳》注引《吳書》曰：「瑾才略雖不及弟，而德

如此一來，教育活動中的教師、學生、內容、環境、方法皆備，僅餘「教育目的」此項尚須審查資格。關於「教育目的」，或許有人會質疑：若依《說文》所主「教，養子使作善也」說法，則傳統禮教貶斥的惡德「妒忌」，便不能成為教育的一環。然而，妒忌究竟為惡德，還是如六朝部份人士所認為的是「婦德」、是「女工」？其實是見仁見智的問題，端看個別家族的認定如何？在特定的價值觀下（門第利益中心說），妒忌的確有其「正面」作用。在前文討論家人教女妒忌乃是基於「家族利益」的考量。愛女惜妹，執著感情外，確保夫妻雙方家族關係之穩固，對彼此皆有利。從特定角度而言，妒忌對於男方，未必皆為害，因無妾媵、免除家庭紛爭，繼嗣無異議，更能確保（夫家）家運平進，免於爭奪訴爭；在淫風高張的北朝〔註112〕，妒忌的確也有防制「淫亂」，免除桃色糾紛〔註113〕的作用，尤其妻子勢位又高於夫婿之時，為前途、為家族榮辱，還是會收斂一下。因此「妒教」必須處於特殊時代（禮教　鬆動、妾媵普遍）、特殊空間（北地胡俗淫風較盛）、特殊階級（門第相敵或凌越）、特殊關係與待遇（如無前面三種條件時，則必備「專寵」之要件），才有實現的可能。否則妒婦下場不免傷離罪死。最後若要對妒教歸類，它幾乎可謂是一門「鬥智」的「藝能」教育；要運籌帷幄，要善置耳目，打探丈夫動靜；要應付對手，要自保又要殲敵……。其複雜度高，實須人教，因此妒忌有必要躋身成為一項「女教」內容。

二、情權徵逐

愛恨相生，若無愛則難生恨。「良人者，所仰賴而終身也」，丈夫是女子一生所繫，女子全付心思放在丈夫身上：為夫生子、長養舅姑、操持家務，供給衣食……。真情付出卻得不到對等情感的回報。顏之推說：「夫不義則婦不

行尤純。妻死不改娶，有所愛妾，生子不舉，其篤慎皆如此。」《三國志·魏書·管寧傳》：「初，寧妻先卒，知故勸更娶，寧曰：『每省曾子、王駿之言，意常嘉之，豈自遭之而違本心哉？』」《三國志·吳書·吳主權傳》注引《吳書》：「以尚書令陳化為太常。……妻早亡，化以古事為鑒，乃不復娶。權聞而貴之，以其年壯，敕宗正妻以宗室女，化固辭以疾，權不違其志。」

〔註112〕《魏書·鄭羲傳》：「自靈太后預政，淫風稍行；及元乂擅權，公為姦穢。自此素族名家，遂多亂雜。法官不加糾治，婚宦無貶於世。」

〔註113〕如北魏廣陵王元羽：「先淫員外郎馮俊興妻，夜因私遊，為俊興所擊。積日秘匿，薨於府，年三十二。」（《魏書·獻文六王傳上》）

順矣。」（《顏氏家訓·治家》）丈夫或溺於聲伎美色之中，或廣置妾媵；或冷落妻子，或不答禮，心有外屬，真心付出的妻子情何以堪？上洛都尉壬談獲高幹，以功封侯；其妻哭於室，以為夫富貴後，將更娶妾買媵而奪己愛故也。〔註114〕女子哭泣算是無奈的情緒發洩而已，六朝女子不盡如此因應，她們化被動哀泣為主動出擊，妒心也因此產生。在妒婦眼見丈夫與別寵過著比自己更好的日子，而自己卻受到冷落，內心感到難受，於是有一股想要毀掉「他人」幸福的慾念。而且此種感受（愛情）之強烈，往往勝過與外遇之「親情」，傅嘏曾用「妒前無親」之語評論士人品格〔註115〕，但用於婦女亦甚貼切。不管正史或筆記小說，皆有姊妹為爭寵而感情大傷，甚至喪命之事的描述，足見情之困人深矣〔註116〕。而「妒婦津」故事中的段明光，耳聞丈夫對於洛神賦中「水神」的歡美，認為已分割並侵犯丈夫對自己整全的愛，於是她對丈夫說：「君何得以水神美而欲輕我？吾死，何愁不為水神？」當夜便自沉而死。死後七日，托夢告訴丈夫：「君本願神，吾今得為神也。」〔註117〕希望藉由此舉，保留住丈夫所有的愛。此女行為自然可議，但對感情的執著卻無可疑。又《語林》載：「劉瑱妹為鄱陽王妃，伉儷甚篤。王誅，妃追傷成疾。時有殷倩，善寫人面，與真不別。瑱令畫王像并王平生所寵姬共照鏡，狀如欲偶寢，使乳媼示妃。妃視之，唾罵云：『故宜早死。』于是恩情即歇，病亦瘥。」（《盍史·卷35·容貌門》引）劉瑱治療妹疾的方法便是激起「妒心」，當時王既已死，無權力爭奪之慮，王妃珍惜的是相處時的情義，「畫中寵姬」挑戰了王妃之情，妒忌亦因之而起；可知此妒因情而生，而非有權力之爭。至於筆記小說《妒記》中嚴妒的士人婦〔註118〕，雖暴力對夫，但見夫化羊，心仍悲慟，

〔註114〕曹丕《典論·內誡》。

〔註115〕「妒前無親」語出《三國志·魏書·傅嘏傳》注引《傅子》所轉引傅嘏論何晏諸人之語。

〔註116〕正史如北魏孝文帝與馮廢后、馮幽后兩姊妹。筆記小說如《幽明錄》：「呂順喪婦，更娶妻之從妹。因作三墓，攝累垂就，輒無成。一日順晝臥，見其婦來，就同飡，體冷如冰，順以死生之隔語使去。後婦又見其妹，怒曰：『天下男子獨何限，汝乃與我共一婿！作家不成，我使然也。』俄而夫婦俱殞。」

〔註117〕唐·段成式《酉陽雜俎》。

〔註118〕京邑有士人婦，大妒忌；於夫小則罵詈，大必捶打。常以長繩繫夫腳，且喚便牽繩。士人密與巫嫗為計：因婦眠，士人入廁，以繩繫羊，士人緣牆走避。婦覺牽繩而羊至，大驚怪，召問巫。巫曰：『娘積惡先人怪責，故郎君變成

最後妒婦為保全丈夫，寧可改性，從此不妒。本性難移，但此婦情之真，應無可疑，只是用錯方向，妒行可議。

前文曾據〈表10〉分析過妒婦身份，貴族為多：其中后妃公主與官婦最多，士人時聞，平民較少。就妒婦下場來看，沒有公主因妒受到懲罰，南北皆然。因為公主地位絕對高於夫婿，又有皇帝老子的支持，公主再過份，丈夫也莫可奈何。只有劉輝秉性疏狂，未忍小忿，與主忿爭傷害公主，因此破家；至於貴婦與士人婦，在六朝門第門婚姻下，多與夫婿地位相敵，因此多半沒事，至多夫婿疏離逃避。只有在帝王出面（或其他強有力靠山，如兒子繼位為帝、王），偏向其中一方，才打破彼此的均勢。且結局與帝王意向完全成對應，王偏夫，妻倒楣（榮彥遠妻、袁悐妻、劉休婦）；王偏妻，夫遭殃。至於后妃妒忌，后之地位雖尊於妃妾，但卻無法成為鬥爭的本錢，后妃之爭，成敗亦取決於帝王寵愛及權謀高深。至於士人之妾，身份至微，得寵則罷，失寵或有外力介入，根本無靠山，遭遇亦慘，如孔仲智妾即為其例〔註119〕。但在北朝則非如此，後娶之（妻）妾，往往專寵，恃夫之權，每與嫡妻相抗，爭訟無絕。但夫死之後，又各護己子，繼續無時。此外，北朝似無妒婦受罰，僅有李安世妻崔氏被出。王晞妻在帝王前不答應丈夫納妾，帝王寬大，一笑置之，終究無事。其實南朝因妒而死二女，事出宋明帝個人「特憎婦人妒」之故〔註120〕，否則，若非孔稚珪多事為兄上告官府，李妾罪當不至於死。〔註121〕因此若以北朝無妒婦傷亡，南朝妒婦有死傷〔註122〕，即言南北兩地對於「妒」

羊。若能改悔，乃可祈請。』婦因悲號，抱羊慟哭，自咎悔誓師。嫗乃令七日齋，舉家大小悉避於室中，祭鬼神師，祝羊還復本形。婿徐徐還，婦見婿啼問曰：多日作羊，不乃辛苦耶？』婿曰：『猶憶噉草不美，腹中痛爾。』婦愈悲哀。後復妒忌，婿因伏地作羊鳴；婦驚起，徒跣呼先人為誓，不復敢爾。於此不復妒忌。（《古小說鈎沈・妒記》）

〔註119〕 《齊書・孔稚珪傳》：「兄仲智妾李氏驕妒無禮，稚珪白太守王敬則殺之。」蓋律殺奴婢，不過先以白官。（秦漢律）妾與婢無異，故其殺之之易如此。劉熙《釋名・釋親》：「妾，接也；以賤見接幸也。」妾之身份如奴婢，尚可轉送買賣殺害，一般「娶」妾，不云娶而云「買妾」、「置妾」，並無身份可言，據漢律：殺奴婢，事先向官府報備，即無罪。

〔註120〕 不知是否與其晚年無法內御而產生的自卑感有關？詳見《宋書・帝紀》。

〔註121〕 或因李氏身份為賤妾，視如財產，殺之無何。

〔註122〕 若針對解決與結果來看：三國妒婦多罹死傷，且多謀殺，袁紹妻殺妾5人，諸婦殺馮方女，手下殺上主婦，有宮人殺潘夫人，下人殺孫壹及邢氏。晉代妒婦多門第女，他們的妒行則較多樣，未必盡是激烈手段。殺妾勝有賈充妻郭氏、賈后南風二人；欲殺未成的桓溫妻南康長公主、王導妻曹氏；是因為

的觀感有「罪、德」之別，或有武斷之嫌〔註123〕，其中真正影響妒婦的因素只有一個——即「權力」。不過，妒婦並非永遠站在勝利一方，皆有「父兄不加罪，天下莫之非」的條件，事實上，必須父兄權位過人，自己尊貴無比（如公主后族），方能有此殊遇。單為情故發，不顧身份權位不足、外無所恃，貿然硬與「男尊女卑」「男主女從」制度對抗的妒忌女性，往往景況淒涼，如孔仲智之妾李氏、袁愍妻、榮彥遠妻，未知丈夫背後尚有高官帝王介入撐腰，還凝凝行妒，終至殞命。而未死的劉休妻王氏受杖刑之外，復須兼營小店抛頭露面受辱，皆丈夫權力大過妒婦而起的死傷事件。至於面對妒婦而「未加處理」的丈夫，主要原因在於勢屈崇貴、有求於妻或家和考量。儘管妒忌事件中的男主角地位多半不低，有丞相、三公、大將軍，但與皇族王姬相比，相形見低。娶一個權勢強於自己的妻子，有利有弊。尚主之家，「夫事妻，男事女」，「妻之私理，有甚王憲；發口所言，恒同科律。」丈夫處處受制，就算英雄也要氣短：

> 至如王敦懾氣，桓溫斂威，真長佯愚以求免，子敬灸足以違詔，王偃無仲都之質，而裸露於北階，何瑀闕龍工之姿，而投軀於深井，謝莊殆自同於矇叟，殷沖幾不免於強鉏。彼數人者，非無才意，而勢屈於崇貴，事隔於聞覽，吞悲茹氣，無所逃訴。（宋明帝近臣〈讓婚表〉，《宋書·后妃傳》）

權位不似后妃，生殺憑己？有直接對付丈夫：對物遣怒（阮宣子妻武氏）有自殘自殺以悔夫者（袁齊媯與段明光）委婉以理勸夫則有謝安妻。宋則多與明帝有涉，明帝以其大權殺二、杖一妒婦，這些妒婦多非皇室中人；反觀宋室公主，全妒而無事，反有王藻，別寵送命。因此妒婦結果與其身世權勢有絕對關係。

〔註123〕詳見李貞德（JEN-DER LEE，1992）" Women and Marriage in China During the Period of Disunion", University of Washington, PP.170～186。案：若妻妒忌有理、為德，長孫稚妻大可妒忌防閑夫婿，何以終至被棄，換外遇羅氏踐嫡妒忌？何以韓子熙未婚先與寡婦姦合而姑女王氏貴為正妻，歷年相告，無法可治？陸定國先娶河東柳氏，但又後娶范盧氏，「二氏俱為舊族而嫡妾不分」，更可看出權勢在婚姻中的作用力何多？甚至最後二婦之子爭爵，後婦子陸昕之，因外來「權力」介入，取得嗣子地位，原先的正牌嫡子卻不免飢寒。妒若為德，柳氏早妒，母子便不會有淪落之日。李洪之的糟糠妻張氏，助其起家，洪之富貴，更娶劉芳從妹，後娶為名家出身，嫡妻門戶不敵，雖有其位，卻無其權寵，兩宅母子往來如仇。分合升降甚至嫡庶，其間只有情權因素左右，「丈夫的情」及「妻子的權」（來自父兄）兩項，若齊全，正妻之位自固。

上文出現的人物與我們平日所知形象，相去甚遠。王敦、桓溫權傾朝野，其餘諸人亦多當時名士能人；但在公主妻子面前，氣概全無。倒不是公主可畏，而是公主背後的靠山——至尊的天子，令人心生敬畏。天子愛女誰敢得罪？前文曾提及幾椿與公主鬧僵的事件，最後駙馬的結局都相當淒慘，因之家道衰頓者亦有。因此不為自己，為了家族興亡，夫婿也得善事公主，不敢差池。漢人王吉、荀爽、荀悅三人都曾對尚主之制大表反對〔註124〕，認為違逆男尊女卑大義。此外，京房《易傳》中也曾引用湯嫁妹詞曰：「無以天子之尊而乘諸侯，無以天子之富而驕諸侯，陰之從陽，女之順夫，本天地之義也。往事爾夫，必以禮義。」〔註125〕這些意見，並非多慮，因為後世尚主之家果多「陰盛陽衰」情況〔註126〕。六朝尚主男子，對於妻子多半無法發作其忿懟情緒，正為勢卑之故。其次有求於妻，待公主好，榮華富貴；與公主惡，身死家破。至於門第之間亦然，男子得娶名族為六朝士人所榮，一方面增顯身份，一方面多得妻族勢力，前途更有倚仗〔註127〕。反之，兩家怨結，沉滯可待〔註128〕。

〔註124〕古書之中，明言公主出嫁當從夫婿。漢人有倡議廢除尚主制度者：「又漢家列侯尚公主，諸侯則國人承翁主，使男事女，夫詘於婦，逆陰陽之位，故多女亂。」（《漢書・王吉傳》）「今漢承秦法，設「尚主」之儀，以妻制夫，以卑臨尊，違乾坤之道，失陽唱之義。」（《後漢書・荀爽傳》）「尚主之制非古：釐降二女，陶唐之典。歸妹元吉，帝乙之訓。王姬歸齊，宗周之禮。以陰乘陽，違天；以婦陵夫，違人；違天不祥，違人不義。」（《申鑒》，《後漢書・荀悅傳》）

〔註125〕湯嫁妹之詞，出《困學紀聞》引京氏《易傳》。雖未必真為商湯之原詞，但代表漢人京氏的看法。

〔註126〕仍有少數公主緊守禮教，恭順事夫者，如蕭寶夤妻南陽長公主：「公主有婦德，事寶夤盡肅雍之禮，雖好合積年，而敬事不替。寶夤每入室，公主必立以待之，相遇如賓，自非太妃疾篤，未曾歸休。寶夤器性溫順，自處以禮，奉敬公主，內外諧穆。」（《魏書・蕭寶夤傳》）又陸昕之妻常山公主：「公主奉姑有孝稱。神龜初，與穆氏琅邪長公主並為女侍中。又性不妒忌，以昕之無子，為納妾媵，而皆育女。公主有三女，無男。」

〔註127〕《周書・王士良傳》：「士良少修謹，不妄交遊。魏建明初，爾朱仲遠啟為府參軍事。歷大行臺郎中、諫議大夫，封石門縣男，邑二百戶。後與紇豆陵步藩交戰，軍敗，為步藩所擒，遂居河右。偽行臺紇豆陵伊利欽其才，擢授右丞，妻以孫女。士良既為姻好，便得盡言。」

〔註128〕《晉書・束晳傳》：「晳博學多聞，與兄璆俱知名。少遊國學，或問博士曹志曰：「當今好學者誰乎？」志曰：「陽平束廣微好學不倦，人莫及也。」還鄉里，察孝廉，舉茂才，皆不就。璆娶石鑒從女，棄之，鑒以為憾，諷州郡公府不得辟，故晳等久不得調。」

至若尚主，人才不論凡庸〔註129〕，必登高位〔註130〕；加以貴為帝王女婿，往往特蒙親睞，平步青雲〔註131〕；即令家有至禍，亦多見宥〔註132〕。何瑀尚高祖少女豫章康長公主劉欣男，良人情愛隆密，何氏外族疏戚，莫不沾被恩紀。而他本人，歷位兵顯，至衛將軍。〔註133〕尚主利多，故令不少人士處心積慮以致之，有時甚至形成多人爭奪逐場面：一旦入選，榮顯無比〔註134〕；至於未能如願者，甚至心懷忿怨，結釁於雀屏中選者〔註135〕。最末是家和為

〔註129〕《南史‧褚湛之傳》：「湛之……尚宋武帝第七女始安哀公主，拜駙馬都尉、著作佐郎。哀公主薨，復尚武帝第五女吳郡宣公主。諸尚主者，並因世冑，不必皆有才能。湛之謹實有意幹，故為文帝所知，歷顯位。」《南史‧王騫傳》：「性凝簡，慕樂廣為人，未嘗言人之短。諸女子姪皆嬪王、尚主，朔望來歸，輜軒填咽，非所欲也，歲中不過一再見。嘗從容謂諸子曰：「吾家本素族，自可依流平進，不須苟求也。」案：駙馬未必有才，但必登高位；但有些人，本身有才，以真本事進身，亦會被認為是靠裙帶關係而致，故有才德，不必以駙馬為榮。正如讓婚表所言：「如臣門分，世荷殊榮，足守前基，便預提拂，清官顯宦，或由才升，一叨婚戚，咸成恩假。」故王騫以為「依流平進，不須苟求」，苟求便是指嬪王、尚主。女、妹嬪王，父兄沾光；身、子尚主，富貴在望也。

〔註130〕《宋書‧百官志下》：「永初已來，以奉朝請選雜，其尚主者唯拜駙馬都尉。三都尉並漢武帝置。孝建初，奉朝請省。駙馬都尉、三都尉秩比二千石。」《陳書‧袁樞傳》：「漢氏初興，列侯尚主，自斯以後，降嬪素族。駙馬都尉置由漢武，或以假諸功臣，或以加於戚屬，是以魏曹植表駙馬、奉車趣為一號。《齊職儀》曰：『凡尚公主必拜駙馬都尉』，魏、晉以來，因為瞻準。蓋以王姬之重，庶姓之輕，若不加其等級，寧可合巹而醮，所以假駙馬之位，乃崇於皇女也。」

〔註131〕《北史‧柳述傳》：「述……性明敏，有幹略，頗涉文藝。……後以尚主故，拜開府儀同三司、內史侍郎。上於諸婿中特見寵遇。歲餘，判兵部尚書事。」《魏書‧陸昕之傳》：「昕之容貌柔謹，高祖以其主婿，特垂昵眷。世宗時，年未四十，頻撫三蕃。當世以此榮之。」

〔註132〕《陳書‧留異傳》：「天嘉五年，陳寶應平，并擒異送都，斬于建康市，子姪及同黨無少長皆伏誅，唯第三子貞臣以尚主獲免。」

〔註133〕《宋書‧后妃傳》。

〔註134〕《晉書‧忠義‧嵇紹傳\從子含》：「時弘農王粹以貴公子尚主，館宇甚盛，圖莊周于室，廣集朝士，使含為之讚。」《梁書‧王峻傳》：「子琮、玩。琮為國子生，尚始興王女繁昌縣主，不慧，為學生所嗤，遂離婚。峻謝王，王曰：「此自上意，僕極不願如此。」峻曰：「臣太祖是謝仁祖外孫，亦不藉殿下姻媾為門戶。」王琮之說益見時人藉結姻皇家以盛門戶。

〔註135〕《魏書‧張彝傳》：「時陳留公主寡居，彝意願尚主，主亦許之。僕射高肇亦望尚主，主意不可。肇怒，譖彝於世宗，稱彝擅立刑法，勞役百姓。詔遣直後萬貳興馳驛撿察。貳興，肇所親愛，必欲致彝深罪。彝清身奉法，求其愆過，遂無所得。」《北齊書‧孫騰傳》：「時魏京兆王愉女平原公主寡居，騰

念，六朝重門當戶對，其妻雖非公主，但亦為名族高門；兩家或平婚，或他高於我，儘管門第相當，但若婚變，影響兩家感情，則非兩門所願〔註136〕。終究在門第社會中，多靠婚宦保持尊貴身份、官場上互相扶持；九品選官，亦多關照親族。為保持家族人脈，冤家宜解不宜結。夫妻感情再不好，也不便遇事便發，只得繼續隱忍，以求家族和穆，避免貽笑鄉里朝野，影響家聲〔註137〕。此外，在北朝史例中，我們見到不少家族因為妻妾爭吵、雙妻訴訟，鬧得家中雞犬不寧，則男子接受妻子的妒忌防閑限制，不見美色，不納妾媵，於家族而言，亦不見得不是件好事。

因此妒婦縱有妒心，未必能成妒行。因為妒忌為禮教所斥，七出之一，儘管禮教鬆動為當世風氣，然而家門之內自有風教；婦女言動，多少得三思後行：夫的反應為何？如何對付？對於子女有無影響？娘家反應將如何？是否有損家族利益，都是妒婦必須考慮的問題。如果，她自認為以上問題都能克服，則「妒心」便有機會轉變為具體行動。當然也有少數婦女，感性大過理性，情緒反應淹沒利害考量，衝動行事，終致一敗塗地，反令對手得利，成為權力鬥爭中的犧牲者。綜合男女兩方結局來看，可得：「妒無常理，權勢強者勝利」之規律。

三、父權操弄

妒事起於「父權」多妾制度，妒心雖出於女，妒行仍靠父權展現。同屬「父權」系統的國家禮法，因為六朝特殊的政教背景而無以使力，門第權貴，方是政教實際所出，因此在妒教的形成及妒婦徵逐的過程中，國家禮法，多半未曾涉入。故妒忌在六朝似乎僅屬私領域的道德與教育的問題，而國家政教較少干涉。

「妒」是一種清晰表現自己不願意與他人（含男寵）共享丈夫感情權利的心意：「妒行」則是採取主動或激烈方式去預防或阻止危害自己權益（情、

欲尚之，公主不許。侍中封隆之無婦，公主欲之，騰妒？隆之，遂相間構。高祖啟免騰官，請除外任，俄而復之。」案：可知尚主仍為時人所欲，而公在自己的婚姻中有部分自主權。

〔註136〕古代婚義在於傳宗接代，合兩性之好，並非男女二人之事而已。

〔註137〕《北齊書・段孝言傳》：「孝言富貴豪侈，尤好女色。後娶妻定遠妾董氏，大耽愛之，為此內外不和，更相糾列。」《魏書・趙令勝傳》：「令勝寵惑妾潘，離棄其妻羊氏，夫妻相訟，迭發陰私，醜穢之事，彰於朝野。」

權）的事情的發生。六朝妒婦現象，表面上看，是婦女明白堅定表明自己的感受與立場的方式之意。要「形成妒心」並不難，但為轉為「妒行」（將心中妒心具體化，「付諸」行動）、以保衛自己的情與權，背後倚仗的還是「男性」的父權；甚至能直言妒不是惡德，亦須倚仗「男權」。就「妒忌」行為的產生始末，加以考查，亦導因於父權制度：

> 廣羅姬妾，以縱淫欲者，<u>貴人</u>也；而限止貴人使之不得蓄妾縱淫者，亦<u>貴人</u>女也。比而觀之，真使人歡淫之與妒，皆貴族所獨擅矣。（呂思勉《兩晉南北朝史》，p.913）

貴人與貴人女，皆與貴人有關。貴人自貴有權，可行納妾；而女之所以貴，因父而來，憑父權之高於夫權，故得以行妒。納妾望想，是男尊女卑的制度，為男性一方所設，每每形成一妻多妾局面，威脅女子之情與權。女子為抗議丈夫用情不專並希望維護自己的權益，於是有妒心的產生。然而妒心要發展為妒行，則須仰仗於「父權」與「夫權」（專寵小妾得自丈夫）的保護而安然渡日。以權力角度來看妒忌事件，實為「兩個父權」爭逐結果（夫家與本家），夫妻問題已然成為兩個家族的問題，六朝妒風之盛，原因也在於此，無人願意因個人情仇，犧牲家族利益。因而女方教女妒忌，男方也不敢衝動祭出「七出」之條。如此看來，表面上性強、耀武揚威的妒婦，猶如戲偶，少卻背後那隻支撐的手，也無法獨力搬演完這齣「妒婦記」。六朝女性所擁有的自己仍只是一個柔弱的存在，要做自己也還是要靠男權之外力，女性主體依然與歷代女子一樣無力難自支。

小　結

「妒心」因情，「妒行」因權，「教育」始於「現實」需要，「妒教」的形成則不脫「情權」二端糾纏。至於妒忌是德是罪，禮法已難置議[註138]，地域不是問題，種族因素不是本源，權勢高低方是關鍵。妒忌本是一種清晰表現自己不願意與他人（含男寵）共享丈夫感情權利的心意，妒行則是採取主動或激烈方式去預防或阻止危害自己權益（情、權）的發生。妒的動機出於「惑溺於情」或「維護權利」，其實就六朝例子歸納，各佔一半。然而想要惑

[註138] 一方面是尚情之風下，妒自有其理義可言；又門第乃政教之所出，門第中人自可權衡，自行家族禮法，自評行為之德罪。

溺於「情」，恐怕還是靠權力的支撐，否則便永遠只是妒心，而無法具現為妒行。

就教育觀點來看，教育原理並非鐵律，「教材」出於需要，妒忌便是一例。而女聲對於妒忌的剖析，同樣越名教，但情境與出言時機立場有異。除卻「不妒之德，出於制作」說外，其他女性仍志於夫、子權益故發此語。她們本身對於「女性」這一角色的自覺恐怕是不多的。而妒的「德、罪」歸屬如何？男性父權仍是衡準。權力使人有定義權與發聲權：妒的「善惡」定義，實無絕對，「性強」也未必全然無益。父權使出身尊貴的女兒，得以恣行己意；合於「男性權益」（如家庭、父、子）的妒在部分家族與情境下被認可，因此「妒教」從某個角度來看，似乎仍是父權操控的木偶，雖有自己的言行聲色，實不出於某個龐大價值體系的掌控。……儘管仍得憑恃男權來彰顯女性的主體位置，然而六朝女性的妒行，卻讓女性浮出歷史地表，當上主角，發出自己的聲音，表達自我的感受，他人完完全全感受到她的存有（雖然未必出於喜悅的心情）。但她站出來了，不是男性的應聲蟲或影子，她往往做出違背男人心願的事，雖然結局未定，下場未知如何，她堅定做了自己，獨立發聲。而在她表演過程中，親友團的相教，提供權、智之助，應該皆是她能演出的幕後功臣。

總之，「妒教」現象確實存在於六朝；它是六朝門第社會制度下的貴族，有鑒於別寵外遇有損女兒「情、權」，更有害於雙方家族關係之穩固，因著時風尚情及禮教衰弛而起的時機及門戶匹敵（甚至是權勢凌駕男方）的優勢，對女兒或親人施以制夫防妾之方的教授與訓練。後世失卻相似的條件，妒教便不復存在。就男方角度，當他對於妻（妻族）力量的倚靠（權位、情感〔註139〕都包含在內）越大，則女子妒忌的負面下場機率越小（如公主后族或門第顯赫之女），妒行速禍的顧慮較少〔註140〕；但相反地，地位遠遜於夫（為妾或寒族之女），生殺變數就相對增大。從妒教形成時的情權動機交雜，到娘家以情權決定立場，到妒的「善惡」歸屬、丈夫的因應態度，到最後這場「妒教」成果，皆由「情、權」二端斟酌看來，則「妒教」作為一場情權之爭，當是無疑的。

〔註139〕若男子情感「惑溺」於此女，則此女有「恃寵」而驕的本錢，也可歸為「有勢」一方，只不過她的勢來自丈夫，而非娘家。

〔註140〕六朝中未有因妒被殺的公主，但有被殺的妾及倖臣之妻。倖臣之妻勢力，或可與倖臣匹敵，但勞駕裁，則成為「皇帝與妒婦」的勢力爭逐，勝負自然顯明。

第五章　六朝女教的歷史意義

　　本文始於對六朝婦女「多才」、「多面」形象知興趣，期望藉由女教角度之切入，各類材料之廣泛爬梳，探尋女才養成及各色女子形塑之源頭。且由才女成就類型中，提示女才與女教之間的初步關涉。即女才出自女教培訓，而歷代皆有教女，六朝何以女才特多，形象多方?本文嘗試以「性別」、「教育」角度切入，排比六朝男女各自表述的種種關於婦女教育的意見，而寧本文的三個問題據整理出。「六朝女子才性觀」、「南北女教之異同」以及「妒教現象中的情權之爭」乃為六朝女教之現象，亦是六朝女教的特色，更是六朝才女孕育及多元形象女子產生的緣由。

第一節　造就多才多面婦女

　　首章「濟濟才女與六朝女教」，總述六朝才女與女教實況，依次探討「家庭」、「宮閨」、「寺治」三類教育之「教育目的」、「施教者」、「教育內容」及「教育方式」，此章提示六朝女教的第一個特徵，在於「受教管道之多樣」。男子教育由於有較多的學習管道，如私學、官學、遊學，可自由汲取思想文化養料，自立新學別藝門的可能性相對增加，不必全然仰仗家族供給，此亦史上男子成就較多較高的原因之一。不過在文學、藝術方面，雖由父兄啟蒙，但因個人情性之深、感覺敏銳等因素，仍有超越父兄成就的可能，而文學、藝術亦為六朝女子主要的文化成就所在。三個問題之解雖皆不脫思潮、地域、門第三因素，然各每一問題與此三因素的關係仍有深淺之別。第四章「妒教現象中的情權之爭」，擇取六朝女較特殊現象加以剖析，尋繹部份家族以妒為

教的原委，經由妒教「情權爭衡」本質的發現，窺見「門第權力之涉入」對女教的操控介入及對女子形塑之建構過程，反映門第家族涉入女教之深重。

本文所專利探討的三個問題：「六朝女子才性觀」、「南北女教之異同」以及「妒教現象中的情權之爭」乃是專屬於六朝女教的特殊議題。「才性論」是由魏晉政治界及思想界所發動關於討論人的「本質\才能」「才\德」問題的論述，後世思想研究大多又回到心性、人性的路上，因而「才性論」的特殊性也在於此。「女子才性論」隸屬六朝才性論述的一部分，分潤六朝才性論「才德兩離」、「尚智愛才」、「順性適分」的難得特色，轉移六朝門第的教女觀念，對女子成才形成正面的影響。大乘佛教對「女身成佛」的肯定，諸天女神的博辯多智形象及道教「仙人無種」教義，擇才不別男女的「教官」制度，對於敬信之家的女性觀念及婦女地位的提昇，當必發揮相當作用。至於諸家不同派系中隱含的「智弱」成分，也在強大的社會尚才風氣下減弱許多，又在家長對門第實利的考量下，各取所好以教女，也就形成各色相異的婦女樣貌。後世雖然也有女子才性的不同聲音的出現，然而才性新說在六朝的集中出現，不能不說是女教的特色所在。是對儘管有關於女子才性的零星論述，對多重回儒家智弱就說，或不脫六朝「女子才性觀」的籠罩，即使偶有卓見，也只是隻言片語，或訴諸尋常說理，未有如六朝思之甚深及眾聲喧嘩〔註1〕的大塊論述。至明代「女子無才便是德」說法流行，不教女子讀書識字風氣興起，一批有識人士紛起呼籲教女，肯定女子才性的論述方才出現l〔註2〕，因此六朝女

〔註1〕儒家、玄學，道教、佛教、女性階層發表過相關的意見。

〔註2〕唐後，尚女智、女才觀念已然少見，禁絕貶抑女教女才之說漸多，至明代「女子無才是德」「女子不必讀書」之說衍生，女子才性觀有重大轉變。明呂坤《閨範》云：「溫柔卑順，乃事人之性情；純一堅貞，則持身之節操。至于四德，尤所當知。婦德尚靜正，婦言尚簡婉，婦功尚周慎，婦容尚閑雅。四德備，雖才拙性愚，家貧貌陋，不能累其賢。四德亡，雖其能異慧，貴女芳姿，不能掩其惡。」似有重德輕才傾向，不過他仍仿照列女傳一般將女子分為兼德婦人、孝婦、死節之婦、守節之婦、賢婦、守禮之婦、明達之婦與文學之婦諸類，其中的「明達之婦」與「文學之婦」，似又為才女留一席之地。明代反道學、反禮教思想家李贄反對夫為妻綱說法，他充份肯定女子智能的優勢：「人有男女即可，謂見有男女豈可乎？謂見有長短則可，謂男子之見盡長，女子之見盡短，又豈可乎？」（《初潭集・上集》）大聲疾呼男女智力平等，從而駁斥婦女見識短、不堪學道的偏見l，見識長短不能以男女性別來判定。倘若讓女子的處境也跟男子相同，有學習與廣見多聞的機會，則恐當世男子見之，皆當羞愧汗顏。明代趙如源在《古今女史》提到：「無才便是德，似矯枉之言；有德不妨才，真平等之論。」知「女子無才便是德」說法在明代已

子才性論述的歷史特殊意義就更深一層。揆其原因，在於六朝以後思想回復一統，儒家男尊女卑思想發揮極致，其他思潮，相形隱弱，自無六朝盛況空前的豐富且精深的論述出現，六朝才性論述顯得卓特。

　　第二個議題是南北女教之異同，六朝擁有南北政權分治、胡漢雜處的特殊情勢，故而有南北女教異同的問題產生；然而其間仍有相同之處，其所以同，其所以異，本文歸整出影響女教內容的規律，此律應可擴大至其他時代——門第家風與現實利益，南北習尚與胡族風俗，儒玄佛道之多元思潮。簡而言之，即家風、地域、民族及思潮此四者，應是影響歷朝女教的最重要因素。中國史上南北分立朝代還有幾個，若對其南北分治下的女教以「地域」角度切入，相信更能夠掌握兩地女教特色及真實內容，則本文選擇此題之撰作，甚具時代意義。

　　第三個論題是妒教現象，妒教非但是六朝女教的特色所在，也是中國女教史絕無僅有的特例。妒婦代代有，然多受嚴厲指責，父母勸女唯恐不及，自不會教之以妒。然而妒教真切的產生於六朝，有遍布南北的「學生群」、「施教者」，已然成為六朝特殊的社會現象。其歷史的特殊性，無庸置疑。唐代妒風依然持續，但政府當局已有正式因應，對於官員的媵妾數目，已經立法明定。〔註3〕六朝妒教已成千古絕響，卻也成為門第教育內容中最為特殊的遺跡。隨著禮教的日趨謹嚴，嫉妒又成女德大忌。「不妒」之教充斥在唐後各種女教文書之中。文學作品中每斥女子「妒、悍」，並以此作為劃分女子賢良與否的標準。明代謝肇淛《文海波抄》「婦姑條」便云「人有妒婦，是其前世宿冤……人生不幸，莫此為大。」〔註4〕又如清代陸圻《新婦譜》云丈夫游意娼樓、買賣婢妾，作為妻子既不能有妒意，還須「縱意自如」〔註5〕。對妒婦看

漸流行。清初王相母在《女範捷錄・才德篇》提到：「男子有德便是才，斯言猶可；女子無才便是德，非語殊非。蓋不知才德之經與邪正之辨也。夫德以正才，*才以成德*。故女子之有德者，固不必有才，而有才者必貴乎有德。」明清流行的「女子無才便是德」，背後的真正意涵，其實包含了有才而多不貞的預設立場，亦有才敏而致短命的意思。

〔註3〕《舊唐書・職官志》、《新唐書・百官志》記載：凡親王，孺人二人，媵十人；嗣王郡王及一品官，媵十人；二品媵八人；三品及國公媵六人，四品媵四人，五品媵三人，降品外皆為妾。散官三品以上皆置媵，數量分別同以上各等相等。《新唐書・車服志》：「五品以上，媵降妻一等；六品以下，妾降妻一等。」此皆官員置妾媵的規定，一夫一妻多妾自此於法有據。

〔註4〕《中國女子教育史》，p.179。

〔註5〕案：分明是教為妻者是非不分，不必行「相夫」之職。

法稍寬者，僅見於清人俞正燮，他是著名經學家，曾作〈妒非女人惡德論〉之文以辯之〔註6〕，俞氏認為須訂定合理律法保障夫妻雙方權益下，妒事方有解決之日；同時妒忌實非惡德，婦之不妒，家道必壞。俞氏之說，實與六朝女子「檢校夫婿」說有幾分相侔〔註7〕。則六朝女性的早見別識，尤顯別異。

總之，六朝女教的特色與歷史意義便在這三個論題的討論之中，涵括無疑。此三端，既是六朝別出於歷朝的女教特色，亦是呈現六朝才女之所以出於六朝及其所受女教內容之殊異，盡在此中顯現無遺。在進行六朝婦女教育問題研究之時，令人最難忘卻的是六朝女子形象的多元與個性化，她們大聲說話，勇於自我留聲，使向來隱沒的女像浮出歷史的地表。在教育理念方面，六朝男女各自表述自己對於婦女教育的種種期待與看法。他們分別在「女子才性」、「南北女教」、「妒教現象」這三個六朝最具時代意義的女教論題上，對話、交鋒甚至衝突。值得我們注意的是兩性異見的產生原因。表面上異見因性別而引發，但經深究之後可以發現：男女出言的同時，也帶出她們背後的文化背景，包括個人的教育歷程、家族門風、才能性向、地域印記、思想歸屬甚至是權位高低，言論之中則處處遺留且呈現此代文化的特殊印記——關於門第社會，思想歸屬，地域文化及宗教潮流，六朝女教問題所牽引的其實是整個時代的文化切面，同時，它所開創的女教新格局與成立的教育命題，在中國教育史上，更有其不可磨滅的先見與光彩。

〔註6〕妒在士君子為惡德；謂女人妒為惡德者，非通論也。……妒者，婦人常情，妒而忌，則殺人則死，傷人抵罪，何煩詔表令表檄牽妒言之哉?《明會典·刑部律一》云：「親王妾媵十人，一次選；世子郡王四人，二十五歲無子，其二人，有子則止，三十無子，始具四人；長子至將軍，三十無子，具二人，三十五無子，具三人；中尉三十無子，取一妾，三十五無子，具二人；庶人四十以上無子，許娶一妾。」《律例四》云：「民年四十以上無子者，方聽娶妾，違者笞四十。」此則婦女無可妒，禮法之最善者也。《易林》云：「二婦同夫，志不相思。心懷不平，志常愁怨。」《意林·申子》云：「妒妻不難破家，一妻據夫，眾妻皆亂，此不可奈何者也。」……此其夫必速逃達者。……夫婦之道，言至一也。夫買妾而妻不妒，則是慇也，慇則家道壞矣。天地綱緼，萬物化醇，男女構精，萬物化生。易曰：「三人行則損一人，一人行則得其友」言致一也，是夫婦之道也。依經史正義言之，妒非女人惡德，妒而不忌，斯上德矣。(《癸巳類稿·卷13》)案：俞著《癸巳類稿》、《癸巳存稿》中尚有多篇論及婦女之文，思想也相當進步，如〈節婦說〉、〈貞女說〉、〈女〉、〈妻〉、〈女人稱謂貴重〉、〈出夫〉等，為女子發不平之鳴。

〔註7〕指「不妒出於人為制作」、「妒為女人之情」、「妒為檢校夫婿」、「妒為一眚」諸種說法而言。

第二節　拓展多元女教格局

六朝女教的外顯特色，在於教育途徑的增加，從家庭擴展至家戶之外的佛寺道治；其次是「門第重視教女」及「女子讀書的普遍〔註8〕」；再者是「女教內容的多元」；另有針對受教對象本質及發展可能——女子才性理論的深刻探討；末了，在教育成果方面，是造就才女數量的空前及表現不凡的社會文化貢獻。然而更值得我們注意是怎樣的特殊時代才能激盪出如此的女教格局？經由本文之撰作，個別歸納「女子才性」、「南北女教」、「妒教現象」三大問題中的影響因素，則以下三項是形塑六朝女教的最重要因素：

（一）門第興家榮族的訴求

戰亂頻仍，政權遞換，家族成為人們生存最大憑恃，家若衰敝，個人亦難成立。加上九品中正講究門閥簿閱，造成人們對於門第的自矜與依賴。要家族興盛，必有佳子弟。六朝判定人才高下的標準，仍是才德。但因政治舉才走向傾「才」，才性論述又主「尚智愛才」，致使六朝門第無不以教出才子才女為念為傲，乃門第昌盛要件之一。尤其六朝已有遺傳觀念，因而重視婚姻對象的選擇及母教的實施。因重家運昌盛，故重教子，重教子則須重母〔註9〕，母則出自婚前娘家的女教與嫁後夫家的薰習。故六朝普遍重視教女〔註10〕，且重才學之培養修習。對於文獻材料中出現的「才女」「智婦」表現，一方面我們不得不讚歎她們才高智多，夙慧與辯通，這原本是個人才性的展現無疑；然若深探其所以被書寫緣由，恐怕有大半是因為她們的智用仍合於父權家族利益。〔註11〕她們多數的舉措出言，多為家國、父、夫、子利益為念，所以儘管跨越柔順、寡言、與政等女教大忌，仍能為大眾接受肯定，因其仍合乎「興家」的要求範疇。

〔註8〕教女現象的普遍，針對門第階層而言。中下階層女性目前無專門研究，但推想可知：當以治生技能——女職為其主要內容。

〔註9〕中國歷朝皆視母親為教子的當然人選，如唐人鄭氏《女孝經》直言教育啟蒙子女為母親責任，言下之意，非母親而無他人可以勝任。兒女有才德，母親之功；反之，兒女無才無德，母親亦無可推卸責任。

〔註10〕六朝以後的家長對於教女之事，便不見得如鄭重、普遍且視為必要性。

〔註11〕不分娘家、婆家。另可參考梅家玲〈依違於婦德與才性之間：《世說新語‧賢媛篇》的女性風貌〉一文。

（二）傳統禮法的鬆動與新思潮的流布

任何新價值的產生必須經過舊價值的考驗，衝突本不可免，儒家思潮自漢末衰微，也為新思潮的活躍，減少阻力。過去在女教領域獨秀的儒家憲則，此時也因儒學勢力衰微地位動搖而鞭長莫及。於是男女不再嚴別，內外出入不再絕對禁止之列，情思可以自由抒發，真情可以流露，個性也在此中顯現。像妒忌、勇武、辯通、言語、任情、女子主政、長於外事等女子所為，在禮教嚴格時代，怕難成形。然而這些禮教的突破，卻也是六朝女教得以進展的原因之一。比如室家內外的出入約束，對新知的吸收，影響尤深。「讀萬卷書，行萬里路」、「獨學而無友，則孤陋而寡聞」，皆說明多聞廣見的重要，出就外學及吸收社會新潮更是學問長進的必要過程。如六朝玄風雖熾，但在閨閣便不是很普遍，玄學中的新思潮多數無法到達她們的領空，故六朝不少家族女教，仍承襲漢代儒學家禮的傳統，以《女誡》、《列女傳》所宣傳的義理與意識。就文獻資料看來，部分六朝女子的社交似較自由。在某些不得已的情況下，往往以障蔽方式出現在公眾場合〔註12〕；而佛教講會、宗教會社的參與（邑義），也因禮教的鬆動，出入的自由度增加〔註13〕，獲得聞見機會，這也是六朝女子見解每每獨到，女教成就較高的原因所在。

不過禮教儘管鬆動，儒家也失卻獨尊地位，然而在女教的領域，儒學仍為女教內容的主要依據。部分婦女拜家學之賜，得以習玄學、讀《老》《莊》，甚至親身參與談座。職是之故，部分女子的女性觀念，便因為《易》《老》《莊》思想的滲入，得以有另類思維的憑依。玄學思想越名任心，順性自然，重義尚理，遇事追根究柢，直探本原，故勇於向傳統質疑，卻又珍惜出於自然的真情，於是尚智愛才、緣情制禮等觀念，由它帶起，刺激文學的大盛與妒風的流行，促成女教內容的新變。又人倫品鑒風氣的帶起，使得婦女也具識鑒之能，與男子並雄。此外佛道二教的流行，讓六朝一些心靈無依婦女，藉由宗教，提供安定。宗教組織與多彩多姿的法會，乘著敬信的翼膀，帶領六朝女子走出閨房，在別於家內的另一處空間，進行社會教育與終身的學習；不

〔註12〕如宣文君宋氏為百二十官學生講《周官》，謝道韞青綾步障代小叔清談等。
〔註13〕唐代女子「社交與結社」則更加普遍，內外男女之別更加寬鬆。唐代女子廣泛使用的羃䍠和帷帽，正為因應其頻繁的外出而設，《舊唐書·輿服志》載：「武德、貞觀之時，宮人騎馬者，依齊隋舊制，多著羃䍠，雖發自戎夷，而全身障蔽，不欲途路窺之。」武后以後露髻馳騁，連帷帽也免了，足見內外之別益鬆。可參考《中國文明史——隋唐五代》（臺北·地球，1997），p.1486～1488。

同的德育要求與人生目標，使部分六朝女子脫卻傳統形象，在教團中登上講座，傳法授道，濟助貧困，同樣也為這個社會造福。而佛道眾生平等，陰陽和合，也為當時婦女地位的提昇產生正面效應，直接影響家中父兄的思維與女教施行。

（三）南北習尚與異族風情習染

　　長達二百年的政經分隔，南北兩地文化的殊異漸次形成。六朝文獻中，「南人」「北人」的爭議與分歧也相應的顯現在女教之中；北女的勇武，長於外事，蓋出於異族文化風俗的輸入，也予以六朝女教一盞新源。北女長於外事，薰染於胡族婦女的幹練勇武。然而並非所有北方家族皆如之，胡風與漢化兩條文化主線的把持，仍在家長手中。

　　以上是六朝女教的特殊時代背景，然而六朝女教的多元格局，絕非只憑外在客觀環境的特殊便可完成，更重要是需要有人去選取、規劃、利用、實施，而這規劃者推行者，自然便是門第中的家長父兄。然而，若父兄無視外環境的資源的富厚多樣，而逕自閉門教女，則六朝婦女面目恐怕與兩漢無別——沉默隱於深閨，中饋績紡一生，最後博得賢妻良母令名以終。當然這也是女子不錯的出路，然對才女智婦而言，則是埋沒，非是「教育」〔註14〕。因此前文所探討到女教的特殊樣貌與格局，更重要的成因是門第家長的觀念開通及受教主體意識的覺醒：而且必須同時具備，才會產生作用。為何？因為六朝女子「個性化」「多元化」表現的源頭，除了她「個人自覺」外；恐怕須以男性家長的自覺與觀念開放——尤其是對於個體「才、情」的尊重作為前題。而上述諸項時代因素的直接運用者，正是父兄。一來中國家庭制度屬於「父權家長制」，男性家長原本就擁有對於子女的教育決定權——要不要學，學什麼；二來因為傳統禮教將女子生活空間約制於室內，故六朝儘管禮教鬆動，社會價值多元，然以門第自有主張。多數以家庭作為唯一生活場域的女性，在無法頻繁的、直接的吸收外在新事物的情況下，父兄便成為她們展望的外界窗口。父兄決定女教方針，門禁寬嚴，宗教信仰、學藝類型種類深淺〔註15〕，不

〔註14〕用「引導生長，發揮潛能」之定義。

〔註15〕本文第三章論及女子「詩書經史」成就，少有超越其兄父兄者，且多止於「知之、好之」，少有到「研究」層次而為專家者。不過在文學、藝術方面，則雖由父兄啟蒙，但因個人情性之長，頗有超越父兄成就者，此亦六朝女子主要的文化成就。

論婚前女教及婚後妒教〔註16〕皆然。男子教育由於有較多的學習管道,如私學、官學、遊學,可自行汲取思想文化養料,自立新學別藝門的可能性相對增加,不必全然仰仗家族供給,此亦歷史上男子成就較多較高的原因之一。不過在文學、藝術方面,雖由父兄啟蒙,但因個人情性之深、感覺敏銳等因素,仍有超越父兄成就的可能。不過,雖然六朝女教的確有其被動的一面,然而空有父兄的觀念開通,而沒有女子才性的配合及個體自覺的勇氣,怕難開出我們所見的六朝女教格局。因此六朝女教的特色,不僅源於外在父兄之力的作用而已,而更有婦女自身的矜持與努力。尤其在門第父兄未必盡皆開通的情況下,婦女受教機會往往也須自己爭取,如前文曾舉過多位婦女被兄長、傅母,甚至母親以勤女工理由,阻止他們讀書之時,婦女本身堅持的「意志」作用,不容忽視。

因此,六朝女教乃是特殊時空所生,門第制度、開放學風、多元思潮、禮教鬆動、南北交流、民族融合等皆是造就多才多元多面女子的因素,而六朝女教得以在中國教育史上形成特色,原因亦出於此。因此,倘若後世的有相似的條件出現,則近似的女教亦當衍生。六朝以前的漢代,教女僅為少數家族所行;六朝之後,教女已成共識,唐代尤盛,但至明清卻又有「女不才便是德」的出現,不讓女兒讀書,女教反而走回倒退之路,令人感歎。雖然「男女有別」、「男尊女卑」、「男外女內」仍為女教基本原則,但在六朝因有上述幾項因素的存在,而對傳統女教有所跨越。六朝門第婦女,因出身的高貴而受到不同的待遇,她們似乎享受較多的行動自由,受教育、發揮才能的機會,基本上這是特殊的政治、思想背景,尤其是門第家族規劃之下的成品。

第三節　跨越儒家女教範式

中國千年女教內容,幾乎沒有多大的變動,自《禮記‧內則》、劉向《列女傳》及班昭《女誡》出現之後,女教教材皆直接或間接與之相牽。後出的女教文書固多,但內容精神都走不出三書的格局與思想窠臼〔註17〕。儒家女教

〔註16〕「妒教」的形成,受父兄權位左右進程與結果。六朝婦女雖嫁於他姓別族,但與娘家的關係仍有千絲萬縷的牽繫,不因婚姻中止衰歇。出身與門第已成為個人特質不可抹滅的胎記,此現象於墓誌銘中相當明顯,出身名家成為「女德」論述的一部分。門第出身與「德行」牽連,一方面表示為祖上積德,故有盛門,門風美善;一方面是對於「家教」、「女教」的品質保證。
〔註17〕女教書的撰作六朝以後有極大進展,唐太宗長孫皇后曾作《女則》十卷,採錄上古婦人得失,以垂範後世;陳邈妻鄭氏作《女孝經》18章,將女教內容

向來謹守「男女有別」鐵律〔註18〕，六朝女教則予以局部跨越。中國女教並非是一條逐步攀升的平路，六朝女教開出的多元思想內涵（玄佛道儒）、六朝門第勇於嘗試的超越性別的女教內容，如從政、外事、尚武、多才多言、識鑒及文學、清談、藝術甚至外事、騎射等等豐富多樣的教育訓練，在唐代以後，便逐漸銷聲，最後仍有走回先秦兩漢儒家主導的女教範式之中。儒家男女性別教育的精神下〔註19〕，「戶外」、「使力」、「勇武」、「政事」〔註20〕、「事功」、

詳分細述；仿《孝經》體裁，假曹大家與諸女問答口氣，強調禮教，且對胎教十分重視。宋若華的《女論語》有 12 章，四字一韻，流傳甚廣。《女論語》甚至成為唐以後影響最大的女教書，成為唐後一千多年女子教育的經典、女子言行準則。而士人之家，也有自訂女則以教女，如李商隱《雜纂》將教女內容歸為十類：教習女工，議論酒食，溫良恭儉，修飾容儀，學書學算，小心軟語，閨房貞潔，不唱詞曲，閫事不傳，善事尊長。又敦煌文書〈崔氏夫人訓女文〉，變文〈女郎使聞周氏教〉、〈女要裁縫及管絃〉……，諸文書的出現顯示出唐代女教普及，教女有所需要，故有著述。而其書寫，基本上乃承襲六朝撰作女教文書脈絡與精華而來，然而部分內容精神已向儒家化漸次衍進，六朝所開出的活潑氣象，至中晚唐似乎也慢慢減卻輝光，女子愈向閨中深藏，此與儒學勢力在唐代的發展不無相關。往後女教文書歷代新出，母訓、內訓、家範不絕，規制越多，影響的層面越廣，對於婦女的約束也愈嚴密。

〔註18〕藍鼎元《女學·自序》云：「夫女子之學與丈夫不同。丈夫一生皆為學之日，故能出入經史，淹貫百家；女子入學，不過十年，則將任人家事，百務交責，非得專經，未易殫究。……徒使深閨令淑，若瞽之無相，倀倀者何之？此亦古今一大缺憾也。」梁啟超在《論女學》提出，那種把婦女愚昧無知看作是「賢淑之正宗」的觀點是「禍天下之道」。婦女不讀書，不識字，並不能自然而然的有道德，相反，由於婦女不讀書，不識字，「目光心力，盡力營營於此極小之圈限中」，「竭其終身之精神，以爭強弱講交涉於筐篋之間」，必然造成心胸狹窄，目光短淺，鄙吝憤爭等缺點，而且極易沾染上壞習氣。如果讓婦女受教育，了解天下大事，關心國家興亡，便能廣博其見聞，開闊其視野，開拓其心胸，將其眼界從狹小的家務瑣事解放出來。因此，女子受教育不但有利於家庭和睦，實有利於婦女的解放。（引閻廣芬《中國女子與女子教育》，p.150）

〔註19〕宋後，隨著貞節的嚴格化，男女之防被誇大宣揚伸張：纏足、貞節。無形之間，也更加深女子受正式（私學、女學校）教育的困難度。明中期嘉靖年間，次輔桂萼曾上言：「令兩京布政司、府、州、縣各修官女學，設廟奉仙代女師之神。旁有廊，為習女工之所，中一堂，為聽教之堂。……每十月開學，十二月止」，收七歲以下女童入學，由曉暢之人講解背誦章聖太后所著《女訓》一書。但此種官辦女學設想，當時被指責為「迂誕不經，令人齒冷！」恐怕也是防隔內外的考量。清人袁枚收受女徒（隨園女弟子），遭受章學誠嚴屬批駁。清人陸圻《新婦譜》云：「不可入廟游山及街上一切走馬走索（看雜耍）」，即便家中有喜宴，也只能隔帘而觀，不當預席。清末教會興辦女學校，對於男女之防，做得滴水不漏，方得在中國土地上生存。

〔註20〕在肯定女才的六朝才性觀念下，唐代「婦女參政」風氣大起，甚至有女皇的出現。

「學術專門研究」、「文學專業」「治生經濟」，全屬男性專利。然而六朝女教早有跨越。六朝時代「南女多文學」、「南女修玄學」，「北女尚勇武」，「北女長於外事」〔註21〕——其中北女所學，已然超越傳統「女尚柔靜」、「女無外事、女主內」的女教規約，而向男子教育內容邊界靠攏；南女所長則也有其新變之處：文學創作〔註22〕，抒情言志，是女子自我的「出言」發聲；修習玄學、佛道教、騎射、書計，也使女教內容由儒家範疇向外延伸跨越。探究其因，玄佛道思潮對於女子「四德說」的正反面論述及對女才的肯定，使女子教育內容，能超越「女學」、「女職」，向「男學」「外事」趨近。而宗教法會將女子引領至戶外空間及胡風所帶起的不嚴男女內之別的異族習尚，對六朝於女教之超越傳統儒家性別教育範式皆產生極大作用，故終能成就歷朝女子之所不能成事功，人才輩出。對於儒家性別教育之超越，唐代女教曾經延續一陣子〔註23〕，但隨著後來儒學勢力的上升，政教控制力加強，女教終於又繞回

〔註21〕宋人袁采對於女子「外事」有其獨特看法與詮解，認為「婦人不預外事者，蓋謂夫與子既賢，外事自不必預。若夫與子不肖，蔽婦人之耳目，何所不至？」，言下之意，或有夫子不賢，女人似有預外事之必要，即使效果甚微亦然。因為女子知書識字，方可持家不墜：「以夫蠢懦，而能自理家務、計算錢穀出入不能欺者；有夫不肖，而能與其子同理家務，不至破蕩家產才；有夫死子幼，而能教養其子，敦睦內親姻，料理家務至于興隆重者，皆賢婦人也。而夫死子幼，居家營生，最為難事。托之宗族，宗族未必賢；托之親戚，親戚未必賢。——賢者又不肯預人家事，惟婦人自識書算，而所把之人衣食自給，稍識公義，則庶幾焉。不然，鮮不破家。」（《世範·睦親》）袁采對於女教，既重賢良，亦重才能。認為婦人當自識書算，除料理家務之外，興隆家事，亦賢婦人之所當為，與六朝女教精神實為相俾。

〔註22〕晉代婦女之風雅，唐代婦女之能詩，都不為當時社會所禁止，也不限制發展女才。根據王延梯《中國古代女作家集》（山東大學，1999）收錄唐代女作家名單得知：唐代才女數量相當多，此與唐代以詩文取士，文風鼎盛，女教普及有關。但因家風不同，也有反對女子作詩者，如李義山《雜纂》教女十類中，明訂「不唱詞曲」一條。又《女論語》強調教女須嚴，不可姑息。凡女不賢，皆其母憐惜放縱之過。其中母若縱其聽歌唱曲，便會習聽淫詞，產生淫污之心，故當禁之。宋人司馬光《家範》認為：「刺制繡華巧、管絃歌詩，皆非女子所宜習也。今人或教女子以作歌詩，執俗樂，殊非所宜也。」明呂坤《閨範》云：「今人養女多不教讀書識字，蓋亦防微杜漸之意。」女子不識字，無法作詩文，貞淫之慮，減卻一分。此與後世娼妓多文詞，才子佳人小說「待月西廂」的聯想，且能詩有才並固非女子必要，「吟風弄月」、「酬唱應和」，既荒女工且易誨淫。禁之無妨。文學似乎已成黑名單，於女教中不被鼓勵。

〔註23〕唐代女子的陽剛之氣益盛，從事的體育活動也鄉當多樣，如騎馬、射箭、逐獵、拔河、蹴鞠（踢球）等，或與北朝女子尚武好動之習有關。往後女子軍事武藝超群者少見（胡族婦女除外）。多的是纏足，體弱如病的病美人。

儒家的框架之中，承續傳統而來的胎教〔註24〕，三從四德、貞節〔註25〕、經史〔註26〕，後世頗有升降，不過總體來說未脫「儒家」「性別」教育範式。要說真正跨出「性別」、「儒家」範式的教育，可能要等到中國女學堂的成立。《女學會書塾開館章程》明確指出，中國女學堂的教育方針是實施賢妻良母主義的教育。「其教育宗旨，以人倫為本，所以啟其智慧，養其德性，健其身體，以造就其將來為賢母為賢婦之始基」。不同者，則是其採取西方國家和日

〔註24〕胎教繼續被強調：胎教是起源甚早的女教內容，因關乎男種良窳，歷代家庭皆為注目。隋朝巢元方根據中醫原理對妊娠期婦女的飲食禁忌做過初步解釋；唐代孫思邈所作《千金要方・養胎論》提出孕婦所居環境應以「調心神、和性情」為基本原則，又提出營養、藥物對胎教影響的看法，又主張孕婦當參與輕微體力勞動，使筋骨活動，血脈流通，利於健康，減少疾病，促進胎兒正常發育。相較於六朝胎教理論，具體而詳細，且有醫理根據，影響後代甚大。唐人鄭氏所作女教書——《女孝經》，對於胎教依然強調，除了吸收《禮記》的胎教理論，又添入漢唐以來胎教的相關討論與成果，而後藉曹大家之口道出「優生優育」的問題。

〔註25〕或晉、隋二朝曾有令，命特定品數官員妻不得改嫁。貞節觀念在唐代，似乎更為淡薄，但史傳及主政者仍大力提倡之中。宋後經理學家們的大力提倡，漸趨嚴格：改嫁被視為失節，守貞乃從典範性質成為強制的教條規範，明清尤烈。造成女教的影響頗大，一方面列為女教必守內容之外，「男女授受不親」、「勸貞懲淫」意識更加強化，甚至成為多元女教的一大阻礙，致使往後女教的範疇大幅縮小。諱淫防閑考量下，文學詩詞不必學。
有人問程頤，若有寡婦孤苦伶丁，無依無助，為了生存，能否改嫁？程頤回答：「只是後世怕寒餓死，故有是說。然餓死事小，失節事極大。」（《二程遺書・卷22下・伊川先生語八下》，《二程集》，p.301）其主貞節的女教觀念，與明清兩代節烈婦人數量激增，當有密切相關。朱熹也認為：「夫喪改嫁，皆是無恩也。」（朱熹〈揭示古靈先生勸諭文〉，《朱文公文集・卷100》）自是貞節觀念漸趨嚴格化，讀書識字，只教貞節柔順。不過在明末的女子教本《溫氏母訓》中對於守節卻有其通達的一面，主張守節與否應由寡婦自己決定，而女子能否守節亦可曉鑒。一向反道學、反禮教的李贄強烈反對強迫婦人守節的吃人禮教。清人俞正燮認為「其嫁者，不當非之；不再嫁者，敬禮之斯可矣」（見於俞正燮〈節婦說〉，收入《癸巳類稿・卷13》）。

〔註26〕學術文史：漸趨簡單，「無才化」傾向，書越讀越少，絕無韋逞母之流。唐宋若華《女論語》：「女不知禮，強梁言語，不識尊卑，不能針指，辱及尊親，有玷父母，如此之人，養豬養鼠。」司馬光《家範》認為：「女子當讀《孝經》、《論語》及《詩》、《禮》略通大義，女功之習不過桑麻織績，制衣裳、為酒會而已。至于刺繡華巧，管絃歌詩，皆非女子所宜習也。」明呂坤《閨範》主張女子當習書識字，「果教以正道，令知道理，如《孝經》、《列女》、《女誡》之類，不可不熟讀講明，使他心上開朗，亦見教之不可少也。」但當時人多不教女，「婦女只許粗識柴米魚肉數百字，多識字無益而有損也」。

本的課程設置和教學方法，增加了現代文化科學的教育，強調了德育、智育、體育的平衡發展，培養有文化，有婦德，身體健康的現代母性。〔註27〕宗旨前半延襲儒說，但兼重德育、「智育」、「體育」的平衡發展，其中的智育、體育的女教內容，則非儒說所能盡括，算是對於儒家性別教育正式跨越的一步。相隔久遠，則益加顯示六朝女教之殊別。

六朝女教對於女才知養成又有何種作用？空有良機〔註28〕，卻無才用，面對逆境，束手無策，到頭來只能徒呼負負，或無力撲倒於命運的一敗塗地或怨天尤人生之中，因此，教育既是負起蓄積實力的工程。正史列女傳中不少寡母，本柔弱不堪，但界早年蓄積才學與堅毅志意，獨立養子，績紡治生，教子成立，將不完美的人生，憑恃己學己力，於以填補，未嘗不是另一種難得的經歷〔註29〕……；這種令儀守寡，憑恃琴書之技，為自己覓得謀生之具〔註30〕，未嘗不是學藝的最低效用，獨立生活的憑藉〔註31〕……人才需要培育，教育必須規畫，預決女子受教權力收放的父兄家長，基於不同才性觀念，各有不同的教育內容設計。正統女教有其正面尚德行、重仁孝及維護社會制度穩定的作用，然為鞏固人倫，強加三從、三綱於特定對象，教給女子卑弱、從順、無自我等內容意識，恐是人才形成的阻力，也是現代教育觀念的「引導生長發展，使個人潛能展現」的教育本質，產生偏斜扭曲情形。傳統女教，有抑制才能與掩沒主體的傾向。因此教育的作用不盡然全是正向，端看教了什麼？學些什麼而定。不過在六朝一些非正統女教（玄佛道）的才性觀念的爭鳴下，六朝女子（父兄）從中多少聽到一些不同的聲音，部分積極肯定女

〔註27〕雷良波、陳陽鳳、熊賢君《中國女子教育史》，p.212。

〔註28〕北魏蕭氏本蕭思度女，多悉婦人儀式故事，太和中，初制六宮服章，蕭被命在內，預見採訪，數蒙賜賚。(《魏書·閹官傳》) 案：有良機並有專才，終於可以展露成才，自開成就。

〔註29〕如晉杜有道妻嚴憲教子女皆有成（《晉書·列女傳》），北魏婦人魏溥妻房氏（《魏書·列女傳》）、北齊趙彥深母傅氏（《北齊書·趙彥深傳》）、皇甫和母夏侯氏等（《北齊書·皇甫和傳》）皆是。

〔註30〕《比丘尼傳·淨檢尼》。

〔註31〕《顏氏家訓·勉學》：「夫明六經之指，涉百家之書，縱不能增益德行，敦厲風俗，猶為一藝，得以自資。父兄不可常依，鄉國不可常保。一旦流離，無人庇廕，當自求諸身耳。諺曰：『積財千萬，不如薄伎在身。』伎之易習而可貴者，無過讀書也。……有學藝者，觸地而安。自荒亂已來，諸見俘虜，雖百世小人，如讀《論語》《孝經》者，尚為人師；雖千載冠冕，不曉書記者，莫不耕田養馬。以此觀之，安可不自勉耶？若能常保數百卷書，千載終不為小人也。」

才，鼓勵向上的成份，對於女教應該也產生過正面積極的作用。女才輩出，當是有目共睹的事實。而非正統教育（宗教、社會思潮）對六朝教育的成才作用，也從中顯現。因此若僅以學校教育、儒家教育來概括中國「教育」；或以家庭教育、儒家教育涵括「女教」全部內涵，就六朝而言，似乎未能得實。尤其宗教挾其迥異的人生價值系統，巧妙迴避世俗禮教的拘縛，方外與方內的區隔，有提供多元的人生價值選擇的作用，其力量之大深廣，有時超乎我們的想像。而可以肯定的是「多聞一說以自好」對於教育的作用，應該是正面多於負面，幾多參照之下，各自優缺利弊容易現形，儒玄道佛的才性觀中，家長各取所尚，採以施教。相異女子才性觀念籠罩下的教育規劃實施後，不同形貌特質的女子也呈現於六朝史卷之上，為我們所讚歎、觀察、取鑒、分析……

　　總之，六朝多才多面女子出自多元女教之格局，多元女教格局則始於多元文化之激盪及門第制度之需求。多元文化因素包括思潮、地域二種面向：思潮方面有玄佛道儒之交融並興，諸說中關於女子才性及女教思想之新義，移轉緩解傳統女教對女子才性之貶抑及女子受教權利之約制；地域方面則有南北習尚之異與胡漢風俗之別，進而促成南北女教內容之多樣及對傳統女教範疇之跨越。至於六朝門第「興家榮族」之特殊需求，「各有家風」之文化脈絡，助長六朝門第教女之風氣，並在教育內容上自出新意，尚文讀史修玄習武，言語術藝宗教外事，已然超越傳統女教領域。總之，特殊的文化氛圍與社會制度，刺激六朝女教之新變，造就才藝出眾、形象多元之婦女；而六朝女教「超越儒家女教範式」、「拓展多元女教格局」之成績，業已開創中國女教新局，彰顯其獨特的歷史意義！

參考資料

壹、基本資料（按四部分類）

一、經部

1. 周易正義，魏.王弼、韓康伯注，唐.孔穎達等正義，十三經注疏本，臺北．藝文印書館，1981.1。

2. 易程傳，宋.程頤，臺北．文津出版社，1990.10。

3. 毛詩正義，漢.毛公傳，東漢.鄭玄箋，唐.孔穎達等正義，十三經注疏本，臺北．藝文印書館，1981.1。

4. 周禮注疏，漢.鄭玄注，唐.賈公彥疏，十三經注疏本，臺北．藝文印書館，1981.1。

5. 儀禮注疏，漢.鄭玄注，唐.賈公彥疏，十三經注疏本，臺北．藝文印書館，1981.1。

6. 禮記正義，漢.鄭玄注，唐.孔穎達正義，十三經注疏本，臺北．藝文印書館，1981.1。

7. 禮記集解，清.孫希旦，北京．中華書局，1989.2。

8. 大戴禮解詁，清.王聘珍，北京．中華書局，1983.3。

9. 論語注疏，魏.何晏等集解，宋.邢昺疏，十三經注疏本，臺北．藝文印書館，1981.1。

二、史部

1. 史記，西漢.司馬遷，臺北．洪氏出版社，1984。

2. 漢書，東漢.班固，宋景祐百納本，臺北‧臺灣商務印書館，1988。

3. 後漢書，劉宋.范曄著，臺北‧洪氏出版社，1984。

4. 三國志，晉.陳壽著，裴松之注，臺北‧洪氏出版社，1984。

5. 晉書，唐.房玄齡等，臺北‧洪氏出版社，1984。

6. 宋書，梁.沈約，臺北‧洪氏出版社，1988。

7. 南齊書，梁.蕭子顯著，臺北‧洪氏出版社，1984。

8. 梁書，唐.姚思廉著，臺北‧洪氏出版社，1984。

9. 陳書，唐.姚思廉著，臺北‧洪氏出版社，1984。

10. 魏書，北齊.魏收著，臺北‧洪氏出版社，1984。

11. 北齊書，唐.李百藥著，臺北‧洪氏出版社，1984。

12. 北周書，唐.令狐德棻著，臺北‧洪氏出版社，1984。

13. 南史，唐.李延壽著，臺北‧洪氏出版社，1984。

14. 北史，唐.李延壽著，臺北‧洪氏出版社，1984。

15. 隋書，唐.魏徵等，臺北‧洪氏出版社，1984。

16. 舊唐書，後周.劉昫，臺北‧洪氏出版社，1984。

17. 新唐書，宋.歐陽修、宋祈，臺北‧洪氏出版社，1984。

18. 列女傳，西漢.劉向撰，張敬註譯，臺北‧商務印書館，1994.6。

19. 列仙傳，漢.劉向，北京‧中國社科院，邱鶴亭注譯，1996。

20. 高士傳，西晉.皇甫謐，臺北‧臺灣中華書局，1987.2。

21. 神仙傳，晉.葛洪，北京‧中國社科院，邱鶴亭注譯，1996。

22. 高僧傳，梁.釋慧皎，湯用彤校注，北京‧中華書局，1992.10。

23. 比丘尼傳，梁.釋寶唱撰，詹緒左、朱良志釋譯，高雄‧佛光山出版社，1996。

24. 續高僧傳，唐.釋道宣，大正新修大藏經‧第 50 冊\史傳部 2，臺北‧新文豐出版社，1975。

25. 墉城集仙錄， 前蜀.杜光庭，重編影印正統道藏（十六）──洞神部，京都‧中文出版社，1986.10。

26. 墉城集仙錄，前蜀.杜光庭，雲笈七籤本，中國神仙傳記文獻初編‧第一冊，捷幼出版社編輯部編，臺北‧捷幼出版社，1992.3。

27. 華陽國志，晉.常璩，四庫全書版，臺北‧臺灣商務印書館，1972。

28. 宋本大唐六典，唐.李林甫，北京・中華書局，1991.1。

29. 唐律疏議，唐.長孫無忌等撰，劉俊文 點校，北京・中華書局，1993.9。

30. 通典，唐.杜佑，王文錦等點校，北京・中華書局，1988。

31. 通志，宋.鄭樵，北京・中華書局，1990.3。

32. 文獻通考，元.馬端臨，臺北・臺灣商務印書館，1972。

33. 史通通釋，唐.劉知幾 撰，清・浦起龍 釋，臺北・里仁書局，1993.6。

34. 文史通義，清.章學誠，臺北・里仁書局，1984.9。

35. 博物志，晉.張華，祝鴻杰譯註，臺北・臺灣古籍出版社，1997。

36. 搜神記，晉.干寶，黃滌明譯註，臺北・臺灣古籍出版社，1997。

37. 酉陽雜俎，唐.段成式，杭州・浙江古籍出版社，1987.6。

38. 容齋隨筆，宋.洪邁，鄭州・中州古籍出版社，1994.1。

39. 日知錄，清.顧炎武，臺北・世界書局，1991。

40. 癸巳類稿，清.俞正燮，讀書箚記叢刊——第 4 冊，臺北・世界書局，1963.4。

41. 癸巳存稿，清.俞正燮，讀書箚記叢刊，臺北・世界書局，1963.4。

42. 廿二史箚記，清.趙翼，臺北・世界書局，1986。

43. 十七史商榷，清.王鳴盛，臺北・廣文書局，1980.7。

三、子部

1. 老子，景印文淵閣四庫全書本，臺北・臺灣商務印書館，1983。

2. 莊子，景印文淵閣四庫全書本，臺北・臺灣商務印書館，1983。

3. 荀子，景印文淵閣四庫全書本，臺北・臺灣商務印書館，1983。

4. 列子，景印文淵閣四庫全書本，臺北・臺灣商務印書館，1983。

5. 春秋繁露，漢.董仲舒，景印文淵閣四庫全書本，臺北・臺灣商務印書館，1983。

6. 白虎通疏證，清.陳立疏證，北京・中華書局，1994.8。

7. 論衡集解，漢.王充撰，劉盼遂集解，臺北・世界書局，1990。

8. 人物志，魏.劉劭，四部叢刊初編・子部 97，臺北・臺灣商務印書館，1965。

9. 王弼集校釋，魏.王弼注，樓宇烈校釋，臺北・華正書局，1992。

10. 抱朴子，晉.葛洪，臺北·臺灣中華書局，1992.11。

11. 金樓子，梁.蕭繹撰，清.謝章鋌校，景印鈔永樂大典本，臺北·世界書局，1990.11。

12. 劉子，北齊.劉晝，景印文淵閣四庫全書本，臺北·臺灣商務印書館，1983。

13. 顏氏家訓，北齊.顏之推，景印文淵閣四庫全書本，臺北·臺灣商務印書館，1983。

14. 齊民要術，北齊.賈思勰，景印文淵閣四庫全書本，臺北·臺灣商務印書館，1983。

15. 二程集，宋.程顥、程頤，四部刊要本，臺北·漢京文化公司，1983.9。

16. 出三藏記集，梁.僧佑，大正新修大藏經本，臺北·中國佛教文化館，1957。

17. 弘明集，梁.僧佑，宋磧砂本大藏經，臺北·新文豐出版社，1975。

18. 廣弘明集，唐.釋道世，宋磧砂本大藏經，臺北·新文豐出版社，1975。

19. 法苑珠林，唐.釋道世，臺北·佛陀教育基金會，1987。

20. 增壹阿含經，東晉.僧迦羅叉譯，中國佛教文化研究所點校，北京·宗教文化出版社，1999.3。

21. 大愛道比丘尼經，北涼以前.失譯，大正新脩大藏經·第 24 冊·律部，臺北·新文豐出版社，1975。

22. 佛說父母恩重難報經解密，漢.安世高譯，大正新脩大藏經，臺北·新文豐出版社，1975。

23. 維摩詰所說經註疏全集，後秦.鳩摩羅什譯，大正新脩大藏經，臺北·新文豐出版社，1975。

24. 楞伽阿跋多羅寶經，劉宋.求那跋陀羅譯，北京·社科院宗教研究所編譯，臺北·博遠出版社 1994.7。

25. 大盤涅盤經，北涼.曇無懺譯，上海·上海古籍出版社，1991.2。

26. 法華經，後秦.鳩摩羅什譯，董群釋譯，高雄·佛光出版社 1996.8。

27. 勝鬘經今譯，劉宋.求那跋陀羅譯，瞿平·幼存等注譯，北京·中國社會科學，1994.12。

28. 無量壽經，曹魏.康僧鎧譯，高雄·佛光出版社，1997.4。

29. 觀無量壽，劉宋.薑良耶舍譯，高雄·佛光出版社，1997.4。

30. 阿彌陀經，後秦.鳩摩羅什譯，高雄·佛光出版社，1997.4。

31. 太平經，漢.作者不詳，王明，北京・中華書局，1997。

32. 道門科略，劉宋.陸修靜，重編影印正統道藏（三）——太平部，京都・中文出版社，1986.10。

33. 真誥，梁.陶弘景，正統道藏（十八）——太玄部，京都・中文出版社，1986.10。

34. 養性延命錄，梁.陶弘景，重編影印正統道藏（十六）——洞神部・戒律類，京都・中文出版社，1986.10。

35. 無上祕要，北周.不署撰人，重編影印正統道藏（三）——太平部，京都・中文出版社，1986.10。

36. 太上老君戒經，重編影印正統道藏（十六）——洞神部・戒律類，京都・中文出版社，1986.10。

37. 老君音誦誡經，重編影印正統道藏（十六）——洞神部・戒律類，京都・中文出版社，1986.10。

38. 太上老君經律，重編影印正統道藏（十六）——洞神部・戒律類，京都・中文出版社，1986.10。

39. 正一法文天師教戒科經，重編影印正統道藏（十六）——洞神部・戒律類，京都・中文出版社，1986.10。

40. 女青鬼律，（疑為寇謙之作），重編影印正統道藏（十六）——洞神部・戒律類，京都・中文出版社，1986.10。

41. 道教義樞，唐.孟安排，重編影印正統道藏（三）——太平部，京都・中文出版社，1986.10。

42. 雲笈七籤，宋.張君房編，重編影印正統道藏（十九）——太玄部，京都・中文出版社，1986.10。

43. 茅山志，元.劉大彬，重編影印正統道藏（五）——洞真部，京都・中文出版社，1986.10。

44. 歷世真仙體道通鑑，元.趙道一，重編影印正統道藏（五）——洞真部，京都・中文出版社，1986.10。

45. 意林全譯，唐.馬總，王天海譯注，貴陽・貴州人民出版社，1997.7。

46. 群書治要，唐.魏徵，臺北・臺灣商務印書館，1981。

47. 藝文類聚，唐.歐陽詢等，臺北・新興書局，1969。

48. 太平御覽，宋.李昉，臺北‧臺灣商務印書館，1986。

49. 古今圖書集成，清.，臺北‧文星出版社，1964。

50. 奩史，清.王初桐輯，北京‧書目文獻社 1993。

四、集部

1. 玉臺新詠，南齊.徐陵，鄭州‧中州古籍出版社，1991.11。

2 詩品，南齊.鍾嶸，臺北‧金楓出版社，1986.12。

3. 文心雕龍，梁.劉勰，范文瀾註，臺北‧明倫書局，1974。

五、近人選輯

1. 北周六典，王仲犖，北京‧中華書局，1979。

2. 九朝律考，程樹德，上海‧上海書店，1989。

3. 晉令輯存，張鵬一，陝西‧三秦出版社 1989。

4. 全上古三代秦漢三國六朝文，清‧嚴可均，北京‧中華書局，1958.12。

5. 南北朝文舉要，高步瀛，北京‧中華書局，1998.7。

6. 六朝文絜譯注，曹明網，上海‧上海古籍出版社，1999.6。

7. 漢魏南北朝墓誌集釋，趙萬里，臺北‧鼎文書局，1972。

8. 漢魏南北朝墓誌彙編，趙超，天津‧天津古籍出版社，1992.6。

9. 先秦漢魏晉南北朝詩，逯欽立，北京‧中華書局，1983.9。

10. 竹林七賢詩文全集譯註，韓格平，長春‧吉林文史出版社，1997。

11. 名媛雅歌，史玉德，鄭州‧中州古籍出版社，1999.5。

12. 中國古代女作家集，王延梯，濟南‧山東大學出版社 1999.2。

13. 古小說勾沉，魯迅，臺北‧盤庚書局，1978。

14. 漢魏六朝筆記小說大觀，王根林、黃益元、曹光甫，上海‧上海古籍出版社 1999.12。

15. 唐前志怪小說輯釋，李劍國，臺北‧文史哲出版社，1987。

16. 漢魏六朝筆記小說，歷代筆記小說集成之一，周光培編，石家莊‧河北教育出版社，1994.4。

17. 秦漢教育論著選，熊承滌主編，北京‧人民教育出版社，1986.7。

18. 魏晉南北朝教育論著選，馬秋帆主編，北京‧人民教育出版社，1988。

19. 隋唐五代教育論著選，孫培青編，北京‧人民教育出版社，1993.2。

20. 中華蒙學集成，韓錫鐸，瀋陽‧遼寧教育出版社，1993.11。

21. 中國哲學史資料選輯——魏晉隋唐之部，北京・中國社科院出版社，1990。

22. 歷代哲學文選——兩漢隋唐，臺北・木鐸出版社，1980。

23. 中國佛教思想資料選編，臺北・龍田書屋，1982。

24. 佛教十三經，駱繼光，石家莊・河北人民出版社，1994.8。

25. 道教經典精華，李德范、林世忠，北京・宗教文化出版社，1999。

26. 敦煌願文集，黃徵、吳偉 編校，湖南長沙・岳麓書社，1995.11。

27. 中國神仙傳記文獻初編，捷幼出版社編輯部者編，臺北・捷幼出版社，1992.3。

貳、近人論著（依內容分類法編排，同類之中按指涉時代排列）

一、女性研究

婦女教育

1. 中國女子教育史，雷良波、陳陽鳳、熊賢君，武漢・武漢出版社，1993.5。

2. 中國女子教育通史，杜學元，貴陽・貴州教育出版社，1995.8。

3. 中國女子與女子教育，閻廣芬，保定・河北大學出版社，1996.5。

4. 中國古代女子教育，曹大為，北京・北京師範大學出版社，1996.12。

5. 女性人才學概論，黃忠海，吉林・北方婦女兒童出版社，1987.11。

中國女性觀念

1. 女性觀念的衍變，杜芳琴，鄭州・河南人民出版社，1988.8。

2. 女性與歷史——中國傳統觀念新探，劉詠聰，臺北・臺灣商務印書館，1995.1。

3. 德才色權——論中國古代女性，劉詠聰，臺北・麥田出版社，1998.6。

4. 由典範到規範：從明代貞節烈女的辨識與流傳看貞節觀念的嚴格化，費絲言，臺北・國立臺灣大學文史叢刊，臺大文史叢刊出版委員會 1998。

5. 近代中國女權論述：國族、翻譯與性別政治，劉人鵬，臺灣・學生書局，2000.2。

性別、女性

1. 女人的世界史，[英]羅莎琳・邁爾斯（Rosalind Miles）著，刁筱華譯，臺北・麥田出版社，1998。

2. 性的政治，[美]凱特‧米利特（Kate Millett）著，鍾良明譯，北京‧社會科學文獻出版社，1999.1。

3. 性史，[法]米歇爾‧福柯（Michel Foucault）著，姬旭升譯，青海人民出版社，1999.1。

4. 性別詩學，葉舒憲主編，北京‧社會科學文獻出版社，1999。

5. 女權主義文論，張岩冰，濟南‧山東教育出版社，1998。

6. 女性主義思想與流派，顧燕翎編，臺北‧女書文化事業有限公司，1996.9。

7. 女性主義經典，顧燕翎、鄭至慧主編，臺北‧女書文化事業有限公司，1999.10。

8. 女性主義思潮，[英]羅思瑪麗‧佟恩（Rosemarie Tong）著，刁筱華譯，臺北‧時報文化出版公司，1996。

9. 社會性別研究選譯，王政、杜芳琴編譯，北京‧三聯書店，1998.8。

10. 女性研究自學讀本　裘伊‧瑪姬西絲（Joy Magezis）著，何穎怡譯，臺北‧女書文化事業有限公司，2000.3。

11. 自己的房間，[英]維金尼亞‧吳爾芙（Virginia Woolf）著，張秀亞譯，臺北‧天培文化有限公司，2000.11。

12. 設計的歧視：「男造」環境的女性主義批判，[美]列絲麗‧坎尼斯‧威斯曼（Leslie Kanes Weisman）著，王志弘、張淑玫、魏慶嘉合譯，臺北‧巨流圖書公司，1997.7

13. 女性主義觀點的社會學，Pamela Abbott and Claire Wallace 合著，俞智敏、陳光達、陳素梅、張君玫譯，臺北‧巨流圖書公司，1997.2。

14. 兩性關係——性別刻板化與角色，劉秀娟，臺北‧心理出版社，2000。

婦女生活、傳記

1. 神州女子新史正續篇，徐天嘯，臺北‧稻鄉出版社，1993。

2. 中國婦女生活史，陳東原，臺北‧臺灣商務印書館，1937.5。

3. 中國古代婦女生活　高世瑜　臺北‧臺灣商務印書館，1998。

4. 中國女性民俗文化，邢莉，北京‧中國檔案出版社，1995.8。

5. 后宮制度研究，朱子彥，上海‧華東師範大學出版社，1998.1。

6. 中國婦女在法律上之地位，趙鳳喈，臺北‧稻鄉出版社，1993.5。

女性與宗教

1. 女性與宗教信仰，吳光正，瀋陽·遼寧畫報出版社，2000.2。
2. 唐代的比丘尼，李玉珍，臺北·學生書局，1989.2。
3. 菩提道上的善女人，釋恆清，臺北·東大圖書公司，1995.7。
4. 佛教的女性觀，釋永明，高雄·佛光出版社，1997.9。

婦女文學

1. 歷代婦女著作考，胡文楷，上海·上海古籍出版社 1985.7。
2. 中國婦女文學史，謝无量，民國叢書第 2 編·文學類 60，上海·上海書店，1990。
3. 中國婦女文學史綱，梁乙真，民國叢書第 2 編·文學類 60，上海·上海書店，1990。
4. 風騷與豔情——中國古典詩詞的女性研究，康正果，臺北·雲龍出版社，1991.2。
5. 古典與現代的女性闡釋，孫康宜，臺北·聯合文學出版社 1998。
6. 女性主義與中國文學，鍾慧玲主編， 臺北·里仁書局，1997。
7. 古典文學與性別研究，洪淑苓、鄭毓瑜、蔡瑜、梅家玲、陳翠英、康韻梅，臺北·里仁書局，1997。
8. 中國婦女與文學論文集·第一集，吳燕娜編著，臺北·稻鄉出版社，1999。
9. 中國女性文學的傳統，嚴明、樊琪，臺北·洪葉出版社 1999。
10. 歷史、女性與性別政治，林幸謙，臺北·麥田出版，2000.7。
11. 浮出歷史地表，孟悅、戴錦華，臺北·時報出版社，1993。
12. 性別學與婦女研究——華人世界的探索，張妙清、葉漢明、郭佩蘭合編，臺北·稻鄉出版社，1997.7。
13. 中國婦女史論集，鮑家麟編，臺北·稻鄉出版社，1979.4。
14. 中國婦女史論集·續集，鮑家麟編，臺北·稻鄉出版社，1991.4。
15. 中國婦女史論集·四集，鮑家麟編，臺北·稻鄉出版社，1995.10。
16. 妝臺與妝臺以外：中國婦女史研究論集，黃嫣梨，香港·牛津大學出版社，1999。

二、教育研究

1. 中國古代教育史料繫年，熊承滌，北京·人民教育出版社，1985。

2. 中國教育史，陳青之，臺北·臺灣商務印書館，1966。

3. 中國教育史，胡美琦，臺北·三民書局，1990 三版。

4. 中國教育通史，毛禮銳等，濟南·山東教育出版社，1983。

5. 中國魏晉南北朝教育史，卜憲群、張南，北京·人民出版社，1994.4。

6. 中國教育史比較研究——古代部份，陶愚川，濟南·山東教育出版社，1985.5。

7. 玄儒佛道教育理論比較研究，李軍，臺北·文津出版社，1994.11。

8. 中國教育大系——歷代教育制度考，顧明遠等主編，武漢·湖北教育出版社，1994.7。

9. 中國教育制度史論，高明士，臺北·聯經出版事業公司，1999.9。

10. 魏晉南北朝教育制度史資料，程舜英，北京·北京師範大學出版社，1988。

11. 北魏漢化教育制度之研究，楊吉仁，臺北·正中書局，1970。

12. 中國古代家庭教育，畢誠，臺北·臺灣商務印書館，1994.5。

13. 中國古代家教，閻愛民，臺北·臺灣商務印書館，1998.9。

14. 中國古代幼兒教育史，陳漢才，廣州·廣東高等教育出版社，1996.7。

15. 中國古代蒙學教育——歷代少兒啟蒙教育方法，浦衛忠，北京·中國城市出版社，1996.4。

16. 兩性關係與教育，劉秀娟，臺北·揚智 1998.4。

17. 教育概論，黃光雄主編，臺北·師大書苑，1990。

18. 教育哲學，賈馥茗，臺北·三民書局，1983。

19. 教育心理學，張春興，臺北·東華書局，1987。

20. 教學論，田慧生、李如密，石家莊·河北教育出版社，1999。

21. 比較教育，林清江，臺北·五南圖書公司，1987.12。

22. 教育研究法，黃光雄、簡茂發編，臺北·師大書苑，1995.3。

23. 教育研究法——教育研究的理論與實際，王文科，臺北·五南圖書公司，1986.3。

24. 教育研究方法論，中國教育學會主編，臺北·師大書苑，1989.7。

25. 跳脫性別框框，黃莉主編，臺北·女書文化事業有限公司，1999。

26. 心理學，H. Gleitmanleitman 著，洪蘭譯，臺北·遠流出版事業公司 1995.5。

三、哲學、思想

1. 中國經學史，馬宗霍，臺北·臺灣商務印書館，1992。

2. 中國儒學史，趙吉惠等，鄭州·中州古籍出版社 1991。

3. 魏晉南北朝儒學流變之省察，林登順，臺北·文津出版社，1996.4

4. 老子的文化解讀──性與神話學之研究，蕭兵、葉舒憲，武漢·湖北人民出版社，1993。

5. 列子集釋，楊伯峻輯，臺北·華正書局，1987。

6. 中古學術論略，張蓓蓓，臺北·大安出版社，1991.5。

7. 中國哲學發展史──魏晉南北朝，任繼愈主編，北京·人民出版社，1988.4。

8. 中國哲學史第二冊──魏晉南北朝，任繼愈主編，北京·人民出版社 1964.10。

9. 中國思想通史第三卷──魏晉南北朝思想，侯外廬，北京·中國史學社，1957。

10. 中國哲學史（二），勞思光，臺北·三民書局，1987。

11. 六朝思想史，孫述圻，南京·南京出版社，1992.12。

12. 魏晉南北朝文學與思想研討會論文集，成大中文系主編，臺北·文史哲出版社，1991。

13. 魏晉南北朝文學與思想研討會論文集·第二輯，成大中文系主編，臺北·文津出版社，1993。

14. 才性與玄理，牟宗三，臺北·學生書局，1993。

15. 魏晉玄學探微，趙書廉，鄭州·河南人民出版社，1992.12。

16. 魏晉玄學史，許杭生，西安·陝西師範大學出版社，1989.7。

17. 王弼老易論語三注分析，林麗真，臺北·東大圖書公司，1988。

18. 郭象與魏晉玄學，湯一介，臺北·谷風出版社，1987。

19. 六朝美學史，吳功正，南京·江蘇美術出版社，1994.12。

20. 六朝美學，袁濟喜，北京·北京大學出版社，1999.1。

21. 知識的考掘，[法]米歇·傅柯（Michel Foucault）著，王德威譯，臺北·麥田出版社，1993.7。

四、宗教、神話

1. 中國宗教通史，牟鐘鑒、張踐，北京・社會科學文獻出版社，2000.1。

2. 中國佛教史，任繼愈，北京・中國社會科學出版社，1988.4。

3. 中國魏晉南北朝宗教史，楊耀坤，北京・人民出版社，1994.4。

4. 魏晉南北朝宗教政策研究，李剛，成都・四川大學出版社，1994.8。

5. 印度佛教史，韓廷傑，臺北・文津出版社，1996.5。

6. 中國佛教思想史，上卷：漢魏兩晉南北朝佛教思想，郭朋，福州・福建人民出版社，1994.9。

7. 中國佛教史 第二卷，任繼愈，北京・中國社會科學出版社，1985.11。

8. 中國佛教史 第三卷，任繼愈，北京・中國社會科學出版社，1988.4。

9. 漢魏兩晉南北朝佛教史，湯用彤，北京・中華書局，1983。

10. 佛教史略與宗派，臺北・木鐸出版社，1988.9。

11. 佛教哲學，方立天，臺北・洪葉出版社，1994.7。

12. 中國佛學思想概論，呂澂，臺北・天華出版社，1991.5。

13. 中國古代僧尼生活，王景琳，臺北・文津出版社，1992.1。

14. 中國佛教教育——儒佛道教育比較研究，丁鋼，成都・四川教育出版社，1988。

15. 道經總論，朱越利，臺北・洪葉出版社，1995.1。

16. 道藏源流考，陳國符，民國叢書第一編——哲學類宗教類 13， 上海・上海書店，1989。

17. 道教齋醮科儀研究，張澤洪，成都・巴蜀書社，1999.9。

18. 道學通論：道家・道教・仙學，胡孚琛、呂錫琛，北京・社會科學文獻出版社，1999.1。

19. 道教通論：兼論道家學說，牟鐘鑒、胡孚琛、王葆玹，山東・齊魯書社，1991.11。

20. 魏晉南北朝時期的道教，湯一介，臺北・東大圖書公司，1991.4。

21. 魏晉神仙道教——抱朴子內篇研究，胡孚琛，臺北・臺灣商務印書館，1995.5。

22. 漢魏兩晉南北朝道教倫理論稿，姜生，成都・四川大學出版社，1995.12。

23. 漢魏兩晉南北朝道教史研究，湯其領，開封・河南大學出版社，1994.10。

五、社會、制度、文化

1. 中國中古社會史論，毛漢光，臺北‧聯經出版事業公司，1988。

2. 兩晉南北朝士族政治之研究，毛漢光，臺北‧中國學術著作獎助委員會，1966。

3. 中國法律與中國社會，瞿同祖，臺北‧里仁書局，1984.9。

4. 魏晉南北朝禮制研究，陳戍國，湖南教育出版社，1995.7。

5. 隋唐制度淵源論稿，陳寅恪，臺北‧里仁書局，1994.8。

6. 魏晉南北朝經濟史，高敏，上海‧上海人民出版社，1996.9。

7. 秦漢風俗，韓養民、張來斌，臺北‧博遠出版公司，1989.4。

8. 漢唐文化史，熊鐵基，長沙‧湖南出版社，1992.11。

9. 六朝社會文化心態，趙輝，臺北‧文津出版社，1996。

10. 中國文明史——魏晉南北朝，石家莊‧河北教育出版社與臺北‧地球出版社共同出版，1992。

11. 魏晉南北朝文化史，萬繩楠，臺北‧雲龍出版社，1995.6。

12. 中國魏晉南北朝習俗史，梁滿倉，北京‧人民出版社，1994.4。

13. 中國魏晉南北朝藝術史，黃新亞，北京‧人民出版社，1994.4。

14. 社會學，蔡文輝，臺北‧三民書局，1987.10。

15. 古代社會，[美]路易斯‧亨利‧摩爾根（Lewis H. Morgan）著，楊東蓀、馬雍、馬巨譯，北京‧商務印書館，1992.2。

16. 反文化：亂世的希望與危險，[美]彌爾頓‧英格（J. Milton Yinger）著，高丙中、張林譯，臺北‧桂冠圖書公司，1995.4。

17. 嫉妒與社會，[奧地利]赫爾穆特‧舍克著，王祖望、張田應譯，北京‧社會科學文獻出版社，1999.2。

六、家族、婚姻

1. 中國人的家國觀，岳慶平，香港‧中華書局，1989.9。

2. 中國古代的家，王玉波，臺北‧臺灣商務印書館，1998.9。

3. 五朝門第，王伊同，香港‧中文大學出版社，1978。

4. 中古門第論集，何啟民，臺北‧學生書局，1978.1。

5. 魏晉南朝江東世家大族述論，方北辰，臺北‧文津出版社，1991.1。

6. 九品中正與六朝門閥，楊筠如，原 1930 商務印書館版影印本，民國叢書第三編──社會科學總論類 13，上海‧上海書店，1991。

7. 兩晉南朝的士族，蘇紹興，臺北‧聯經出版事業公司，1987.3。

8. 中古士族現象研究──儒學的歷史文化功能初探，陳明，臺北‧文津出版社，1994.3。

9. 中國知識份子階層史論──古代篇，余英時，臺北‧聯經出版事業公司，1980。

10. 玄學與魏晉士人心態，羅宗強，臺北‧文史哲出版社，1992.11。

11. 中國人名文化，王泉根，北京‧團結出版社，2000。

12. 中國婚姻史，蘇冰、魏林，臺北‧文津出版社，1994.4。

13. 愛慾──婚姻、外遇與離婚的自然史，海倫‧費雪，臺北‧時報文化出版公司，1994。

14. 中國古代育兒，劉詠聰，臺北‧臺灣商務印書館 1998。

15. 中國古代性文化，劉達臨，銀川‧寧夏人民出版社，1993。

七、歷史、地理、民族

1. 國史大綱，錢穆，臺北‧臺灣商務印書館，1995。

2. 中國通史──第五卷‧中古時代，白壽彝，上海‧上海人民出版社，1995.12。

3. 魏晉南北朝史，王仲犖，臺北‧谷風出版社，1987。

4. 兩晉南北朝史，呂思勉，上海‧上海古籍出版社，1983。

5. 魏晉南北朝史，林瑞翰，臺北‧五南圖書公司，1990。

6. 史料與史學，翦伯贊，臺北‧木鐸出版社，1987.1。

7. 中國歷史研究法，梁啟超，臺北‧里仁書局，1984.10。

8. 讀史札記，呂思勉，臺北‧木鐸出版社，1983。

9. 勒馬長城，逯耀東，臺北‧時報出版社，1977.4。

10. 陳寅恪史學論文選集，陳寅恪，上海‧上海古籍出版社，1992.7。

11. 魏晉南北朝史論文集，中國魏晉南北朝史學會編，山東‧齊魯書社，1991.5。

12. 魏晉南北朝史論叢，唐長孺，北京‧三聯書店，1955。

13. 魏晉南北朝史論拾遺，唐長孺，北京‧中華書局，1983。

14. 魏晉南北朝隋唐史三論，唐長孺，武漢・武漢大學出版社，1993.3。

15. 魏晉南北朝研究論集，鄺士元，臺北・文史哲出版社，1984.1。

16. 日本學者研究中國史論著選譯——第一卷・通論，北京・中華書局，1992.7。

17. 日本學者研究中國史論著選譯——第七卷・思想宗教，北京・中華書局，1993.9。

18. 魏晉南北朝民族史，白翠琴，成都・四川民族出版社，1996.8。

19. 中國古代北方民族文化史——民族文化卷，張碧波、董國堯，哈爾濱・黑龍江人民出版社，1993.8。

20. 中國歷代文學家之地理分布，曾大興，湖北教育出版社，1995.10。

21. 胡族習俗與漢唐風韻——魏晉北朝北方少數民族社會風俗及其對隋唐的影響，呂一飛，北京・書目文獻出版社，1994.10。

八、文學

1. 世說新語箋疏，劉義慶，余嘉錫箋疏，臺北・華正書局，1993。

2. 世說新語與中國文化，寧稼雨，石家莊・河北教育出版社，1994.11。

3. 世說新語研究，王能憲，南京・江蘇古籍出版社，1992。

4. 新譯洛陽伽藍記，北魏.楊衒之原著，劉九洲注譯，臺北・三民書局，1994.3。

5. 中國文學史，葉慶炳，臺北・學生書局，1987.8。

6. 中國文學發展史，劉大杰，臺北・華正書局，1985.6。

7. 漢魏六朝樂府文學史，蕭滌非，北京・人民文學出版社，1984.3。

8. 漢魏六朝文學新論——擬代與贈答篇，梅家玲，臺北・里仁書局，1987.4。

9. 南朝文學與北朝文學研究，曹道衡，南京・江蘇古籍出版社，1998.7。

10. 北朝文化特質與文學進程，吳先寧，北京・東方出版社，1997.10。

11. 六朝志怪小說異類姻緣故事研究，顏慧琪，臺北・文津出版社，1994.5。

九、文物、美術

1. 六朝考古，羅宗真，南京・南京大學出版社，1994.12。

2. 古冢丹青：河西走廊魏晉墓葬畫，林少雄，蘭州・甘肅教育出版社，1999.7。

3. 嘉峪關魏晉墓彩繪磚畫淺識，張軍武、高鳳山，蘭州·甘肅人民出版社，1989.8。

4. 墨朱流韻——中國古代漆器藝術，諸葛鎧，北京·三聯書店，2000。

5. 地下畫廊：中國（魏晉）封建社會的歷史畫卷，杜者，嘉峪關·新城魏晉墓區文，物管理所，未標出版日期。

6. 中國古代服飾史，周錫保，北京·中國戲劇出版社，1984.9。

7. 中國古代服飾，戴欽祥、陸侵、李亞麟，臺北·臺灣商務印書館，1995.4。

8. 中國歷代婦女妝飾，周汛、高春明，香港·三聯及上海·學林聯合出版，1988。

9. 中國美術全集，中國美術全集編輯委員會編，臺北·錦繡出版社，1994.2。

10. 中國美術通史，王博敏，濟南·山東教育出版社，1987.11。

11. 禮瀛東方藝術（LI YIN Ancient Chinese Suul-pturers），蔡禮瀛、莊明彬等編，臺北·禮瀛東方藝術有限公司，2000.10。

參、單篇論文（以下資料皆依作者姓名筆劃編排）

1. 毛漢光，唐代婦女角色的幾個重要階段——以墓誌銘為例，收入《中國婦女史論集·四集》，p.145～166， 臺北·稻鄉出版社，1995。

2. 王明蓀，人傑地靈——歷代學風的地理分布，收入《浩瀚的學海——中國文化新論學術篇》，p.411～462， 臺北·聯經出版事業公司，1981.12。

3. 王曉節，北朝鮮卑婚俗考述，北京《中國史研究》1988：3，p.155～167，1988。

4. 古正美，彌沙塞部的女人觀對中國女性教團的影響，收入《國際中國哲學研討會論文集》，p.339～353， 臺大哲學系，1995.11。

5. 古正美，佛教與女性歧視，《當代》：11，1987.3。

6. 朴亨寬，論劉裕的家世與執政過程，《延邊大學學報——社科版》1997：3，p.69～75，1997。

7. 朱大渭，魏晉南北朝文化的基本特徵，濟南《文史哲》1993：3，p.39～46，1993。

8. 牟正蘊，解構「婦女」：舊詞新論，《近代中國婦女史研究》：6，p.119～139，中央研究院近代史研究所，1998.8。

9. 李必友，魏晉南北朝家族教育的特點，《安徽師範大學學報——人文社會版》27：2，p.208～213，1999。

10. 李貞德，最近中國宗教史研究中的女性問題，《近代中國婦女史研究》：2，p.251～270，1994.6。

11. 李豐楙，魏晉神女傳說與道教神女降真傳說，收入《魏晉南北朝文學與思想學術研討會論文集》，p.473～514，臺北‧文史哲出版社，1991。

12. 汪文學，論漢晉間之尚通意趣與學風轉移，《文史哲》2000：4，p.108～114，2000。

13. 周兆望，魏晉南北朝婦女對學術文化的貢獻，《江西社會科學》1993：3，p.62～67。案：同名論文（內容稍異），又見於《文史哲 1993：3》。

14. 林文月，關於文學史上的指稱與斷代——以六朝為例，《中國文學的多層面探討‧國際學術會議論文集》，臺北‧臺大中文系，1996，p.9～24。

15. 林正三，虞通之「妒記」研究，收入《古典文學》：14，p.307～331，臺北‧學生書局，1997.5。

16. 林素珍，魏晉南北朝女教概述，《國文學誌》：2，1998.6。

17. 林維紅，男女有別——中國傳統初期的貞潔觀，收入《漢學研究》9：2，p.40～39，1991.12。

18. 林麗真，論魏晉的孝道觀念及其與政治、哲學、宗教的關係，臺大《文史哲學報》：40，p.25～50 1993.6。

19. 林麗真，魏晉人對傳統禮制與道德之反省——從服喪論、同姓婚論與忠孝論談起，《臺大中文學報》：4，p.109～141，1991.6。

20. 胡曉真，女作家與傳世欲望——清代女性彈詞小說中的自傳性問題，收入《中國文學的多層面探討‧國際學術會議論文集》，p.399～435，臺北‧臺大中文系舉辦，1996。

21. 凌晨光，性別與批評，《文史哲》1997：1，p.81～86，1997。

22. 唐長孺，讀抱朴子推論南北學風的異同 《魏晉南北朝史論叢》，p.351～381，1955。

23. 唐長孺，論南北朝的差異，《魏晉南北朝隋唐史三論》，p.85～244，1993.3。

24. 孫亦平，論太平經的婦女觀及其對道教發展的影響，《道家文化研究》：17，p.151～160，北京‧三聯，1999.4。

25. 孫順華，唐朝婦女觀之嬗變與社會政治，《文史哲》2000：2，p.100～105，2000。

26. 徐秉愉，正位於內——傳統社會的婦女，收入《吾土與吾民》，p.141～188，臺北・聯經出版事業公司，1993.6。

27. 徐傳武，左棻在古代婦女文學史上的地位，《中國書目季刊》30：3，1996.1。

28. 桑原騭藏，歷史上所見的南北中國，收入《日本學者研究中國史論著選譯・第一卷——通論》，p.19～68，北京・中華，1992.7。

29. 張丹飛，論賢媛之賢——從賢媛門看《世說新語》品評婦女的標準，《新疆大學學報——哲學社會科學版》21：3，1993。

30. 張英莉、戴禾，義邑制度述略——兼論南北朝佛道混合之原因，《世界宗教研究》1982：4，p.48～55。

31. 張珣，幾種道經中對女人身體描述之初探，《思與言》35：2，p.235～265，1997.6。

32. 張淑香，三面夏娃——漢魏六朝詩中女性美的塑像，收入《抒情傳統的省思與探索》，p.～127～162，臺北・大安出版社，1992.3。

33. 曹文柱，六朝時期江南社會風氣的變遷，北京《歷史研究》1988：2，p.50～66。

34. 梁啟超，地理與文明之關係，收入《飲冰室全集・卷三・地理類》，p.107～138，國正書局，1986.5。

35. 梅家玲，依違於婦德與才性之間：《世說新語・賢媛篇》的女性風貌，《婦女與兩性學刊》：8，p.1～28，臺大人口研究中心婦女研究室，1997.4。

36. 郭佩蘭，性別研究與中國宗教傳統，收入《性別學與婦女研究》，p.151～169，臺北・稻鄉出版社。

37. 陳東原，中國的女子教育，《中國婦女史論集・續集》，p.241～257。

38. 陳弱水，試探唐代婦女與本家的關係，《史語所集刊》68：1，p.167～248，1997.3。

39. 陳寅恪，天師道與濱海地域之關係，收入《陳寅恪史學論文選集》，p.164～183，上海・上海古籍出版社，1992。

40. 曾文樑，從世說新語看魏晉當時之婚姻現象，臺北《輔仁學誌》：18，p.249～273，1989.6。

41. 曾美雲，魏晉玄學中的教育思想及其特色，《中國文學研究》：11，臺大中文所出版，1997.5。

42. 黃嫣梨，中國婦女教育之今昔，《中國婦女史論集・續集》，p.259～285，原載《香港浸會學院學報》：11，1984。

43. 黃慧英，儒家關於婦女地位的觀點，《鵝湖》18：3=208，p.28～30。

44. 逯耀東，拓跋氏與中原士族的婚姻關係，香港《新亞學報》7：1，1965.2。

45. 逯耀東，魏晉玄學與個人意識覺醒的關係，《史原》：2，p.1～15，1971.10。

46. 楊向時，禮記內則中的女子教育，《教育與文化》：344，p.19～25，1966.8，楊洪權，兩晉之際士族移徙與門戶之計淺論，《武漢大學學報——哲社版》1998：1，p.106～111，1998。

47. 寧可、郝春文，北朝至隋唐五代間的女人結社，《北京師範學院學報——社會科學版》1990：5，p.16～10。

48. 熊秉真，明清家庭中的母子關係——性別、情感及其他，收於李小江編《性別與中國》，p.514～544，北京・三聯書店。

49. 熊秉真，好的開始——近世士人子弟的幼年教育，收入近史所《近代家族與政治比較歷史論文集》，1992。

50. 熊賢關，儒家傳統的婦女觀，《哲學雜誌》：24，1998.5。

51. 福原啟郎，西晉墓志的意義，《文史哲》1993：3，p.67～69。

52. 蒲慕州，神仙與高僧——魏晉南北朝宗教心態試探，《漢學研究》8：2，p.149～176，1990.12。

53. 儀平策，男女符碼與儒家本文的三重意義，《文史哲》1996：4，p.83～87，1996。

54. 劉人鵬，遊牧主體：莊子的用言方式與道——用一種女性主義閱讀（錢新祖的）莊子，《臺灣社會研究季刊》：29，p.101～130，1998：3。

55. 劉詠嫻，魏晉南北朝教育文化之特色，《教育與文化》：339，p.25～28，1966.3。

56. 劉增貴，漢代婦女的名字，《新史學——女/性史專號》7：4，1996.12。

57. 劉增貴，魏晉南北朝時代的妾，《中國婦女史論集・四集》，p.61～100，稻鄉，1995.10。

58. 劉增貴，琴瑟和鳴——歷代的婚禮，《敬天與親人——中國文化新論宗教禮俗篇》，p.411～472，臺北・聯經出版事業公司，1982.8。

59. 劉靜貞，女無外事——墓誌碑銘中所見北宋士大夫社會秩序理念，《婦女與兩性學刊：4》，p.21～46，臺大人口研究中心婦女研究室，1993.3。

60. 蔡幸娟，分裂時代人民的婚姻與家庭——以魏晉南北朝為考察中心，（成大）《歷史學報》21，1995.12。

61. 鄭永福， 佛教與近代中國女性，李小江編《性別與中國》，p.213～229。

62. 鄭阿財，敦煌寫本「崔夫人訓女文」研究，《法商學報》：19，p.321～335。

63. 鄭師許，漢唐時代四裔民族之婦女地位，收入《中國婦女史論文集》，p.61～80。

64. 盧建榮，從在室女墓誌看唐宋性別意識的演變，《國立臺灣師範大學歷史學報》：25，1997.6。

65. 盧建榮，從男性書寫材料看三世紀至七世紀女子的社會形象的塑模，《國立臺灣師範大學歷史學報》：26，1998.6。

66. 錢穆，略論魏晉南北朝學術文化與當時門第之關係，《中國學術思想史論叢三》，p.134～199，1958。

67. 鮑家麟，陰陽學說與婦女地位，《中國婦女史論集‧續集》，p.37～54，原載《漢學研究》5：2，1987。

68. 謝康，中華家庭傳統的女教觀念《中山學術文化集刊》：6，p.497～530。

69. 謝寶富，北朝婚齡考，北京《中國史研究》1998：1，p.71～73，1998。

70. 韓昇，魏晉隋唐的塢壁和村，《廈門大學學報——社哲版》1997：2，p.99～105，1997。

71. 韓國河，魏晉時期喪葬禮制的承傳與創新，《文史哲》1999：1，p.31～36，1999。

72. 簡吟慧，從《比丘尼傳》看東晉南朝比丘尼所從事之社會活動，收入《如學禪師紀念論文集》，p.175～190，臺北‧法光文教基金會，1982.3。

73. 羅萍，從非參與意識看婦女觀念變革的必要性，《江西社會科學》1992：3，p.138～141。

肆、學位論文

1. 吳冠宏，魏晉玄論育士風新探——以「情」為綰合及詮釋進路，臺大中文所博士論文，1997。

2. 吳碧貞，唐代女仙傳記之研究——以《墉城集仙錄》為主的考察，政大中文所碩士論文，1998。

3. 李玉芬，六朝志人小說研究，文大中文所碩士論文，1994。

4. 李宜芬，中古道教傳記研究，臺大歷史所碩士論文，1988.6。

5. 李美娟，正史列女傳研究，政大中文所碩士論文，1983。

6. 李偉萍，南朝文學中的婦女形象，政大中文所碩士論文，1981。

7. 李憶湘，兩漢魏晉女教「四德」觀研究，臺大中文所碩士論文，2000.6。

8. 周次吉，唐碑誌所見女子身份與生活之研究，政大中文所碩士論文，1991。

9. 林麗真，魏晉清談主題之研究，臺大中文所博士論文，1978。

10. 徐秀芳，由教育與法律角度試論唐代婦女的角色，清大歷史所碩士論文，1988。

11. 徐蕙霞，魏晉南北朝閨情詩研究，逢甲中文所碩士論文，1988.1。

12. 張紫君，六朝詩歌中的女性書寫，輔大中文所碩士論文，1998。

13. 陳文豪，魏晉南北朝墓誌銘研究，政大中文所博士論文，1998。

14. 陳美惠，《世說新語》所呈現魏晉南北朝之婦女群象研究，高雄師大國文所碩士論文，1997.6。

15. 陳瑞芬，兩漢隋唐婦女閨怨詩研究，文大中文所博士論文，1998.6。

16. 陳葆文，中國古典短篇文言愛情小說女性主角形象結構研究，東吳中文所博士論文，1997.6。

17. 曾美雲，魏晉玄佛二家對傳統儒家教育之批評及影響，臺大中文所碩士論文，1995.6。

18. 濮傳真，南朝經說玄理化，臺大中文所碩士論文，1982。

19. 蔡幸娟，北朝女主政治與內廷職官制度研究，臺大歷史所博士論文，1998。

20. 蔡幸娟，南北朝降人研究，臺大歷史所碩士論文，1986。

21. 蔡璧名，身體與自然——以《黃帝內經素問》為中心論古代思想傳統中的身體觀，臺大中文所博士論文，1995。

22. 鄭雅如，感情與制度——六朝時代的母子關係，臺大歷史所碩士論文，2000.6。

23. 謝月鈴，魏晉女性題材辭賦之研究，政大中文所碩士論文，1998.6。

24. 謝聰輝，修真與降真——六朝道教上清經派仙傳研究，師大國文所博士
論文，1999。

伍、外文資料

一、日文

專書

1. 下見隆雄，儒教社会と母性——母性威力の観点でみる漢魏晉中国女性
史，東京・研文出版，1994.12，昭和 62（1987）。

2. 小林正美，六朝道教史研究，東京・創文社，1990.11。

3. 山崎純一，教育からみた，中國女性史資料的研究——女四書　新婦譜
三部書，東京・明治書院，昭和 61.10（1986）。

4. 川勝義雄，六朝貴族制社会の研究，東京・岩波書店，1982.12。

5. 川勝義雄、礪波護編，中國貴族制社会の研究，京都・京都大學人文科
學研究所。

6. 中嶋隆藏，六朝思想の研究——士大夫與仏教思想，京都・平樂寺書店，
1985.2。

7. 辻　由美，中国女性の歴史，東京・白水社，1995.12。

8. 石川忠久編，中国文學の女性像，東京・汲古書院，昭和 57.3（1979）。

9. 多賀秋五郎，中世アジア教育史研究，東京・圖書刊行会，1980.1。

10. 宇都宮清吉，中国古代中世史研究，東京・創文社，昭和 61.2（1986）。

11. 谷川道雄、堀敏一、池田溫、菊池英夫、佐竹靖彦編集，中国史学の基
本問題 2——魏晉南北朝隋唐時代の基本問題，東京・汲古書院，1997.6。

單篇論文

1. 山崎純一，張華「女子箴」をめぐつて——後漢後期・魏晉間後宮女性
訓考，《中國古典研究第 29 號》，1984.12。

2. 山崎純一，《世說新語賢媛篇の女性群像と左九嬪鮑令暉について——
六朝における「賢媛」の時代相に関する一試論》，櫻美林大學《中國文
學論叢第 22 號》，p.1～48，1997.3。

3. 石川忠久，六朝詩に表れた女性美，《中国文學の女性像》，p.83～108，
   東京・汲古書院，昭和 57.3（1982）。

4. 岡村繁，劉向『列女傳』における女性の行動と倫理，岡村繁，收入《中
   国文學の女性像》，p.61～81，東京・汲古書院（石川忠久編），昭和 57.3
   （1982）。

5. 香川秀雄，仏教の女性観，《印度学仏教学研究 23：2：46》，日本印度
   学仏教学会，昭和 50 年 3 月（1975）。

6. 原田淑人，東晉升平五年周芳命妻潘氏墓出土衣物石券に見える衣物名
   稱の解釋，《漢六朝の服飾・補遺》，p.185～201，東京・東洋文庫，1937。

7. 宮川尚志，六朝時代女性の宗教生活，《六朝史研究——宗教篇》，p.313
   ～335，京都・平樂寺書店，1964.3。

8. 藤善真澄，六朝仏教教團の一側面——聞諜・家僧門師・講經齋會，《中
   國貴族制社會の研究》，p.475～505。

二、英文（依作者姓名字母順序）

Jen-Der Lee（李貞德）

　　1992 " *Women and Marriage in China During the Period of Disunion.* ",
　　University of Washington.

　　～1993 "The Life of Women in the Six Dynasties."（六朝婦女生活），
　　《婦女與兩性學刊：4》，pp.47～79.，臺北・臺大人口研究中心婦女研
　　究室。

Susan Mann　　1993

　　*"What Can Feminish Theory Do for the Study of Chinese History? A Brief
　　Review of Scholarship in the U.S. "*《近代中國婦女史研究》1，p.241～
　　259。